Jürgen Fischer
Sexuelle Liebe im JETZT

Jürgen Fischer

Sexuelle Liebe im Jetzt

Tantra und die zweite sexuelle Revolution

Bücher haben feste Preise.

3. erweiterte Auflage 2015

Jürgen Fischer
Sexuelle Liebe im JETZT

Umschlag- und Titelgestaltung:
Foto: jcarroll-images/istockphoto.com
Gestaltung: Dragon Design, GB

Satz:
Dragon Design, GB
Gesetzt aus der Minion

Gesamtherstellung:
Appel & Klinger, Schneckenlohe

ISBN 978-3-89060-656-9

Neue Erde GmbH
Cecilienstr. 29 · 66111 Saarbrücken · Deutschland · Planet Erde
www.neue-erde.de

Inhalt

Es gibt keinen Grund, Vertrauen in eine Methode zu setzen *bevor* sie ihre Wirksamkeit bewiesen hat. Solange sie nicht funktioniert, gibt es auch keinen Grund, an sie zu glauben. Und wenn die Methode Wirkung zeigt, sollte für Sie klar sein, dass das nicht daran liegt, dass Sie fest daran geglaubt haben. Es ist umgekehrt: Weil es funktioniert, glauben Sie daran. Ich erwarte also von Ihnen nicht, dass Sie für bare Münze nehmen, was ich Ihnen sage. Vertrauen Sie der eigenen Erfahrung.

Manche Autoren ermuntern Sie, sich sozusagen an der Hand nehmen und von ihnen führen zu lassen. Ich dagegen sage: Vertrauen Sie mir nicht. Denn Sie haben keinen Grund dazu, und es wäre auch Ihrer Differenzierung nicht förderlich. Wenn sie mir vertrauen, ändert sich nichts bei Ihnen. Entscheidend ist vielmehr, dass Sie Vertrauen *zu sich selbst* haben (und *aus eigenem Impuls* aktiv werden). (*David Schnarch, Die Psychologie sexueller Leidenschaft, S. 23)*

Was ist sexuelles Liebesglück?

Dies ist ein Buch über die Liebe, die sexuelle Liebe. Ohne dass es eine positive, aktive Erfahrung von sexueller Liebe gibt, ist auch jede andere Liebe nicht lebendig und wird zu einem Monster aus Gedanken, Sehnsüchten und diffusen Gefühlen – zu einem Teil des Egos. Ich rede also von der aktiv gelebten Liebe zwischen Mann und Frau.

Ich sehe, dass die meisten Menschen sexuell unglücklich sind. Sexuelles Leid ist eine der häufigsten menschlichen Tragödien. Für mich ist es ganz offensichtlich, dass es daran liegt, dass Menschen nicht wissen, was sexuelles Glück ist. Dies ist eine Gesellschaft sexuell unglücklicher Menschen. Woher sollten sie sexuelles Glück kennen?

Ich will dir daher zeigen, wo das sexuelle Glück zu finden ist. Überprüfe, ob du diese Botschaft annehmen kannst. Wenn du mir beim Lesen des Buches ständig innerlich widersprichst, wenn du meinst, andere Erfahrungen gemacht zu haben – dann ist das okay. Dieses Buch nimmt nicht für sich in Anspruch, allen Menschen gerecht werden zu können. Es ist für diejenigen geschrieben, die schon lange auf der Suche sind, die dasselbe Unbehagen wie ich gefühlt haben, und die sich charakterlich dazu fähig fühlen, körperlich-emotionelle Gesundheit, spirituelles Erwachen und ein glückliches sexuelles Erleben miteinander zu verbinden.

Dieses Buch verbindet die Erkenntnisse Wilhelm Reichs über die Funktion des Orgasmus mit einer anderen Form der sexuellen Begegnung, die nicht auf vordergründige sexuelle Befriedigung abzielt, sondern auf Erfüllung in der Liebe. Dabei beziehe ich mich besonders auf Barry Long. Diese beiden Ansätze – von Wilhelm Reich und Barry Long – scheinen sich gegenseitig auszuschließen, aber das ist nicht so. Ich werde in diesem Buch herausarbeiten, warum der Ansatz Wilhelm Reichs, der den *unbehinderten Orgasmusreflex* als selbstregulierte körperliche Funktion betont, mit dem, was Barry Long in seinem Buch »Sexuelle Liebe auf göttliche Weise« als eine *nicht-emotionelle Sexualität* beschreibt, nicht nur gut zusammenpasst, sondern dass sich beide Ansätze gegenseitig ergänzen und vervollständigen.

Vor etwa neunzig Jahren hat Wilhelm Reich als erster Arzt den menschlichen Orgasmus erforscht und ist dabei auf eine erschreckende Tatsache gestoßen, die auch heute noch genauso gilt: Fast alle Menschen leiden so sehr an neurotischen Störungen, dass sie zur natürlichen sexuellen Hingabe nicht fähig sind. Er nannte diese Erkrankung »orgastische Impotenz«. Neurotisch blockierte Menschen stellen die sexuelle Erregung durch gezielte Reibung, Muskelanspannung und Pressatmung her, sie *machen* Sex. Sie wollen gegen den Widerstand muskulärer Blockaden das erreichen, was die Menschen als »normalen« Orgasmus erleben. Da diese Sexualität keine tiefe Erfüllung bringt, wollen Männer immer wieder Sex, und Frauen suchen darin vergeblich Nähe und Liebe. Bei vielen Frauen führt diese Art des Sex nach einigen Jahren zur frustrierten Abkehr von der Sexualität und bei Männern zu Potenzproblemen und Abstumpfung.

Reichs Ansatz, Menschen durch körpertherapeutische Methoden wieder zur Empfindungsfähigkeit zu führen, das heißt, ihnen die *orgastische Potenz* wieder zu öffnen, hat ihm zu unrecht den Titel »Orgasmus-Papst« eingebracht. Denn weil viele die Bücher Wilhelm Reichs zwar gelesen hatten, jedoch weiterhin unfähig zur Hingabe waren, erlagen sie nun dem Mißverständnis, der Orgasmus sei die wichtigste Sache an der Sexualität. Eine Lösung des Problems der orgastischen Impotenz konnte Wilhelm Reich nicht bieten, denn weder Aufklärung noch Individualtherapie können eine wirkliche Abhilfe bringen; das hat er deutlich formuliert, selbst wenn er einigen wenigen Menschen durch seine Therapien ein erfüllteres Leben ermöglichen konnte.

Jenseits des Sex, der darauf abzielt, eine begrenzte Befriedigung durch eine gewollte und gezielt hergestellte orgastische Entladung zu erreichen, gibt es einen anderen Weg: die selbstregulierte »energetische Sexualität«, die nicht vom Verstand kommt, also nicht aus Emotionen und Gefühlen des Egos; die Sexualität, die das Lebendige in mir, das energetische Wesen – meine Seele – leben will und selbstverständlich lebt, wenn ich es nur zulassen kann. Die tiefe seelische Verbindung, die Intimität und Vertrautheit der energetischen Sexualität steht im deutlichen Gegensatz zum Sex-Machen, bei dem sich die beiden Partner gegenseitig benutzen, um das an kurzfristiger Befriedigung zu bekommen, was der emotionalisierte, sexuell erregte Verstand glaubt, bekommen zu müssen. Die energetische Sexualität bezieht sich auch nicht auf eine vordergründige, über religiöse Aussagen und Rituale festgelegte Spiritualität.

Es geht um Erfüllung in der sexuellen Liebe, wie Barry Long sie in seinem kleinen Buch »Making Love«, auf deutsch: »Sexuelle Liebe auf göttliche Weise« dargestellt hat. Vielleicht wäre es ausreichend, wenn ich sagte: »Leute, lest Barry Long!« Ich versuche hier jedoch nicht, die Lehre Barry Longs weiterzugeben, obwohl sie für mich ein zentraler Stein in diesem Mosaik war. Ganz zurecht hat Barry Long es ausgeschlossen, dass seine Lehre von anderen übernommen und in seinem Namen gelehrt wird. Es ging ihm darum, dass Menschen die sexuelle Liebe in der eigenen Partnerschaft verwirklichen. Er wollte keine neue spirituelle oder sexualtherapeutische Lehre verkünden. Ich achte seine Haltung, und deshalb stelle ich seine Lehre hier nicht explizit dar. Wenn dich interessiert, was Barry Long über die sexuelle Liebe sagt, dann lies sein Buch.

Barry Long hatte von sich behauptet, »der einzige westliche Tantra-Meister« gewesen zu sein. So wie der medizinisch-psychoanalytische Ansatz Wilhelm Reichs in eine Sackgasse geführt hat – dass Menschen nun meinten, im Orgasmus läge der Sinn der Sexualität – so hat auch Neo-Tantra erhebliche Nachteile, die auch Barry Longs Ansatz schwächen. Menschen, die Neo-Tantra praktizieren, tun dies meist, weil sie genau die richtige Wahrnehmung haben: dass Sexualität wirkliche Erfüllung bieten kann, dass sie mehr sein kann, als dass Menschen sich selbst und gegenseitig zum Zweck der sexuellen Befriedigung benutzen. Aber leider wurde im Neo-Tantra eine oft unerträglich süße, pseudospirituelle Soße darüber gekippt. Anstelle einer echten sexuellen Befreiung hin zu einer natürlichen, selbstregulierten Sexualität wurden neue esoterische und mystische Verschleierungen geschaffen. Die Menschen bleiben neurotisch, und so erschaffen sie mit Neo-Tantra einerseits eine spirituell ritualisierte, quasi-heilige Sexualität, und andererseits neue Formen von »niederem Sex«, von Prostitution und Promiskuität (zum Beispiel Tantra-Massagen und Gruppensex-Seminare).

Barry Long hat sich ebenfalls recht kritisch über diese hinduistisch-buddhistischen Pseudo-Rituale, ihre asiatischen Gurus und deren westlichen Nachahmer geäußert. Aber auch er verknüpfte seine Art, sexuelle

Liebe zu praktizieren, mit seiner eigenen spirituellen Lehre, die viel esoterischen Ballast enthält und die mit seiner Person als Guru verknüpft war.

Ich mochte ihn und seine ruppige, sehr direkte Art zu lehren, und habe seine Vorträge mit Vergnügen angehört. Ich bedauere, dass er bereits 2003 gestorben ist. Dennoch ist es für mich unakzeptabel, seine wertvollen Erkenntnisse über Sexualität mit spirituellen Inhalten zu kombinieren, die nur dann zusammengehören, wenn man sich als sein Schüler versteht. Das tue ich nicht. Aber ich nehme für mich in Anspruch, weiterzugeben, was ich selbst verwirklicht habe. Auf das Lebendige gibt es kein Copyright.

Mein Anliegen ist, dir zu zeigen, dass beides, die gesunden Charakterstrukturen – *der bioenergetische KERN* – und das erwachte Wesen – *das Ich Bin* – auch in dir präsent sind und dass du dich darauf beziehen kannst. Du brauchst mir das gar nicht zu glauben, lies es, und wenn du es magst, versuche es und finde heraus, ob es für dich funktioniert.

Was an den Erkenntnissen Reichs oft übersehen wird: Er hat in seiner psychiatrischen Arbeit als erster Therapeut die Funktion der emotionellen Gesundheit formuliert, denn neben allen neurotischen Charakterstrukturen hat er auch das beschrieben, was er den »genitalen Charakter« nannte, der Anteil am Menschen, der fähig ist, auf natürliche Weise glücklich zu sein, der Zugang zu seinem biologischen und seelischen Kern hat.

Das Wesentliche aller spirituellen Botschaften lautet: Du bist bereits vollkommen, erkenne es! Du kannst sowohl die spirituelle wie auch die körperlich-emotionelle Vollkommenheit – das Bewusstsein des *Ich Bin* und den *bioenergetischen Kern* – in dir entdecken und leben. Was dann hinzukommt, ist die Erkenntnis der selbstregulierten, lebendigen, energetischen Sexualität, mit der du den *Kern* und das *Ich Bin* leben kannst, wenn du dich nur dazu entscheidest, es zu tun. Du kannst untersuchen, ob du dazu fähig bist, dies zu leben. Der Zugang zum Kern ist bereits vielen Menschen möglich, wenn ihre neurotischen Strukturen nicht allzu starr sind. Dies ist eine Zeit des extrem schnellen Wandels sowohl gesellschaftlicher als auch individueller Strukturen. Viele Menschen erleben heute Bewusstseinssprünge, die zuvor unmöglich schienen.

Mit Therapie oder einer spirituellen Praxis hat das, was ich in diesem Buch vermitteln werde, nichts zu tun. Beides halte ich für weitgehend ineffektiv. Selbst Wilhelm Reich, der oft »Vater aller Körper-Psychotherapien« genannt wurde, hat zum Ende seines Lebens deutlich gesagt, dass Therapie im Sinne einer charakterlichen Gesundung nutzlos ist. Und auch spirituellen Lehren, Organisationen und Gurus aller Art begegne ich mit immer mehr Skepsis. Jedenfalls habe ich noch keine Menschen getroffen, die durch Therapie emotionelle Gesundheit im Sinne einer genitalen Charakterstruktur erreicht hätten, noch weiß ich von Menschen, die durch spirituelle Lehren befreit oder erleuchtet worden wären.

Was ich in diesem Buch vermitteln will, ist die Möglichkeit, dass du erkennst, wie gesund und erwacht du schon bist, das heißt, deinen Blick auf deine charakterliche und geistige Gesundheit zu richten – und gleichzeitig den Schmerz, die Blockaden, die innere Zerstörtheit wahrzunehmen, ihr Vorhandensein anzuerkennen, *sie zu belassen.* Ich zeige dir also, wie du dich als wach und heil erkennen und wie du mit dem Schmerz bewusst arbeiten kannst – und das nicht als Therapie oder als spirituelle Praxis, sondern als natürlichen Aspekt deines Lebens in genau diesem, jetzigen Moment – spontan und ungeplant. Du kannst *jetzt* die Lebensenergie wahrnehmen, du kannst *jetzt* erkennen, wie deine Seele sich in dir erlebt und dich trägt, und du kannst den Schmerz in den Momenten nutzen, wenn er auftritt. Du kannst sofort und spontan verstehen, was sexuelle Liebe ist und aufhören, den Liebesakt nach den Kriterien des Egos zu steuern, um dir künstlich Lust zu machen, womit du verhinderst, die tatsächliche Lust deines Körpers und die Liebe deiner Seele zu leben. Du kannst die Selbstregulierung des Lebendigen zulassen. Nicht jeder ist dazu bereit, vielleicht sind es erst wenige. Aber ob du dazugehörst, ob du es tatsächlich kannst oder nicht, wirst du erst wissen, wenn du es getan hast. Mit dem Kopf, mit verstandesmäßiger Überlegung und Planung wirst du es nicht schaffen. Du wirst in den Strom springen und dich der Flut des Lebendigen hingeben müssen, um zu erfahren, ob du dich vom Leben tragen lassen kannst oder ob deine Angst, die Kontrolle zu verlieren (die du sowieso nicht hast), noch zu groß ist.

Ob ihr, du und dein Partner, dazu bereit seid, euer sexuelles Verhalten zu verändern, könnt ihr entscheiden, wenn ihr das Buch gelesen habt. Alleine geht es nicht. Und es funktioniert auch nicht, wenn ihr sagt: »Wir können es ja mal probieren«, und damit meint, es neben dem normalen

Sex »auch mal zu machen«. Dann macht lieber Neo-Tantra oder besucht einen Massage-Kurs. Das hier ist ein Weg, der zu erfüllter und erfüllender Sexualität führen kann, der aber viel von dir verlangt: nicht mehr oder weniger als deinen tiefsten Ängsten zu begegnen, damit du dich der grenzenlosen Lust des lebendigen Körpers und der tiefen Liebe deiner Seele öffnen kannst. Ich kann dir nicht versprechen, dass es funktioniert. Es geht, wie gesagt, nicht um Therapie und nicht darum, dich und deinen Partner durch irgendwelche Maßnahmen zu manipulieren. Ich will dir lediglich Wege zeigen, wie du die gesunden und erwachten Anteile in deinem Leben entdecken und als sexuelle Liebe leben kannst – und wie du dem Schmerz begegnen und seinen Schrecken besiegen kannst.

Ihr könnt nur selbst untersuchen, ob ihr zu selbstregulierter, erfüllter, energetischer Sexualität fähig seid. Ich kann sie euch nicht geben, und das kann auch kein Arzt, kein Therapeut und kein Guru. Wenn du glaubst, dass du durch Therapie, durch Neo-Tantra oder durch irgendeine spirituelle Praxis sexuelles Glück erreichen kannst, dann versuche es dort. Dann ist dieses Buch nichts für dich. Wenn du bereit bist, dich selbst um dein Glück zu kümmern und nicht mehr auf Hilfe von außen zu warten, dann hast du den ersten Schritt schon getan. Hilf dir selbst, dann hilft dir Gott.

Vielleicht fragst du dich: »Was hat das mit der sexuellen Revolution zu tun?« In den 70er Jahren des 20. Jahrhunderts fanden in den westlichen Industrienationen radikale sexualökonomische Veränderungen statt. Nie zuvor in der Geschichte hatte es innerhalb so kurzer Zeit derart grundlegende Wandlungen in der Moral und im sozialen Verhalten der Kultur so vieler Völker gegeben. In den westlichen Ländern bestimmten zum ersten Mal nicht Kirche, Staat, Klassenzugehörigkeit, Ständegesetze, Herkunft und andere scheinbar unveränderliche, gottgegebene Umstände, wer mit wem sexuell verkehren darf, ob du mit oder ohne Trauschein mit deinem Partner in einer Wohnung leben oder gar Kinder haben darfst. Was vor vierzig Jahren noch als unmoralisch galt und mit Strafen sowie gesellschaftlicher Ausgrenzung geahndet wurde, ist für heutige Generationen die Normalität.

Aber dennoch blieb das, was seither tatsächlich in den Betten abläuft, weitgehend vorrevolutionär. Die emotionellen Bedingungen der sexuellen

Begegnung ändern sich nämlich sehr viel langsamer – weil sie aus unbewussten Bereichen gespeist werden. Und in dieser Kultur fehlen immer noch die positiven Beispiele. Nach Jahrtausenden der Sexualunterdrückung im Patriarchat wissen die Menschen nicht mehr, was eine erfüllende Sexualität ist. Es fehlt eine Perspektive, eine Utopie, die über verkitschte romantische Mädchenträume und Perversionen pornographischer Jungenphantasien hinausgeht. Erst durch die Neo-Tantra-Bewegung wurde klar, dass in der Sexualität ganz andere Möglichkeiten der erfüllenden Begegnung liegen, wenn das, was tatsächlich zwischen den Partnern stattfindet, von ihnen ohne falsche Scham erkannt, verstanden und verändert wird. Leider wurden diese anderen sexuellen Bedingungen an eine spirituelle Sichtweise gebunden, die Neo-Tantra auf eine sehr kleine Gruppe von Menschen begrenzt, die sich zu hinduistischen, buddhistischen oder taoistischen Praktiken und Ritualen hingezogen fühlen, meist jedoch, ohne damit eine echte religiöse Identität zu verbinden. Diese enge Verknüpfung zwischen mystifizierenden religiösen Einstellungen und neuen, lebensbejahenden Formen von Sexualität halte ich für sehr problematisch, und es ist nötig, überflüssigen esoterischen Ballast abzuwerfen, denn sonst droht den Menschen ein weiterer tragischer »Christusmord« (der Begriff, den Wilhelm Reich für die aktive Zerstörung des Lebendigen durch die emotionelle Pest wählte): Die lebendige Sexualität wird einer rückständigen spirituellen Sicht geopfert, einer Neuauflage alter patriarchalischer Werte, die sich lediglich progressiver Worthülsen bedient, um das alte Spiel zu spielen: Selbsternannte spirituelle Führer (sogenannte Tantra-Meister) versuchen zu definieren, welche Sexualität angemessen ist. Die sexuelle Revolution hatte die falschen Autoritäten abgeschafft, die über unser Sexualleben verfügten. Diese Geister sollten nicht wieder wachgerufen werden.

Es gibt ein tiefes Bedürfnis der Menschen, ihre Lebensumstände so zu handhaben, dass sexuelle Erfüllung möglich ist. Es sind sicherlich nur wenige Menschen, die es aktuell leben. Aber es gibt sie: die Menschen, die sich noch nicht frustriert zurückgezogen haben, die ernsthaft nach Lösungen suchen, die ihre Fähigkeit zu lieben noch nicht der Sucht, dem Stress oder der Resignation geopfert haben und die wissen, dass es sexuelle Liebe gibt, weil sie sie leben.

Fast jeder hat mindestens ein Mal erlebt, dass sexuelle Liebe zumindest in der Phase der frischen Verliebtheit in völlig erfüllender Weise möglich war. Und wenn du dir diese Erfahrung im Herzen bewahrt hast, dann weißt du, dass Liebe, sexuelle Liebe, noch immer möglich ist und dass du sie für dich und deinen Partner/deine Partnerin wiederfinden und leben kannst. Dies ist es, was ich »die zweite sexuelle Revolution« nenne. Das ist nichts, was du *machen* kannst, sondern etwas, das du *zulassen* kannst: der Selbstregulation des Lebendigen auch deine Sexualität zu übergeben und Liebe zuzulassen. Es ist deine rein persönliche Entscheidung. Nun, da die äußeren Verhältnisse sich geändert haben, hast du die Freiheit, die Sexualmoral früherer Generationen auch aus deinem Verstand, deinen Emotionen und deinen Gefühlen zu verbannen.

»... denn stark wie der Tod ist die Liebe«

Das ist eine der berühmtesten Zeilen des wohl ältesten und bedeutendsten erotischen Liebesgedichts, des *Schir ha-Schirim* oder des *Liedes der Lieder* des Salomo. Martin Luther nannte es *Das Hohe Lied.*

Was mich daran besonders interessiert: Es gab einst weise Menschen, die dieses Werk in das jüdische Tanach und dann auch in das Alte Testament der christlichen Bibel aufgenommen haben. Es ist ein Beleg dafür, dass in der Vergangenheit einmal das Bewusstsein herrschte, dass die Liebe nicht als Abstraktion existiert, sondern dass Menschen die Liebe als Sexualität erleben: *Die sexuelle Liebe ist die göttliche Liebe.* Es gibt da keinen Widerspruch. Es gab Versuche christlicher Traditionalisten, das Gedicht als Metapher auf die geistige und asketische Liebe – etwa die Liebe des Christen zu seiner Kirche – zu verstehen, aber wer das *Lied der Lieder* liest, wird erkennen, dass es um die sexuelle Liebe zwischen Mann und Frau geht, um nichts anderes.

Es gibt in der westlichen Tradition von Spiritualität den Bezug auf die menschliche sexuelle Liebe. Es ist nicht nötig, und wie ich meine auch nicht ratsam, auf östliche Traditionen wie Hinduismus und Buddhismus auszuweichen, um Sexualität und Spiritualität zu vereinen. Allzu leicht wird die Faszination, die allem Fremden anfangs anhaftet, als etwas besonders Heiliges, Reines missverstanden. Es ist das spirituelle Ego, das nach einer reinen, unverfälschten, wahrhaft erlösenden Lehre sucht. Alle Traditionen sind jedoch von der emotionellen Pest, dem organisierten Bösen, übernommen worden, die östlichen nicht weniger als die westlichen. In allen Organisationen haben sich die deformierten Charakterstrukturen einen Ort gesucht, von dem aus sie ihre Krankheit ausleben können. In den letzten Jahrzehnten hat es in der westlichen Kultur eine deutliche Abkehr von den Kirchen und ihren spirituellen Traditionen gegeben. Es war ein wesentlicher Aspekt der sexuellen Revolution. In den östlichen Traditionen hat es diese Phase noch nicht gegeben, dort wird immer noch so getan, als ob alles in bester Ordnung sei. Daher wird es auch dort irgendwann diese Phase der Kritik und der Zerstörung der überkommenen, patriarchalich geprägten Religionen geben müssen.

Das bedeutet im Umkehrschluss: Im Westen suchen die Menschen gerade wegen der Kritik an der christlichen Spiritualität nun in den traditionellen religösen Organisationen des Ostens nach neuen Formen, in denen ihnen die spirituelle Erfahrungen wichtiger sind, als die gesellschaftlichen Bedingungen, unter denen sie organisiert sind. Auch wenn da viele Irrwege gegangen werden, liegt in diesem Aufbruch eine ungeheure Kraft. Die Menschen verstehen immer besser, dass spirituelle Erfahrung nur den einen Menschen angeht, der seinen Weg geht.

Deshalb ist es notwendig, auch in unserer westlichen Kultur immer wieder die eigenen Wurzeln zu finden. Deshalb ist *Das Hohe Lied* so wichtig.

Liebe ist Sexualität, die tiefste Verbindung von Mann und Frau. Barry Long sagt in einem seiner Vorträge:

> Was ist die Wahrheit des Lebens? Es gibt nur Frauen und Männer auf der Erde, du kannst mir nichts anderes zeigen. Warum bin ich also hier? Es muss etwas bedeuten, dass nur du als Frau und ich als Mann hier auf der Erde sind, da muss etwas dran sein. Und die Antwort ist, dass ich als Mann das Unmögliche tun muss. Ich muss genügend Liebe in meinen Körper bringen, mich mit dem Prinzip der Liebe in mir verbinden und dich mit dem Prinzip der Liebe in dir verbinden. Nur dann, wenn ich diese Liebe praktiziere, bin ich selbstlos. Denn die einzige selbstlose Sache, die ich auf dieser Erde tun kann, ist es, die Frau so zu lieben, dass ich das Prinzip Mann in mir realisiere und gleichzeitig dir zu ermöglichen, das Prinzip der Frau in dir zu verwirklichen. Wir tun das gemeinsam. Und dann wird hier, wo die Existenz als männlich oder weiblich beginnt, ein Bewusstsein freigesetzt, in dem es keine Trennung mehr gibt. Ich bin dann mit dem Ich Bin vereinigt oder dem Allerhöchsten und ich habe dieses Prinzip ins Dasein gebracht. Ich bin also hier, um Gott ins Dasein zu bringen. Nur dafür existiert mein Körper. Und da Gott Liebe ist, bin ich hier, um Liebe ins Dasein zu bringen, in

diesen Körper und den Körper der Frau, die ich liebe. So dass sie durch die Liebe nicht mehr beunruhigt wird, dass sie nicht mehr eifersüchtig ist, dass sie mich nie betrauert, wenn ich sterbe, dass sie sich nie mehr Sorgen machen muss, und dass sie nie wieder etwas vermissen wird. Denn sie ist die lebendige Liebe. Das ist der Sinn des Lebens, da wo ich herkomme.

Die christliche Religion hat die Liebe in den Mittelpunkt ihrer Lehre gestellt. Da aber vor allem die Geistlichen charakterlich schwer gestört waren und bis heute sind, konnten und können sie nicht ertragen, dass die Liebe vor allem die genitale körperliche Liebe ist, und so haben sie die Liebe in unerträglicher Weise vergeistigt. Und wozu das geführt hat, erleiden die Menschen seit zwei Jahrtausenden. Die christlichen Kirchen haben inzwischen ihr Monopol verloren zu bestimmen, was Moral ist. Sie sind auf dem Weg, eines unter vielen spirituellen Angeboten zu werden. Sie haben ihre eigenen Wurzeln – dass die Liebe immer zuallererst die sexuelle Liebe ist – nie verstanden und deshalb verlieren sie ihre Glaubwürdigkeit. Sie haben ihre Autorität aus der gesellschaftlichen Macht abgeleitet und nicht aus der Liebe. Nun ist die Macht verspielt, und sie verlieren den Rest an Autorität.

Der Tod ist die andere Seite, der die Menschen nicht entkommen können. Die Menschen, die von der göttlichen körperlichen Liebe getrennt sind, denken sich als Person, identifizieren sich mit dem Ego, einem Kunstprodukt, das sie aus Gedanken erschaffen haben. In dieser Trennung verstehen die Menschen nicht, dass es den Tod nicht gibt, sondern dass es am Ende der körperlichen Existenz einen Übergang gibt, der nichts anderes ist als eine Metamorphose. Sie verstehen nicht, dass jeder Mensch in jeder Sekunde stirbt und geboren wird.

Die Liebe ist die Sexualität zwischen Mann und Frau, und der Tod ist die Erkenntnis des *Ich Bin*, was mit der Auslöschung des Egos einhergeht. Und das wird als Tod erlebt. Beides zu verstehen – die Liebe und den Tod – sind die Aufgaben, die Menschen zu lösen haben. Jeder kann diese Aufgaben nur für sich alleine lösen, und es gibt nur die Lösung, die ich selbst finde. Ich kann es tatsächlich nur selbst herausfinden, auch wenn wissenschaftliche und religiöse Ideologien mir ihre Lösungen suggerieren wollen. Es ist geschummelt, und deshalb funktioniert es nicht. »Erkenne dich selbst!«

Ich habe das *Lied der Lieder* in eine Fassung gebracht, die meinem sprachlichen Empfinden entspricht. Es gibt viele unterschiedliche Versionen und es lohnt sich, im Internet danach zu googeln, um sie zu vergleichen, denn das zeigt, wie die Übersetzer mit der sexuellen Liebe umgehen. Du kannst auf www.orgon.de ein mit Musik vertontes Hörbuch des *Liedes der Lieder* herunterladen.

Das Lied der Lieder Salomos

Komm doch und bedecke mich mit den Küssen deines Mundes!
Deine Liebe berauscht mich, mehr noch als Wein.
Weithin verströmst du deinen betörenden Duft.
Jedermann kennt dich; alle jungen Frauen schwärmen für dich!
Komm schnell, nimm mich mit dir nach Hause, nimm meine Hand!
Du bist mein König!
Deine Zärtlichkeiten erfreuen mich, sie machen mich glücklich.
Immer werde ich deine Liebe preisen, mehr als den Wein!
Alle Mädchen schmelzen dahin, wenn dein Name genannt wird – ganz zu Recht!

Schwarz gebrannt hat mich die Sonne, schwarz wie die Zelte der Beduinen.
Trotzdem bin ich schön, ihr Mädchen aus Jerusalem!
Verachtet mich nicht, weil ich dunkler bin als ihr.
Denn ich musste alle Tage meiner Brüder Weinberg hüten.
Doch um meinen eigenen Weinberg hab ich mich nicht gekümmert!

Sag mir, Geliebter, wo kann ich dich finden?
Wo ruhen deine Schafe in der Mittagshitze?
Was werden die anderen Hirten nur denken, wenn ich überall nach dir suche?

Warum fragst du mich, du Schönste der Frauen?
Du musst doch wissen, wo du mich findest!
Nimm deine Zicklein und folge dem Schafsweg!
Dort bei den Zelten wirst du mich treffen.

Wie schön du bist, meine Freundin, stolz wie eine Stute vor Pharaos Wagen!
Schmückende Kettchen umrahmen deine Wangen, deinen Hals zieren bunte Perlenschnüre.
Aber noch schöneren Schmuck sollst du haben: silberne Perlen an Kettchen aus Gold!

Solange mein König mir nahe ist, verbreitet mein Nardenöl seinen Duft.
Mein Liebster liegt bei mir, an meinen Brüsten.
Er duftet wie würziges Myrrhenharz.
So stark wie ein Hennastrauch erblüht er auf meinem Weinberg.

Schön bist du, zauberhaft schön, meine Freundin,
und deine Augen sind lieblich wie Tauben!

Stattlich und schön bist auch du, mein Geliebter!
Sieh, unser Lager ist aus blühendem Gras, die Zedern sind die Balken in unserm Haus und die Zypressen sind seine getäfelten Wände.
Eine Frühlingsblume bin ich, wie sie in den Wiesen wachsen, eine Lilie aus den Tälern.

Eine Lilie unter Disteln – so ist meine Freundin unter allen Mädchen.

Wie ein Apfelbaum im Walde ist mein Liebster unter den Männern.
In seinen Schatten mag ich mich ausruhen; seine Frucht ist so süß!

Mein Liebster hat mich zum Fest ausgeführt, Girlanden zeigen an, dass wir uns lieben.
Stärkt mich mit Äpfeln, mit Rosinenkuchen, denn ich bin krank vor Liebessehnsucht.

Sein linker Arm liegt unter meinem Kopf, und mit dem rechten umschlingt er mich.
Ihr Mädchen von Jerusalem, lasst uns allein! Denkt an die scheuen Rehe und Gazellen.
Erweckt die Liebe nicht, bevor sie von allein erwacht.

Mein Freund kommt zu mir! Ich höre ihn schon! Über Berge und Hügel eilt er herbei.
Dort ist er – schnell wie ein Hirsch, flink wie eine Gazelle.
Jetzt steht er vorm Haus, späht durch das Gitter, schaut zum Fenster herein.
Nun spricht er zu mir!

»Mach schnell, mein Liebes! Komm heraus, komm mit mir!
Der Winterregen ist vorbei. Es grünt und blüht, soweit das Auge reicht.
Überall hört man die Vögel singen; die Zeit der Lieder ist wieder da!
Sieh doch: Die ersten Feigen werden reif; die Reben blüh'n, verströmen ihren Duft.
Mach schnell, mein Liebes! Komm heraus, komm mit mir!
Verbirg dich nicht vor mir wie die Taube, die sich im Felsspalt versteckt.
Mein Täubchen, zeig mir dein liebes Gesicht, und lass mich deine süße Stimme hören!«

Ach, fangt sie doch, die Füchse, die frechen, kleinen Füchse!
Sie wühlen wohl im Weinberg, sobald die Reben blühn.

Nur mir gehört mein Liebster, und ich gehöre ihm!
Er findet seine Weide, wo viele Blumen stehn.
Wenn es am Abend kühl wird, wenn die Schatten fliehn,
dann komm zu mir, mein Liebster!
Komm, schnell wie ein Hirsch, flink wie die Gazelle, die in den Bergen wohnt.

Nachts lieg ich auf meinem Bett und kann nicht schlafen. Ich sehne mich nach ihm und suche ihn, doch nirgends kann mein Herz den Liebsten finden.

Ich seh mich aufsteh'n und durch die Stadt eilen, durch Gassen, über leere Plätze.
Ich sehne mich nach ihm und suche ihn, doch nirgends kann ich meinen Liebsten finden.
Die Wache greift mich auf bei ihrem Rundgang. »Wo ist mein Liebster, habt ihr ihn geseh'n?«
Nur ein paar Schritte weiter find ich ihn. Ich halt ihn fest und lass ihn nicht mehr los;
Ich nehm ihn mit nach Hause in die Kammer, wo meine Mutter mich geboren hat.
Ihr Mädchen von Jerusalem, lasst uns allein! Denkt an die scheuen Rehe und Gazellen.
Erweckt die Liebe nicht, bevor sie von allein erwacht.

Was kommt dort herauf aus der Wüste? Wie Rauch zieht es heran;
es duftet nach Weihrauch und Myrrhe, nach allen edlen Gewürzen.
Schaut hin! Das ist Salomos Sänfte, geleitet von sechzig Soldaten,
von Israels tapfersten Helden, im Kampf erprobt und bewährt.
Das Schwert trägt ein jeder zum Schutz gegen nächtliche Räuber.
Aus Edelholz liess der König den tragbaren Thronsessel machen,
die Säulen mit Silber beschlagen, die Lehne mit Gold überzogen.
Aus purpurnem Stoff sind die Kissen, mit Liebe gewebt und bestickt
von Jerusalems Frauen und Mädchen.
Ihr Frauen von Zion, kommt her, den König zu seh'n und die Krone,
mit der seine Mutter ihn schmückte zum heutigen Tag seiner Hochzeit,
dem Tag voller Freude und Glück.

Preisen will ich deine Schönheit, wie lieblich du bist, meine Freundin!
Deine Augen sind wie Tauben, die hinter deinem Schleier flattern.

Wie eine Herde schwarzer Ziegen, die talwärts vom Berge herabkommt,
fließt dein Haar auf deine Schultern.
Weiß wie frischgeschorene Schafe, wenn sie aus dem Bade steigen,
glänzen prächtig deine Zähne, keiner fehlt in seiner Reihe.
Wie ein scharlachrotes Band zieh'n sich deine feinen Lippen.
Deine Wangen hinterm Schleier schimmern rötlich wie ein Granatapfel.
Wie der Turm des Königs David, glatt und rund, geschmückt mit tausend blinkenden Schilden, ragt dein Hals hervor.
Deine Brüste sind zwei Zicklein der Gazelle, die in den Wiesen weiden.
Wenn die Schatten länger werden und der Abend Kühle bringt,
komme ich zu dir, ruhe auf deinen Hügeln.
Deine Schönheit will ich preisen! Du bist lieblich, meine Freundin,
und kein Fehler ist an dir!

Komm, meine Braut, komm doch mit in die Berge!
Lass den gefahrvollen Libanon, komm! Fort von dem Gipfel des Berges Amana, fort vom Senir und vom aufragenden Hermon, fort von den Lagerplätzen der Löwen, fort von den Bergen der Panther, komm mit!

Verzaubert hast du mich, meine geliebte Braut!
Ein Blick aus deinen Augen hat mich gebannt.
Sage mir, birgt der Schmuck an deinem Hals einen Zauber?
Wie glücklich du mich machst mit deiner Zärtlichkeit!
Mein Mädchen, meine Braut, ich bin von deiner Liebe berauschter als von Wein.
Du duftest süßer noch als jeder Salbenduft.
Wie Honig ist dein Mund, mein Schatz, wenn du mich küsst,
und unter deiner Zunge ist süße Honigmilch.
Die Kleider, die du trägst, duften wie der Wald hoch auf dem Libanon.

Meine Braut ist ein Garten voll erlesener Pflanzen!
An Granatapfelbäumen reifen köstliche Früchte.
Herrlich duften die Rosen und die Blüten der Henna.
Narde, Safran und Kalmus, alle Weihrauchgewächse,
Zimt und Aloe, Myrrhe, alle Arten von Balsam sind im Garten zu finden.

Dort entspringt eine Quelle mit kristallklarem Wasser, das vom Libanon herkommt.
Aber noch sind mir Garten und Quelle verschlossen!

Kommt doch, ihr Winde, durchweht meinen Garten!
Nordwind und Südwind, erweckt seine Düfte!
Komm, mein Geliebter, betritt deinen Garten!
Komm doch, genieße seine köstlichen Früchte!

Ich komm in den Garten, zu dir, meine Braut!
Ich pflücke die Myrrhe, die würzigen Kräuter.
Ich öffne die Wabe und lecke den Honig.
Ich trinke den Wein, ich trinke die Milch.
Esst, Freunde, auch ihr, und trinkt euren Wein; berauscht euch an Liebe!

Ich lag im Schlaf, jedoch mein Herz blieb wach.
Da klopft's! Ich weiß: Mein Freund steht vor der Tür.

»Mach auf, mein Schatz, mach auf, ich will zu dir!
Mein Täubchen, öffne doch, lass mich hinein!
Mein Haar ist nass vom Tau der kühlen Nacht.«

»Ich habe doch mein Kleid schon ausgezogen und müsst es deinetwegen wieder anzieh'n.
Auch meine Füße habe ich gewaschen; ich würde sie ja wieder schmutzig machen!«
Durchs Fenster an der Tür greift seine Hand; ich höre, wie sie nach dem Riegel sucht.
Mein Herz klopft laut und wild. Er ist so nah!
Ich springe auf und will dem Liebsten öffnen.
Als meine Hände nach dem Riegel greifen, da sind sie voll von seinem Myrrhenöl.
Schnell öffne ich die Tür für meinen Freund;
doch er ist fort, ich kann ihn nicht mehr seh'n.
Mein Herz steht still, fast tötet mich der Schreck!

Ich suche meinen Freund, kann ihn nicht finden.
Ich rufe Ihn, doch er gibt keine Antwort. Die Wächter finden mich bei ihrem Rundgang.
Sie schlagen ohne Mitleid auf mich ein und reißen mir den Umhang von den Schultern.

Ihr Mädchen alle, ich beschwöre euch:
Wenn euch mein Freund begegnet, sagt Ihm doch,
die Liebessehnsucht macht mich matt und krank!

Beschreib ihn uns, du schönste aller Frauen! Wer ist es, den du suchst?
Was unterscheidet ihn von and'ren Männern?

Mein Liebster ist blühend und kräftig, nur einer von Tausenden ist wie er!
Sein schönes Gesicht ist braungebrannt, sein Haar dicht und lockig und rabenschwarz.
Die Augen sind wie lebhafte Tauben.
Ganz weiß sind die Zähne, als hätten sie gebadet in Bächen von reiner Milch.
Die Wangen sind Beete voll Balsamkraut, die herrlichsten Würzkräuter sprießen dort.
Wie Lilien leuchtet sein Lippenpaar, das feucht ist von fließendem Myrrhenöl.
Die Arme sind Barren aus rotem Gold, mit kostbaren Steinen rundum besetzt.
Sein Leib ist ein Kunstwerk aus Elfenbein, geschmückt mit Saphiren von reinster Art
Die Beine sind marmornen Säulen gleich, die sicher auf goldenen Sockeln steh'n.
Dem Libanon gleicht er an Stattlichkeit, den ragenden Zedern an Pracht und Kraft.
Sein Mund ist voll Süße, wenn er mich küsst – ja, alles an ihm ist begehrenswert!
Seht, so ist mein Liebster, mein Freund. Nun wisst ihr's, ihr Mädchen Jerusalems!

Schnell, sag uns noch, du schönste aller Frauen:
Wo ging dein Liebster hin?
Wir wollen mit dir geh'n und nach ihm suchen!
Wo könnte er denn sein?

Er ist in seinem Garten, wo Balsamsträucher steh'n,
wo er die Herde weidet und schöne Lilien pflückt.
Nur mir gehört mein Liebster, und ich gehöre ihm!
Er findet seine Weide, wo viele Blumen stehn.

Schön wie Tirza bist du, Freundin, strahlend wie Jerusalem;
wie eine Fata Morgana raubt dein Anblick mir den Atem.
Wende deine Augen von mir, denn sie halten mich gefangen.
Wie eine Herde schwarzer Ziegen, die talwärts vom Berge herabkommt,
fließt dein Haar auf deine Schultern.
Weiß wie frischgeschorene Schafe, wenn sie aus dem Bade steigen,
glänzen prächtig deine Zähne, keiner fehlt in seiner Reihe.
Wie ein scharlachrotes Band zieh'n sich deine feinen Lippen.
Deine Wangen hinter'm Schleier schimmern rötlich wie ein
Granatapfel.
Lass den König sechzig Frauen, achtzig Konkubinen haben, dazu
Mädchen ohne Zahl!
Meine Liebe gilt nur einer: meinem makellosen Täubchen!
Sie ist ihrer Mutter Liebling, ihre einzige Tochter.
Sähen sie die andern Frauen, Königinnen, Konkubinen, alle würden sie
besingen:

»Wer leuchtet so schön wie das Morgenrot, hell wie der Mond,
wie der Sonne Strahl, verwirrend wie Bilder im Wüstensand?«

Ich ging hinunter in den Walnussgarten, um mich am frischen Grün
des Tals zu freuen,
des Weinstocks neue Triebe anzuschauen und auch die ersten Blüten
am Granatbaum.

Was ist mit mir? Ich kann mich kaum beherrschen, obwohl ich doch aus edlem Hause stamme!

Komm, dreh dich im Hochzeitstanz, Schulammit!
Komm, dreh dich im Tanze und lass dich seh'n!

Was habt ihr davon, mich beim Tanz zu seh'n? Was ist denn Besond'res an Schulammit?

Deine Füße so zierlich in deinen Schuhen, du Fürstin!
Und das Rund deiner Hüften ist das Werk eines Künstlers!
Einer Schale, der niemals edler Wein fehlen möge, gleicht dein Schoß, süßes Mädchen!
Wie ein Hügel von Weizen ist dein Leib,
rund und golden und von Lilien umstanden.
Deine Brüste sind fest wie zwei junge Gazellen.
Einem Elfenbeinturm gleich ist dein Hals, schlank und schimmernd.
Deine Augen – zwei Teiche nah beim Tore von Heschbon.
Deine Nase ist zierlich wie die Zinne des Wachtturms
an dem Weg nach Damaskus.
Wie das Karmelgebirge ist dein Kopf, hoch und prächtig.
Voller Glanz ist dein Haupthaar; im Netz deiner Locken liegt ein König gefangen.

Du bist schön wie keine and're, dich zu lieben macht mich glücklich!
Schlank wie eine Dattelpalme ist dein Wuchs, und deine Brüste
gleichen ihren vollen Rispen.
Auf diese Palme will ich steigen, ihre süßen Früchte pflücken,
will mich freu'n an deinen Brüsten, welche reifen Trauben gleichen.
Deinen Atem will ich trinken, der wie frische Äpfel duftet, mich an deinem Mund berauschen, denn er schmeckt wie edler Wein –

– der durch deine Kehle gleitet, dich im Schlaf noch murmeln lässt.

Nur ihm, meinem Liebsten, gehör ich, und mir gilt sein ganzes Verlangen!
Komm, lass uns hinausgeh'n, mein Liebster, die Nacht zwischen Blumen verbringen!
In der Frühe geh'n wir zum Weinberg und seh'n, ob die Weinstöcke treiben,
die Knospen der Reben sich öffnen und auch die Granatbäume blühen.
Dort schenke ich dir meine Liebe!

Riechst du den Duft der Liebesäpfel? Vor uns'rer Tür ist köstlich süßes Obst,
die allerbesten Früchte, alt und neu, für dich, mein Liebster, hab ich sie aufbewahrt!
Ach wärst du mein Bruder, den meine Mutter an der Brust genährt hat.
Dann dürfte ich dich einfach küssen, wenn ich dich draußen auf der Straße träfe, und niemand könnte dann die Nase rümpfen.
Nähm dich mit zum Haus meiner Mutter; du könntest mich im Zärtlichsein belehren.
Ich gäbe dir gewürzten Wein zu trinken und Most von Früchten des Granatbaums.
Sein linker Arm liegt unter meinem Kopf, und mit dem rechten hält er mich umschlungen.
Ihr Mädchen von Jerusalem, last uns allein! Denkt an die scheuen Rehe und Gazellen.
Erweckt die Liebe nicht, bevor sie von allein erwacht.

WER KOMMT DA AUS DER WÜSTE, GESTÜTZT AUF DEN ARM IHRES LIEBSTEN?

Hier unter'm Apfelbaum hab ich dich erweckt,
wo deine Mutter dich empfing und wo sie dich gebar.
Du trägst den Siegelring an einer Schnur auf deiner Brust.
So dicht nimm mich an dein Herz!
Du trägst den Reif um deinen Arm. So eng umschlinge mich!

Stark wie der Tod ist die Liebe, niemand entrinnt ihm, keinen gibt er frei.
Unüberwindlich – so ist auch die Liebe, und ihre Leidenschaft brennt wie ein Feuer.
Kein Wasser kann die Glut der Liebe löschen, und keine Flut schwemmt sie je hinweg.
Wer meint, er könne solche Liebe kaufen, der ist ein Narr, er hat sie nie gekannt!

Noch ist unsre kleine Schwester für die Liebe viel zu jung, denn sie hat noch kleine Brüste.
Kommt sie erst ins rechte Alter, dass sie jemand freien will, müssen ihre Brüder wachen.
Sperrt sie sich wie eine Mauer, schmückt man sie mit Silberzinnen,
Gleicht sie einer offenen Pforte, schliesst man sie mit Zedernbalken.

Eine starke Mauer bin ich, Türmen gleichen meine Brüste.
Trotzdem will ich mich ergeben, bitte meinen Freund um Frieden.

Salomo hat einen Weinberg auf dem Hang von Baal-Hamon.
Für die Ernte würde jeder tausend Silberstücke zahlen;
darum wird er streng bewacht.
Salomo gönn ich die tausend, auch den Wächtern noch zweihundert
– Ich hab meinen eigenen Weinberg!

Du Mädchen in den Gärten, die Freunde warten schon:
Lass deine Stimme hören und rufe mich zu dir!

Komm schnell zu mir, mein Liebster! Komm, eile wie ein Hirsch;
sei flink wie die Gazelle, die in den Bergen wohnt.

Selbstregulierte Sexualität und der Weg zu deiner Seele

Deine Seele ist für die Zeit deines Besuchs auf der Erde eine Verbindung mit einem körperlichen Wesen eingegangen: dem »Menschentier«. (Der Begriff ist von Wilhelm Reich.) Die Seele – sie ist reine, bewusste Energie – braucht ein Gefäß, einen Körper, mit dem sie sich verbindet, um in der materiellen Welt existieren zu können. Ich möchte dich mitnehmen auf eine Reise zu deiner Seele. Das Fahrzeug, das wir benutzen, ist dein Körper. Ich will nicht, dass du mir das glaubst, ich will es dir wirklich zeigen – du sollst es erleben, mit deinen Sinnen, nicht mit dem Verstand. Der wird schon auf seine Kosten kommen. Ich werde auch ihm viel zu denken geben.

Ich kann meine Seele wahrnehmen – oder genauer: Ich kann mir bewusst sein, wie meine Seele sich selbst wahrnimmt – und ich kann es dir auch beibringen. Es zu lernen ist nicht schwierig, weil du es schon kannst. Du benötigst nur einen kleinen Trigger, einen Auslöser dafür, dich der Selbstwahrnehmung der Seele zu öffnen, denn diese Erkenntnisebene wird von dem, was »Ego« oder »Selbst« genannt wird, völlig negiert. Das Ego ist die gedanklich vom Verstand erschaffene »Story« also »meine Geschichte«, mit der sich jeder Mensch irrtümlich identifiziert. Das bedeutet: Jeder Mensch kann die Seele ständig wahrnehmen, und dennoch ignorieren die meisten Menschen diese Bewusstseinsebene, weil sie nicht über den Verstand erfasst werden kann, sondern nur über die direkte Wahrnehmung. Diese Art der Erkenntnis wird »spirituell« genannt, sie wird von denen, die sie nicht wahrnehmen – »mystisch« oder »esoterisch« genannt. Das sind Verstandes-Beurteilungen, Etiketten, die das Ego auf die Erkenntnis klebt, damit sie ins Gebäude der Dinge passt, aus denen seine künstliche Welt besteht. Tatsächlich ist es eine simple, biophysikalische, lebendige Grunderfahrung. Jedoch: Diese Erfahrung passt nicht in die Ego-Welt. Daher vergisst du sie wieder, sobald du aus ihr herausgefallen bist. Die Seele existiert in deinem Bewusstsein nur, solange du sie wahrnimmst. Nimmst du sie nicht wahr, ist sie lediglich ein abstraktes Konzept, ein Gedankengebilde. Es ist eine spannende Sache, denn ich kann dir einen einfachen und gangbaren Ausgang aus dem Ego zeigen.

Was ich dir anbiete, ist als Beispiel gedacht, ein möglicher Weg zur Erkenntnis deiner eigenen Natur, den ich dir deshalb zeigen kann, weil ich ihn gegangen bin. Es ist keine spirituelle Praxis und auch keine Therapie. In meinem Buch »Wie man den Verstand verliert«, habe ich sehr ausführlich darüber geschrieben. Mein Fazit daraus: Es gibt keinen gangbaren spirituellen Weg, der durch spirituelle oder religiöse Lehren, Lehrer, Gruppen, Methoden, Satsangs und dergleichen zu einem definierbaren Ziel wie etwa »Erwachen« oder »Erleuchtung« führt. Es gibt nur das direkte Erkennen des *Ich Bin* aus der spontan erlebten Situation heraus. All die Lehren und Lehrer können nur als Beispiel dienen. Spirituelle Lehrer und Lehren verführen den Menschen dazu, eine seiner bewundernswertesten Eigenschaften – das Erkennen seiner eigenen kosmischen Natur – zu verschleiern und ihn für alle möglichen politischen Zwecke zu missbrauchen und zu angepassten, bereitwillig funktionierenden Teilchen innerhalb der Maschine Gesellschaft oder auch einer Sekte oder einer Konfessionsgemeinschaft zu machen. Echte Erkenntnis ist anarchisch und unmoralisch, weil du letztlich verstehst, dass du dich aus Angst den herrschenden Normen des Egos unterworfen hast. Du klammerst dich an die Angst und glaubst an eine objektive Realität, damit du dich nicht verändern und den Schmerz nicht ansehen musst. Deshalb gibt es auch keine Organisation, die zu spiritueller Erkenntnis führt. Oder mit Wilhelm Reich ausgedrückt: Organisiert werden kann immer nur das Krankhafte im Menschen – das natürliche, lebendige Leben lässt sich nicht organisieren. Im Gegenteil, es muss vor jeder Form von Organisation geschützt werden. Auch Jiddu Krishnamurti hatte dies erkannt und seine Organisation »Order of the Star in the East« 1929 konsequenterweise aufgelöst:

> Ich behaupte, dass die Wahrheit ein pfadloses Land ist und dass es keine Pfade gibt, die zu ihr hinführen – keine Religionen, keine Sekten. Das ist mein Standpunkt, den ich absolut und bedingungslos

vertrete. Die Wahrheit ist grenzenlos, sie kann nicht konditioniert, sie kann nicht auf vorgegebenen Wegen erreicht und daher auch nicht organisiert werden. Deshalb sollten keine Organisationen gegründet werden, die die Menschen auf einen bestimmten Pfad führen oder nötigen. Wenn ihr das einmal verstanden habt, werdet ihr einsehen, dass es vollkommen unmöglich ist, einen Glauben zu organisieren. Der Glaube ist eine absolut individuelle Angelegenheit, und man kann und darf ihn nicht in Organisationen pressen. Falls man es tut, wird er zu etwas Totem, Starrem; er wird zu Gier, zu einer Sekte, einer Religion, die anderen aufgezwungen wird. [...] Ich möchte keiner spirituellen Organisation, ganz gleich welcher Art, angehören, und ich bitte euch, das zu verstehen. Ich betone noch einmal, dass keine Organisation einen Menschen zur Spiritualität führen kann. Wenn eine Organisation zu diesem Zweck gegründet wird, so wird sie zu einer Krücke, die euch schwächt, zu einem Gefängnis. Solche Organisationen verkrüppeln das Individuum, hindern es daran zu wachsen und seine Einzigartigkeit zu leben, die ja darin liegt, dass es ganz alleine diese absolute, uneingeschränkte Wahrheit entdeckt. Das ist ein weiterer Grund dafür, dass ich mich – da ich der Präsident des Ordens bin – entschlossen habe, den Orden aufzulösen. Niemand hat mich zu dieser Entscheidung gedrängt oder überredet. Das ist keine großartige Tat, denn ich will keine Jünger oder Anhänger; ich meine das so, wie ich es sage. In dem Moment, in dem man beginnt, jemandem zu folgen, hört man auf, der Wahrheit zu folgen.« *(Pupul Jayakar, Krishnamurti: Leben und Lehre, S. 86f)*

Du magst anders darüber denken, weil du dich für einen spirituellen Weg entschieden hast, dem du dich verpflichtet fühlst, und das ist in Ordnung so. Nimm das, was ich hier schreibe also nicht als ein unbedingtes Muss an, um die energetische Liebe erfahren zu können, sondern als Anregung, um damit zu deinen eigenen Erkenntnissen zu kommen. Vielleicht klappt das alles ja auch ohne jede spirituelle Erkenntnis. Das kann ich mir zwar nicht vorstellen, weil für mich das Erkennen meiner kosmischen, energetischen Natur vor der Erkenntnis lag, dass Sex, so wie ich ihn bisher praktiziert habe, unangemessen ist und die Liebe aus der körperlichen Vereinigung verbannt. Aber ich bin nicht allwissend. Wenn du es also ohne das Erkennen deiner eigenen Natur versuchen willst, steht dir das frei und auch dann wünsche ich dir von Herzen, dass du die energetische Liebe leben kannst. Viel schwieriger mag es für dich sein, die Aussagen über Sexualität zu transzendieren, die im Namen deiner Religion oder von deinem spirituellen Lehrer gemacht wurden.

Vieles, was den Menschen Leid bereitet, die menschliche Grausamkeit und besonders die triebhafte, auf orgastische Befriedigung gerichtete Sexualität, wird oft als »animalisch« bezeichnet. Das suggeriert, dass es der tierische Anteil am Menschen ist, das angeblich niedere Wesen, was schlecht sei. Aber das ist ein Irrtum. Es gibt keine Widersprüche zwischen dem »Menschentier« und der Seele. Es gibt keine charakterliche Grausamkeit, keine strukturelle Bosheit bei den Tieren. Meist sind Tiere sanft, vertrauensvoll und liebevoll – es sei denn, sie müssen töten, um sich zu ernähren oder ihr Leben zu verteidigen. Doch das tun Sie aus der Notwendigkeit der Selbsterhaltung und nicht, um zu töten. Nur bei sehr hoch entwickelten Tieren, etwa bei Schimpansen, wurde grausames Verhalten – also zum Beispiel der kriegerische Überfall einer Horde männlicher Affen auf eine andere Gruppe – beobachtet. Aber strukturelle Bosheit ist nur uns Menschen eigen.

Was den wirklichen Grund deines Leides ausmacht, ist etwas anderes: Dein Verstand hat ein erdachtes Wesen erschaffen, eine Einheit, die du »ich selbst« nennst (daher sagen viele spirituellen Lehren auch »das Selbst« zu dem, was ich als »Ego« bezeichne) und die aus deiner Geschichte besteht, aus deiner gesammelten Vergangenheit und einer erhofften und befürchteten Zukunft. Die Quelle, aus der dieses Ego gespeist wird, ist die latente Angst, in der du lebst, und deine unbewussten Gedanken, der immerwährende Strom inneren Geplappers, den es abzustellen gilt, wenn du hinter das Ego sehen und der Seele begegnen willst.

Du kannst den Begriff »Seele« gerne austauschen, denn er hat in der menschlichen Kultur bereits viele Namen gehabt. Im Griechischen heißt er »Psyche«. (*Psyche ist aus dem altgriechischen Wort abgeleitet, das »Hauch, Atem, Seele« bedeutet und daneben auch Schmetterlinge bezeichnete.* Quelle: Wikipedia) Wenn du also eher wissenschaftlich/medizinisch denkst, kannst du mit mir deine Psyche besuchen. Im Lateinischen heißt die Seele »anima«. Also können wir auch das Animalische wählen, das ursprünglich Wesenhafte und Lebendige. In meinem Verständnis ist die Seele reine lebendige Energie, materiefreies Bewusstsein. Es wäre also nicht falsch zu sagen, dass du den Energiekörper besuchst, deine Aura, dein Orgon-Energiefeld, das Chi. Letztlich sind das alles mentale Erklärungen, also geistige Formen, die der Verstand erschafft, um all das, was dir begegnet, deinem Ego oder deinem Selbst, deinem Bild von dir und der Welt hinzuzufügen. Du glaubst nun, weil du einen Begriff erschaffen hast, wüsstest du etwas darüber. Du weißt nichts über die Seele, wenn du sie nicht wahrnimmst. Die Seele, so wie du sie bisher kennst, ist eine rein gedankliche Konstruktion, eine philosophisch-religiöse Spekulation. Deshalb ist es einerlei, ob du sie »Seele«, »Psyche«, »Anima«, »Orgon-Energie«, »Atman« oder »Ich Bin« nennst. Dein Ego produziert diese mentalen Formen, weil du dann glaubst, du könntest die Dinge besitzen, begreifen oder bannen. Du bist diese Realität »Seele«, sie ist ein wesentlicher Teil dessen, was du bist, und wenn sie dir nicht als gedankliche Metapher oder als theoretischer Begriff, sondern als sinnliche Wahrnehmung direkt begegnet, ist dies immer eine sehr bewegende Erfahrung, die manchem Menschen auch einen Schrecken einjagen kann, weil sie einfach sehr wahr ist. Diese Wahrheit will ich dir zeigen, wenn wir deine Seele besuchen.

Was die Seele mit Sexualität zu tun hat? Die Seele hat, wie gesagt, überhaupt kein Problem mit dem Körper, beide sind freiwillig eine wunderbare Freundschaft eingegangen. Dein Problem ist deine Angst. Und aus Angst lässt du nicht zu, dass dein Körper bestimmt, was er in der Verbindung mit einem anderen Körper erleben könnte, wenn die Seele in diese Verbindung die Liebe mit hinein gibt. Wenn du auf dein Sein vertrauen kannst, hat die Seele Platz im Körper. Deine Angst ist die Emotion, die der Verstand produziert, weil er an eine ausgedachte Zukunft glaubt, die nichts anderes ist als eine gedachte Wiederholung der Schmerzen der Vergangenheit. In dieser fiktiven Zukunft könnten schlimme Dinge passieren – glaubt der Verstand. Die Angst vertreibt die Seele aus dem Körper. Und deshalb geschehen dann auch die schlimmen Dinge, die der Verstand als Realität erschafft. Die Angst ist funktionell identisch mit den körperlichen Blockaden, die muskulären Spasmen, über die Wilhelm Reich so viel herausgefunden hat. Daher ist auch Angst nicht nur ein Gefühl oder eine philosophische oder psychologische Metapher, sondern ein wesentlicher Teil deines Organismus. Der Sinn dieser muskulären Blockaden ist es, die traumatischen Erfahrungen zu isolieren, die du im Lauf deines Lebens – vom Baby bis heute – nicht verarbeiten konntest, das heißt, das geschieht alles, um die Angst, die du einmal erlebt hast, heute nicht mehr zu fühlen. Nimm deine Angst aus der Sexualität heraus, und du wirst etwas erleben, was weit über deine kurzfristige Befriedigung hinausgeht, was du nicht mit dem Verstand, sondern mit den Sinnen verstehst: Es gibt etwas viel Besseres als den Sex, den du schon kennst.

Wie gesagt, ich will dir das alles zeigen. Du kannst es selbst erfahren, du sollst es mir nicht glauben. Du musst nichts im Voraus als wahr annehmen, du brauchst keinem Guru die Treue zu schwören, du brauchst keinerlei spirituelle Praxis zu absolvieren und auch keine Therapie zu machen. Lies es, überlege und fühle, ob du es magst. Wenn ja, zeige es deinem Partner/deiner Partnerin und dann tut es. Wenn du keinen Partner hast, kannst du dich darauf einstimmen und dich auf eine Liebesbeziehung vorbereiten, aber umsetzen könnt ihr es nur gemeinsam.

Träume nicht von der Freiheit – sei frei. Ich zeige dir, so gut ich kann, wie ich vorgegangen bin. Wenn das, was ich dir zeige, für dich nicht funktioniert, hast du nicht mehr riskiert, als ein Buch zu lesen. Wenn es für dich funktioniert, hast du einen sehr guten »Deal« gemacht. Das Beste, was du für dich und die Welt tun kannst, ist, glücklich zu sein. Kümmere dich also darum, dein Leben in Ordnung zu bringen und vor allem deine Beziehungen, in erster Linie deine sexuelle Partnerschaft. Liebe deinen Partner, deine Partnerin – liebe körperlich. Bring deine Sexualität in Ordnung, indem du die Sexualität lebst, die deinen Körper mit deiner Seele vereint. Wenn alle das tun – oder wenigstens einige – ist die Welt zu retten. Das ist die zweite sexuelle Revolution; es ist eine Utopie, die heute so unvorstellbar scheint wie Reichs Thesen vor achtzig Jahren. Undenkbar schien damals, dass so eherne Werte wie die Jungfräulichkeit vor der Ehe oder die gesellschaftliche Ächtung von unehelich Geborenen völlig aufgegeben werden, und doch existentieren sie für die heute aufwachsenden Generationen gar nicht mehr – höchstens als historische Kuriosität aus der Großväter-Generation.

Frauen und Männer fühlen sich zueinander hingezogen, wollen körperlich zusammen sein. Deshalb ist es die sexuelle Liebe, um die es in dieser Welt geht, solange menschliche Seelen in »Menschentieren« wohnen. Aber die Situation der Liebe zwischen Mann und Frau ist ein Trauerspiel. Bist du oft hin- und hergerissen zwischen Sehnsucht und Abscheu, Faszination und Frustration? Dann geht es dir nicht anders als den meisten Menschen. Jeder glaubt: »Die anderen schaffen es irgendwie, glücklich zu sein, nur ich gerate immer an den Falschen.« Bist du eine besonders attraktive Frau oder ein reicher und begehrter Mann und daher geneigt, Sexualität nur noch nach deinen eigenen Bedingungen zuzulassen, sie als Tauschware für ein Leben nach deinen Vorstellungen zu benutzen? Oder willst du die Sexualität nach vielen Enttäuschungen völlig aufgeben? Aber all das funktioniert nicht. Du kannst die Sexualität nicht für deine Ego-Absichten einsetzen, ohne an der Kälte zu leiden, die daraus resultiert, und du kannst die Sexualität nicht abwählen, nur weil sie nicht so funktioniert, wie du es gerne möchtest. Nur die wenigsten können in Askese leben, ohne zu leiden. Du kannst nicht mit Sex glücklich sein und nicht ohne. Eine verzwickte Situation.

Weil die Liebe in einem so desolaten Zustand ist, wurde sie idealisiert und zu einer unkörperlichen, geistigen, übersinnlichen Liebe stilisiert. Sicher, es gibt auch sie: die Elternliebe, die Liebe zu Gott, die Nächstenliebe, die Liebe zu deinem tiefer gelegten Golf 2 – und – und – und. Fang aber doch da an, wo sie wirklich gebraucht wird: Liebe deine Frau. Liebe deinen Mann. Liebe körperlich.

»Alles ist Energie,« dieser Satz, drückt eine physikalische Realität aus. Er bedeutet für ein Lebewesen: »Alles ist Lebensenergie«. Was du erlebst und tust, wenn du denkst, fühlst, arbeitest, verdaust, wenn dein Stoffwechsel aktiv ist und wenn du sexuell liebst – all das sind Prozesse, in denen die Lebensenergie am Werk ist. In deinem Körper fließt diese Energie und leistet Arbeit, indem Muskeln angespannt werden, indem die Synapsen im Gehirn aktiv werden, indem Zellstrukturen erneuert werden, indem du fühlst, atmest, liest – und indem du die Lust deines Körpers und die Lust im Körper deines Partners erlebst.

Je nachdem, wie frei die Lebensenergie im Körper fließen kann, kannst du genießen, was du tust, oder es wird zur Last, weil die Energie woanders in deinem Körper verbraucht wird. Das gilt auch für die Sexualität – ganz besonders für die Sexualität. Lust ist die Expansion von Zellen, wenn sich Körperzellen prall ausdehnen und mit Energie und Flüssigkeit füllen. Angst ist das Gegenteil: die Zellen ziehen sich zusammen. Angst und Lust sind physiologische Funktionen des Körpers. Leben ist das natürliche Wechselspiel zwischen Expansion und Kontraktion. Leben ist das Fließen der lebendigen Energie in deinem Körper. Von Zeit zu Zeit will der Körper überflüssige Energie loswerden, und das geschieht natürlicherweise in einer Welle lustvoller, weicher, rhythmischer Kontraktionen und Expansionen aller Muskelzellen des Körpers: Das ist der lebendige Orgasmusreflex.

Wenn die Angst zu stark wird – zum Beispiel nach einem nicht verarbeiteten Trauma – kann die Kontraktion einiger Muskeln chronisch werden. Der Körper kann nicht unterscheiden zwischen einem Angstgedanken und einer realen Gefahr. Ein unverarbeitetes Trauma lässt dich zum Beispiel denken, dass du verlassen wirst und dir niemand aus der Gefahr hilft – vielleicht bist du als Baby vor Angst schreiend alleine gelassen worden. Deine Muskeln gehen in Kampfposition, der Körper bereitet sich auf den Angriff von außen vor, er spannt sich an, um bereit zu sein. Du denkst und fühlst diese Angst als absolute Bedrohung, fühlst dich ihr hilflos ausgeliefert, obwohl du schon lange kein Baby mehr bist. Dann schrumpfen Zellen, werden klein, hart, trocken und sterben letztlich ab. Damit dies nicht tödlich endet, hat der Körper einen Plan B entwickelt: Damit du diesen erschreckenden Impuls nicht immer wieder erlebst, werden die beteiligten Muskeln auf Dauerbetrieb geschaltet, sie kontrahieren chronisch, und so verbrauchen sie ständig Energie. Sie können nicht mehr pulsieren. Angst und Lust werden in diesen kontrahierten Zellen buchstäblich festgehalten. Du fühlst nun die Angst nicht mehr, und auch nicht die Lust. Die Zellen dieser Muskelgruppen stehen damit der orgastischen Entladung nicht mehr zur Verfügung. Alle Menschen leiden in mehr oder weniger starkem Maß an diesen chronischen Verkrampfungen des autonomen Muskelgewebes, dem so genannten Körperpanzer. Denn jedes unverarbeitete Trauma von der Kindheit bis jetzt kann eine solche Verpanzerung auslösen und darin den traumatischen Inhalt verbergen und festhalten. Es ist ganz einfach: Da wo konstant Energie verbraucht wird, kann sie nicht fließen. Dein Körper leistet im wörtlichen Sinne Verdrängungsarbeit. Je mehr dieser chronischen Kontraktionen sich im Körper angesammelt haben, desto schwieriger und schmerzvoller wird die orgastische Entladung – desto frustrierender wird die Sexualität, die auf Erregung und Entladung aufbaut. Dort, wo sich muskuläre Spasmen befinden, wird die Welle des Orgasmusreflexes gebrochen. Die ursprünglich weiche Bewegung wird zur Zuckung und verendet in den chronisch verkrampften Muskeln: im Bauch, im Zwerchfell, im Hals und so weiter. Zusätzlich bekommen diese Blockaden Energie. Das künstlich aufrecht erhaltene Gleichgewicht bricht irgendwo zusammen und die darin festgehaltenen emotionellen Inhalte – wie Angst, Trauer, Resignation und so weiter – werden erlebt. Die sexuelle Erfahrung wird damit zum Auslöser von Schmerz. Die sexuellen Lust ist daher immer gekoppelt mit der Schmerz-Erfahrung und das ist extrem frustrierend. Was dabei subjektiv erlebt wird, ist äußerst unterschiedlich. Natürlich ist da zuallererst die Lust-Erfahrung, sie steht zunächst im Vordergrund. Doch oft drängt sich dann in den nächsten Stunden und Tagen die Schmerz-Erfahrung in den Vordergrund. Der gebrochene Orgasmusreflex äußert sich in dem, was in der Psychologie »post-orgastische Depression« genannt wird. Die sexuelle Frustration lässt sich nicht durch Tricks umgehen. Du kannst Bücher über ausgefeilte Sexualtechniken lesen und viele neue Methoden ausprobieren, raffinierte Sexspielzeuge kaufen, Tantrakurse besuchen und exotische Massagen lernen – wenn die Energie in deinem Körper nicht fließt, wird deine Lustempfindung abstumpfen, sobald die Sensation nicht mehr neu ist. Das ist die traurige Wahrheit der stagnierten Lebensenergie.

Du versuchst, die Erregung von außen zu bekommen, weil du deinen inneren Körper nicht mehr spürst. Ein lebendiger Organismus kann seine eigene Erregung jederzeit spüren und lustvoll empfinden – von einem sanften Strömen bis hin zur heftigen energetischen Ladung, die zur orgastischen Entladung bereit ist. Ein energetisch blockierter Organismus braucht die Erregung von außen: über visuell aufregende Sexualpartner, über künstliches erotisierendes Gehabe, über Filme, Rollenspiele und was es sonst alles gibt, um die erstorbene Lust anzufachen. Die Lust eines lebendig funktionierenden Körpers muss nicht angefacht werden, weil sie immer da ist. Sie ist die Wirklichkeit, in der sich die lebendige Energie – also die Seele – im Körper erlebt.

Eine Möglichkeit, die du nun hast, besteht darin, eine Körpertherapie zu beginnen, möglichst viele dieser Behinderungen aufzulösen und die gespeicherten emotionellen Inhalte zu verarbeiten. Wenn du einen guten Therapeuten kennst und das Geld und die Zeit dazu hast, ist das eventuell eine gute Idee, auch wenn ich selbst an eine nachhaltige Wirkung von Therapie nicht glaube, weil deine Chrakterstruktur bestehen bleibt. Doch dann verliebst du dich in einen neuen Partner und der benötigt auch eine Therapie, denn um lustvoll zu lieben, sind zwei nötig.

Probiere es mit der energetischen Liebe. Was ich dir zeige, ist weder Therapie noch spirituelle Praxis. Es ist kein Neo-Tantra und auch keine neue Sexualtechnik. Es ist eine einfache Art, die körperliche Liebe neu zu erlernen oder besser gesagt, das zu verlernen, was du nicht mehr brauchst. Der erste Schritt besteht darin, zu sehen, wer du wirklich bist.

Du kannst verstehen, wer du auf der seelischen Ebene bist, und dich selbst als lebendiges Energiefeld wahrnehmen. Du kannst dich als energetisches Lebewesen im Zustand des reinen Seins erkennen. Aus diesem Zustand heraus ist es leicht, dir selbst und deinem Partner zu begegnen – ohne Plan und ohne etwas erreichen zu wollen. Du kannst lernen, was du tun kannst – oder was du lassen solltest – um dich und deinen Partner in der energetischen Vereinigung auf der Seelen-Ebene zu lieben und in eine neue, kosmische Dimension der körperlichen Liebe einzutreten. Es ist sehr einfach, das zu lernen, weil dein Körper und deine Seele es bereits wissen und perfekt können und nur darauf warten, dass du endlich aufhörst, immer wieder in den organischen Prozess der körperlichen Liebe einzugreifen, indem du deinen Körper benutzt, um deine vom Ego gesteuerten Emotionen herzustellen, das heißt *Sex zu machen* anstatt *sexuelle Liebe selbstregulierend zuzulassen.*

Es geht eigentlich nur darum, in der sexuellen Umarmung, wenn ihr genital beisammen seid, jede künstliche Steigerung der Erregung zu vermeiden, also keinen Orgasmus mehr zu *machen*, jede mechanische, gewollte Bewegung sein zu lassen. Das heißt nicht, auf den Orgasmus zu verzichten, ganz im Gegenteil: Irgendwann kommt er als natürliche, selbstregulierte Entladung wieder – oder auch nicht. Das ist dann jedoch auch nicht mehr so schrecklich wichtig. Allein der Gedanke an den natürlichen, unbehinderten Orgasmus oder daran, dass es eventuell keinen mehr geben könnte, löst jetzt in dir eventuell Begierde oder Angst aus – es sind Gedanken, nicht mehr. Aber der Körper kennt nicht den Unterschied zwischen realer Erfahrung und einer Vorstellung. Das gilt nicht nur für traumatische Erfahrungen in Bezug auf die Entstehung der körperlichen-emotionellen Blockaden, sondern auch für die Lust in Bezug auf sexuelle Erregung. Irgendwann hast du wahrscheinlich als junger Mensch einige sehr lustvolle sexuelle Erfahrungen gemacht. Dann hast du versucht, sie zu wiederholen. Die erste Erfahrung war neu und aufregend, du warst absolut vital und hast vollkommen aus deinem Kern heraus gehandelt. Es geschah in der Energie von Verliebtheit, der Spannung, einen neuen Körper zu entdecken. Vielleicht hattest du einen Orgasmus oder du hast dich lustvoll selbst befriedigt – aber vielleicht hast du auch nur davon gehört und willst es endlich auch selbst haben. Ganz egal wie – jetzt ist es dein Ego, das »etwas will«. Du willst »es haben«. Du willst »es machen«. Und du weißt auch, »wie es geht.«

Du hast Hunderte Male erfolgreich Sex gemacht. Du bist vielleicht sogar ein geschickter Liebhaber geworden, da du über viele Jahre gelernt hast, eine künstlich gemachte Lust aus der sexuellen Erregung zu ziehen. Du bist inzwischen wahrscheinlich mehr oder weniger süchtig danach. Wie jede andere Sucht kann auch diese nur dadurch bewältigt werden, indem man sie anerkennt und zugibt, sie ansieht und dem Suchtverhalten keinen Raum mehr gibt. Es ist sehr wahrscheinlich, dass du irgendwann unter der Sucht leidest. Wenn du ein Mann bist, wirst du die Dosis erhöhen, also immer erregendere Situationen herstellen müssen, um überhaupt eine Erektion zu bekommen oder sie auch über die Zeit der Vereinigung zu behalten, oder du kannst die Erregung nicht mehr steuern und ejakulierst, bevor du zum Orgasmus kommst. Und dann willst du dich ja auch noch um die Erregung deiner Partnerin kümmern. – Wenn du eine Frau bist, nervt dich das Gerammel irgendwann nur noch. Du merkst, dass er dich nur streichelt, um damit bei dir Erregung zu erreichen, und nicht, weil es sein Bedürfnis ist, dich liebevoll zu berühren. Du hast dich arrangiert, weil du glaubtest, dass er es braucht, und du versuchst, wenigstens ein wenig Zärtlichkeit und Nähe aus dem Sex herauszuholen. Oder du versuchst verzweifelt immer wieder, wie er zum Orgasmus zu kommen, und manchmal gelingt es dir auch – meist aber nicht so richtig.

Und ihr werdet immer wieder spüren, was das mit euch macht: wie es die Liebe zwischen euch verhindert – weil einer von euch (meist die Frau) frustriert und allein zurückbleibt. Weil du dann vielleicht zum Trost noch einen Orgasmus gemacht bekommst, was oft nicht funktioniert.

Auch bei gutem Sex bleibt ihr trotzdem seelisch oft getrennt. Weil selbst nach der erfolgreichen Entladung Trauer, Streit oder Frustration als postorgastische Depression wie automatisch über euch kommen – das Ergebnis des durch Blockaden gebrochenen genital impotenten Orgasmusreflexes. Ihr werdet Diskussionen darüber gehabt haben, dass er es zu oft will, und sie will es hinauszögern. Der ganze Kreislauf von Verlangen, Verzicht, Vorwürfen und Frustration. – Es scheint ein endloser Teufelskreis zu sein.

Natürlich wollt ihr die Lust erleben. Und das sollt ihr auch. Ich möchte euch zeigen, wie ihr Sexualität und Liebe verbinden könnt. Ich möchte euch zeigen, dass es eine direkte körperliche Lust gibt, die ganz anders funktioniert als die Lust, die du aus deinen verstandesmäßig produzierten Emotionen gewinnst. Es geht darum, diesen Unterschied zu entdecken und sich für die körperliche Lust zu entscheiden und sich nicht mehr von der vom Ego gemachten Lust antreiben zu lassen.

Bisher erlebst du nicht die Lust des lebendigen Körpers, sondern du benutzt den Körper, um einer Vorstellung, einer vom Verstand gemachten Emotion hinterherzujagen. Der Körper wird zum Instrument, das funktionieren soll, damit das Ego seine Sucht nach Sex befriedigen kann. Aber so funktioniert die Verbindung zwischen der Seele und dem Körper nicht. Er ist keine Maschine, die man wie einen DVD-Player anstellen kann, um einen Porno darauf laufen zu lassen. Du benutzt deinen eigenen Körper und den deiner Partnerin/deines Partners als ein Ding, um Lust zu *machen*. Und ihr fühlt dann, dass in der Begegnung die Liebe fehlt. Dann erlebst du hinterher das miese Gefühl, jemanden benutzt zu haben und benutzt worden zu sein. Wenn du es so negativ erlebst, ist das der normalen Neurose oder dem Schmerzkörper geschuldet, den du damit geweckt hast. Im Sex ist die seelische Liebe untergegangen, weil die ursprünglich natürliche körperliche Lust den künstlich angefachten Emotionen des Verstandes weichen musste.

Der Ausweg, den ich dir zeigen kann, liegt darin, der Seele wieder den Raum zu geben, den sie braucht. Das geht nur, indem du dem Ego die Macht nimmst, deine Emotionen zu kontrollieren. Die Schwierigkeit besteht darin, dass das Ego sich wehrt, indem es genau die Ängste aktiviert, die bisher in den Blockaden gebunden waren. Aber du bist kein Kind mehr, das vor dem Buhmann Angst haben muss. Du weißt jetzt, dass die Gefahren nicht real sind, sondern in deiner Charakterstruktur als Gedanken und Gefühle der Angst auftauchen, als Schmerzkörper, gekleidet in ein leidvolles Ich, das sich wie ein eigenständiges Lebewesen verhält, das in dir wohnt. Dieses fiktive Wesen möchte nicht sterben, es will sich von den schmerzhaften Emotionen ernähren. Es braucht Schmerz von der Art, die es einst erschaffen hat. Es will diesen Schmerz. Und da es dich dazu bringt zu glauben, du wärest dieses »Ich«, willst »du« Schmerz. Das funktioniert natürlich nur unbewusst, denn *wer will schon Schmerz?* Du kannst den Schmerzkörper weder loswerden noch unterdrücken, denn es sind die muskulären Spasmen, die nun ihre Inhalte freigeben. Du erlebst genau den Schmerz, der in den Spasmen gebunden ist.

Es wäre naiv zu glauben, der Prozess, energetisch lieben zu lernen, könnte ohne Rückschläge, ohne Schmerz, ohne Widerstände, ohne Frust und ohne Zweifel geschehen. Ihr könnt euch darauf freuen, die körperliche Liebe voller Lust bis an euer Lebensende zu leben, wenn ihr bereit seid, die Mühe auf euch zu nehmen, einige suchtartige Angewohnheiten aufzugeben. Wenn bei euch alles harmonisch und ohne große Probleme verläuft – wie schön, freut euch! Aber rechnet nicht damit. Rechnet auch nicht mit der Katastrophe, seid einfach vorbereitet auf die Begegnung mit dem Schmerzkörper.

Sei vorbereitet darauf, dass es vielleicht mit deinem jetzigen Partner nicht funktioniert und ihr die Beziehung deshalb beendet. Vielleicht wirst du lange nach einem Menschen suchen, mit dem es funktioniert. Vielleicht findest du einen neuen Partner, während du noch in einer anderen Beziehung lebst. Du wirst möglicherweise mit harten Entscheidungen konfrontiert, die darauf hinauslaufen, das lebendige, sexuelle Erleben über die Erfordernisse einer »anständigen« gesellschaftlichen Existenz zu stellen. Du wirst vielleicht erleben, dass diese lebendige Ebene das Leben sprengt, das du bisher gelebt hast, und von dir »unmoralische« Entscheidungen fordert, vor denen du dich bisher gedrückt hast.

Damit du den Schmerz verstehen kannst und mit ihm zu arbeiten lernst, ist in diesem Buch die Arbeit mit dem Schmerzkörper ausführlich dargelegt. Wie gehst du mit den Rückschlägen um, mit der Angst vor Trennung, den gegenseitigen Vorwürfen? Was machst du ganz konkret mit dem ganzen Schmerz von dir und deinem Partner, der euch begegnen wird?

Wenn es doch so einfach wäre, wie es immer verkauft wird: Du liest einen guten Sex-Ratgeber, lernst einige neue Stellungen, atmest die Wirbelsäule hoch, lenkst Energie in das Becken, spannst den PC-Muskel an – und dann ist alles gut? Irgendetwas stimmt doch mit all den gut gemeinten Ratgebern nicht. Die Sexualität ist der Bereich im Leben der Menschen, der mit den meisten Emotionen, mit Hoffnungen und allzu oft der Erwartung »Mach mich glücklich!« verbunden ist. Und einfach zu fordern: »Lass die Emotionen weg!«, wie es bei Barry Long anklingt, ist zwar gut gemeint, funktioniert aber nicht, wenn der Partner – bildlich gesprochen – schon die Koffer packt. Dem Schmerz angemessen zu begegnen, ist ein entscheidender Aspekt des Erwachsenwerdens und eine entscheidende Voraussetzung, um mit der energetischen Liebe umgehen zu können.

Es geht also nicht nur darum, besseren Sex zu haben. Es geht um ein besseres Leben. Die tausend Sex-Ratgeber scheinen es nicht zu bringen, wöchentlich kommen neue auf den Markt, und in jeder Frauenzeitschrift steht mindestens ein Artikel zum Thema Liebe und Sex. Die meisten stellen ihre Lebenshilfe so dar, als ginge es darum, die Lust im Bett zu steigern. Aber das ständige Anfachen der Sensation, das Herstellen von Erregung ist das Problem, nicht die Lösung. Du bist nicht deshalb frustriert, weil du *zu wenig Erregung erlebst*, sondern weil du *zu viel Erregung machst* und viel zu wenig die Lust zulassen kannst, die dein Körper in Verbindung mit deiner Lebensenergie – deiner Seele – immer schon selbst leben will. Die energetische Situation deines Körpers ist das Entscheidende. Sie misst sich an der Verbindung des Körpers mit der Seele. Wenn du also Wert legst auf körperliche, geistige und emotionelle Gesundheit – dann kümmere dich darum, wieder lieben zu lernen. Alles andere kommt dann auch noch dran, aber beginne mit dem wirklich Wichtigen.

Du weißt, dass du gesund bleibst, wenn du einfach glücklich bist. Wilhelm Reich hat schon vor siebzig Jahren erkannt, dass Krebs sowie andere schreckliche Krankheiten auf die Erstarrung des Energieflusses im Körper zurückzuführen sind. Heute sagt die Epigenetik (die Lehre von der genetischen Vererbung erlernter oder erworbener Fähigkeiten), dass unsere Lebenssituation – also zum Beispiel, ob du glücklich bist oder nicht – nachvollziebare genetisch vererbbare Wirkungen auf nachfolgende Generationen haben kann.

Glücklich zu sein, ist nicht deine Privatsache. Es ist deine Verpflichtung als Mensch, dir selbst, deinen Mitmenschen und eventuell sogar allen nachfolgenden Generationen gegenüber. Viele Menschen meinen, sie hätten ein Recht darauf, unglücklich zu sein, und sie nehmen dieses Recht auch entsprechend ausgiebig in Anspruch. Du machst nicht nur dich selbst krank und belastest das Krankenversicherungssystem. Du machst andere Menschen unglücklich, deinen Partner, deine Kinder, deine Kollegen – und vielleicht auch deine Enkel und Urenkel. Das Ego setzt zerstörerische Information in die Welt – immer, jede Sekunde. Wie also kommst du darauf, dass es dein Recht sein könnte, unglücklich zu sein?

Ich will damit sagen: Es gehört mehr als die richtige Technik und guter Wille dazu, eine glückliche Sexualität zu leben. Es gehört dazu hinzuschauen, wer du bist. Zu sehen, was du dir und deiner Partnerin/deinem Partner angetan hast, was du der Welt zugemutet hast – und es wirklich zu ändern, denn du hast es in der Hand. Du kannst viel mehr bewirken, als das verzagte, neurotische Ego – der kleine Mann oder die kleine Frau – sich vorstellen kann.

Trau dich! Sieh hin! Werde erwachsen! Liebe dich selbst! Kümmere dich darum, endlich glücklich zu sein! Beginne damit, deinen Partner/deine Partnerin körperlich zu lieben! Tu es jetzt! Es lohnt sich!

Die Reise zu deiner Seele

Du kannst auf www.orgon.de ein Hörbuch dieses Kapitels herunterladen.

Achtung: Dieses Kapitel ist ein Mitmach-Kapitel. Das bedeutet, es ist so geschrieben, dass du das, was ich dir vermittle, in dem Moment, in dem du es liest, auch gleichzeitig praktisch nachvollziehst. Dieses Kapitel soll weder zur Information noch zur Unterhaltung dienen. Tu dir den Gefallen, es nicht einfach so nebenbei zu lesen, ohne die Erfahrung tatsächlich sinnlich nachzuvollziehen. Damit würdest du deinen Verstand dazu verführen, die gesamte Erfahrung nur mental zu machen – also sie zu »denken«, anstatt sie zu erleben – und in der Konsequenz das zu tun, was die meisten Probleme deines Lebens hervorgerufen hat: zu glauben, du seist dein Verstand. Ich will dir hier zeigen, dass du sehr viel mehr bist.

Ich will dich auf einer Reise zu deiner Seele begleiten. Lass uns losgehen. Du brauchst nichts zu tun. Nimm keine Meditationshaltung ein. Dein Körper ist immer da und perfekt geeignet für diese Reise. Du brauchst also keine besondere innere oder äußere Haltung einzunehmen, denn du sollst immer, in jeder Situation, diese Reise antreten können – sobald du dich daran erinnerst. Und das wird immer öfter der Fall sein. Anfangs ist es gut, wenn es um dich herum erst einmal relativ ruhig ist. Das muss aber nicht unbedingt so sein. Es ist sehr schön, dies zu zweit zu machen. Einer von euch beiden liest vor.

Aber am besten ist es, wenn du das Kapitel liest und alles in deinem eigenen Tempo nachvollziehst. Nimm dir die Zeit, die du brauchst – nimm dir viel Zeit.

Wenn du dies jetzt liest, mach einfach mit, setze es sofort um. Mach dabei die Pausen, die dir angemessen scheinen. Sei langsam. Frage dich immer wieder, während du dies liest und erlebst: Kann ich noch langsamer sein? Kann ich noch weniger tun?

Ich gebe hier Pausen vor, aber lass dich dadurch nicht abhalten, viele weitere Pausen einzufügen, ganz nach deinem eigenen Rhythmus.

Schließe die Augen und höre in deinen Kopf hinein. Höre in den Bereich zwischen den Ohren, mitten im Gehirn. Hörst du dort ein leises Rauschen, ein Zischen oder Zirpen? Ich nenne es »Suseln«.

✦

Es ist egal, welches Geräusch du hörst. Wichtig ist nur, dass du etwas hörst. Wenn du etwas hörst, dann höre jetzt gut zu. Hör einfach zu.

✦

Dann öffne die Augen wieder und höre weiter zu. Höre das Suseln, während du die Augen geöffnet hast und mit der Welt außen auf diese Weise in Kontakt stehst. Aber sei mit deiner Aufmerksamkeit, mit deinem wachen Bewusstsein ganz beim Suseln. Wenn du das Suseln (noch) nicht hören kannst – das macht gar nichts. Dann hörst du *nichts* in deinem Kopf. Da ist Stille. Achte auf diese Stille. »Höre« die Stille. So wie du, wenn du die Augen mit den Händen bedeckst, die Dunkelheit »sehen« kannst, so kannst du die Stille in dir hören, wenn du darauf achtest. Vielleicht kommt dann auch irgendwann plötzlich dieses »Suseln« zum Vorschein. Dann hörst du darauf. Bis dahin hörst du der Stille zu. (Wenn ich jetzt vom »Suseln« schreibe, dann übersetzt du es einfach mit »Stille«.)

✦

Du kannst auch lesen oder dem Sprecher zuhören, während du mit deiner wachen Aufmerksamkeit dem Suseln lauschst. Du bleibst mit deiner wachen, bewussten Aufmerksamkeit – Barry Long nennt dies deine »Intelligenz« – beim Suseln. Höre zu, wie du einer schönen Melodie zuhören würdest. Sei ganz da, wo das Suseln ist. Du bist der, der dem Suseln zuhört. Du bist das Suseln, du bist der Zuhörer und du bist das Zuhören. Du bist ganz und gar wach und ohne Ablenkung.

✦

Kannst du feststellen, wie schön die Welt um dich ist? Wie neu? Wie weich das Licht ist und wie friedlich die Welt dich anlächelt? Lächelst du zurück? Höre weiter das Suseln und bleibe dort.

✦

Gedanken kommen dazwischen und unterbrechen das Zuhören. Das macht nichts. Sobald du feststellst, dass dich ein Gedanke abgelenkt hat, lass ihn einfach fallen wie ein Ding, das du nicht brauchst. Höre einfach weiter dem Suseln zu und kümmere dich nicht um den Gedanken. Es können weitere kommen und dich fortziehen aus der Wahrnehmung des Suselns. Ärgere dich nicht darüber. Gib auch keine Energie in die Abwehr der Gedanken. Es reicht, festzustellen, dass du wieder denkst – und in diesem Moment der Bewusstheit kehrst du automatisch sofort zum Suseln zurück. Das ist alles, was zu tun ist. Du bist der, der zum Suseln zurückkehrt. Du bist das Suseln, zu bist der Zuhörer und das Zuhören. Du bist einfach. Du bist. Es ist das einzige, was übrig bleibt: die Erfahrung *Ich Bin*.

✦

Wenn du in diese friedliche Erfahrung eintauchst, wenn du den Abstand spürst zwischen dir und der Welt und dennoch die tiefe Verbindung mit ihr, dann frage dich: »Kann ich sein? Kann ich einfach sein?« und beantworte die Frage nicht. Lass dich immer tiefer hineinziehen in diese Erfahrung zu sein – ohne zu denken, ohne »jemand« zu sein. Du bist kein Mann und keine Frau, du bist kein Mensch auf der Erde, kein Lebewesen und kein Ding. Du bist einfach. Das, was du bist, hat keine andere Eigenschaft als zu sein. *Ich Bin* ist deine einzige Wahrheit.

✦

Auch das Suseln und das Zuhören werden unwichtig. Es ist einfach das, was du tust, was *Ich Bin* tut, ganz ohne Absicht, ohne Ziel. Das Suseln und das Zuhören halten dich stabil in dieser Erfahrung: einfach zu sein. Es ist der Anker, mit dem du dich in dieser Welt der Erscheinungen festhältst. Ansonsten ist das Suseln unwichtig. Es ist einfach, so wie du einfach bist. Nicht mehr. Nur Sein. Eigenschaftsloses, einfaches Sein.

✦

Nimm das stille Glück wahr, das aus dieser Erfahrung *zu sein* aufsteigt, die Ruhe, die Einfachheit, den Frieden. Ich bin nur Jetzt, ein ewiger Moment. Ich bin nur Hier, ein unendlicher Raum. Die Welt ist das, was das *Ich Bin* wahrnimmt. Jetzt und Hier. Mehr existiert nicht. Es war immer so und wird immer so sein.

✦

Alles, was du nicht jetzt und hier wahrnehmen kannst, sind Gedanken und Gefühle – die Aktivität des Egos. Die Gedanken versuchen immer wieder, einen Fuß in die Tür zu bekommen und die Macht über dein Sein wiederzuerlangen. Das geschieht, weil du darauf konditioniert bist. Aber sobald du es bemerkst, bist du wieder bewusst. Was die Gedanken da erschaffen, ist das Ego: Es ist die Geschichte, die du dir ununterbrochen erzählst, damit du an die Person glaubst, die du künstlich erschaffen hast. Jetzt kannst du das Ego wahrnehmen, weil du dich außerhalb des Egos erlebst. Geh wieder in die Wahrnehmung hinein, höre das Suseln. Ich bin das Suseln, der Zuhörer und das Zuhören.

✦

Öffne die Augen und frage dich: »Kann ich sein? Kann ich einfach sein?« Und wenn du weißt, dass du im Sein angekommen bist, ist das eine eindeutige, völlig zweifelsfreie Erfahrung, überwältigend einfach und unkompliziert. Dann lade die Liebe ein. Denke aktiv: »Ich lade die Liebe ein, mit mir zu sein.« Lade die Liebe ein.

✦

Dieser Zustand hat viele Namen: das Ich Bin, das Tao, die Gegenwärtigkeit, das Erwachen, die Leerheit. Du siehst nun, dass diese Namen auch nicht mehr sind, als der Versuch des Verstandes, diese Erkenntnis wieder zu einem weiteren Teil des Egos zu machen. Er versucht sofort, ein spirituelles Ego daraus zu machen. Das Ego will die Erfahrung für sich in Anspruch nehmen und zerstört sie damit gleichzeitig. Vergiss diese Namen. Hör einfach dem Suseln zu. Frage dich: »Kann ich sein, einfach sein?« Antworte nicht. Höre. Dann, wenn du darin bist, lade die Liebe ein.

✦

Deshalb ist allein wichtig, in diese Erfahrung hineinzugehen. Kannst du die tiefe Wahrheit in dieser Erfahrung spüren? Kannst du fühlen, dass dies die Welt deiner Seele ist? Dass sie hier zu Hause ist? Du kannst nicht sagen, dass du jetzt deine Seele bist, denn das, was du bist, ist eigenschaftslos. Du bist einfach. So ist die Seele. Sie ist einfach. So, wie du jetzt bist, bist du deiner Seele am nächsten. Du bist mit dem Göttlichen verbunden. Du hast dich zurück-verbunden mit dem Urgrund des Seins. Die einzige Aussage, die jetzt stimmt, ist: *Ich Bin.*

✦

Dieser Zustand zu Sein steht dir immer offen. Er war immer da und wird sich nie ändern. Das Hören des Suselns ist in jeder Situation möglich – du brauchst dich nur zu erinnern. Das Hören ist eine Eigenschaft des Körpers. Das Suseln ist eine Erfahrung der Seele. Du benutzt deine Ohren als Tor zur Seele. So kannst du deinen Körper benutzen, um dir deiner

Seele bewusst zu sein. Bisher ging beim Hören deine Aufmerksamkeit immer von innen nach außen. Jetzt benutzt du dieses Tor in der anderen Richtung. Du gehst von außen nach innen.

✦

Sei dir darüber im klaren, dass die Seele auch ohne Körper hören kann. Viele, die Nahtoderfahrungen gemacht haben, haben davon berichtet, dass sie ohne ihren Körper hören, sehen und fühlen konnten, wenn Gehirn- und Nerventätigkeit nachweislich meßbar nicht mehr vorhanden waren. Das »Suseln« ist eine solche seelische Wahrnehmung jenseits des Nervensystems.

Das Suseln bleibt immer eine subjektive Erfahrung. Obwohl fast jeder Mensch es wahrnehmen kann, können wir es nicht miteinander teilen, und daher existiert es für den Verstand nicht. Du kannst also etwas wahrnehmen, was einerseits eine Form hat (denn es ist deutlich zu hören) und andererseits formlos ist (denn es existiert nicht wirklich). Es ist so real wie ein Traum, der ebenfalls nur wirklich ist, solange du ihn wahrnimmst. Wenn du wieder aufgewacht bist, existiert die Welt, die eben noch real war, nicht mehr. Sie ist leer, sagte Buddha. Das, was dir vor wenigen Minuten im Schlaf noch Angst gemacht hat, erkennst du spontan als Leerheit. Das Suseln ist ebenfalls leer, es ist die Leerheit. Auch diese Welt ist in diesem Sinne leer, aber du weißt es erst, sobald du den Traum des sogenannten Wachbewusstseins durchschaust – zum Beispiel wenn du stirbst. Vorher ist das lediglich eine spirituelle Lehrmeinung, also ein Gedanke. Das Suseln als leer zu erkennen, führt dich dorthin, wo du die Welt als leer erkennen kannst. Lass dich führen.

✦

Es gibt ein zweites Tor, durch das du über deinen Körper zur Seele gelangen kannst: Das ist die innere Wahrnehmung des Körpers, der innere Körper oder Energiekörper. Ich habe in meinen Büchern und Audio-Seminaren verschiedene Wege beschrieben, wie eine stabile Erfahrung des inneren Körpers erreicht werden kann, zum Beispiel über Kälte, Gähnen oder Singen. Wenn du erst einmal die Erfahrung des inneren Körpers gemacht hast und weißt, welche sinnliche Wahrnehmung das ist, wirst du keine methodischen Zugänge mehr benötigen. Denn sobald du dich in der energetischen Wahrnehmung befindest, kommt auch immer wieder die Erfahrung des inneren Körpers spontan zustande. Ich zeige dir hier den einfachsten Weg, der in dieser Weise von Eckhart Tolle gelehrt wird. Wenn er nicht sofort funktioniert, dann kannst du auf die anderen Methoden zurückgreifen, die ich in meinen Büchern und auf www.orgon.de beschrieben habe.

✦

Setze dich auf einen Stuhl und lass die Hände rechts und links herab hängen. Schließe die Augen. Höre das Suseln.

✦

Gehe mit deiner Aufmerksamkeit in die Hände. Frage dich: »Wie kann ich wissen, ob meine Hände noch da sind?« Beantworte die Frage nicht, bewege die Hände nicht. Berühre nichts mit ihnen. Stelle die Frage und warte.

✦

Dann kannst du deine Hände von innen fühlen, zuerst ganz leicht, fast unmerklich, dann wird die Wahrnehmung stärker, steigert sich eventuell zum Kribbeln und Pulsieren. Du stellst fest, dass die Wahrnehmung deiner Hände größer ist als deine körperlichen Hände, vielleicht so groß wie Boxerhandschuhe. Was du fühlen kannst, ist das Energiefeld deiner Hände. Wieder geht die körperliche Wahrnehmung einher mit der energetischen, seelischen Wahrnehmung.

✦

Du lässt nun diese Wahrnehmung in deinen gesamten Körper hineinfließen. Wichtig ist, dass du es nicht *machen* kannst. Die überträgst die Art und Weise von stiller, bewusster Aufmerksamkeit, mit der du deine Hände von innen fühlen kannst, auf deinen gesamten Körper: die Arme, die Schultern, den Brustkorb, den Bauch, das Becken, die Beine und auch den Kopf.

✦

Sei einfach aufmerksam und fühle den inneren Körper dort, wo sich die Wahrnehmung von allein anbietet. Du tust nichts. Du willst nichts. Die Wahrnehmung bietet sich in verschiedenen Regionen des Körpers an, in anderen nicht. Das ist in Ordnung so. Es gibt nichts, was du steuern oder tun könntest. Je weniger du willst, desto einfacher wird es sein.

✦

Immer wieder wirst du von deinen eigenen Gedanken unterbrochen. Ärgere dich nicht, wehre die Gedanken nicht (mit anderen Gedanken) ab und lass dich nicht von ihnen in Gedankenketten hineinziehen. Sobald dir bewusst wird, dass du den Kontakt zur Energiewahrnehmung verloren oder eingeschränkt hast, weil du denkst, lass die Gedanken einfach fallen und geh wieder in die Energiewahrnehmung.

✦

Höre weiterhin auf das Suseln. Teile deine bewusste Aufmerksamkeit zwischen dem Suseln und dem inneren Körper. Jetzt atme bewusst ein und aus, langsam und etwas tiefer als vorher. Nach dem Ausatmen machst du eine Pause, solange es angenehm ist, und achtest auf den inneren Körper. Registrierst du, wie sich die Wahrnehmung nun intensiviert?

✦

Atme einige Minuten lang in dieser Weise und lass dich mit jedem Ausatmen tiefer in die Erfahrung des inneren Körpers hinein tragen. Nimm einfach wahr, was geschieht.

✦

Wenn du den inneren Körper fühlst, dann kannst du einmal gähnen. Dabei entsteht ein leichter innerer Druck, der die Wahrnehmung des inneren Körpers intensiviert. Dann kannst du – ohne zu gähnen, diesen Druck auch auslösen, wenn du einfach nur an das Gähnen denkst. Jedes Mal steigert sich die Wahrnehmung des inneren Körpers leicht und manchmal intensiviert sich durch das Gähnen oder den Gedanken daran die Erfahrung des inneren Körpers sprunghaft.

✦

Dehnt sich die Wahrnehmung über deine Körpergrenzen aus? Kannst du das sanfte Fließen des Energiekörpers spüren? Kannst du fühlen, wie sich die Wahrnehmung über deinen Kopf hinaus in den Kosmos ausdehnt? Fühlst du inneres Erschauern wie eine Gänsehaut im gesamten Körper und darüber hinaus? Nichts davon muss geschehen, nichts davon kannst du aktiv hervorrufen. Je weniger du versucht, etwas zu tun, desto einfacher ist das Erleben. Nimm einfach wahr. Höre das Suseln, achte auf den inneren Körper.

Wenn die Wahrnehmung des inneren Körpers stabil da ist, frage dich: »Kann ich sein, einfach sein?« Antworte nicht. Sei einfach. Genieße diesen

Zustand zu sein, ohne dass irgendetwas Besonderes daran ist. Und wenn du spürst, dass du einfach *bist*, lade die Liebe ein.

✦

Dieses Pulsieren des inneren Körpers ist das, was Wilhelm Reich »plasmatisches Strömen« genannt hat. Es ist die Eigenwahrnehmung des Energiekörpers: deine Seele, so wie sie sich selbst fühlt und in dir bewegt. Diese Erfahrung ist sinnlich, freudvoll, ekstatisch, sexuell, lebendig. Sie ist nur zu fühlen, wenn du frei von Angst bist, frei von der Identifikation mit deinen Gedanken, frei von den Beschränkungen des Egos.

✦

Diese seelische Wahrnehmung ist pures erlebbares Glück, einfaches Sein. Bleibe dort, solange du magst.

✦

Mach die Augen wieder auf und höre weiterhin das Suseln, erfahre den inneren Körper und das Strömen und sieh die Welt an. Wahrscheinlich bedrängen dich nun wieder die Gedanken; sie wollen sich deiner Identität bemächtigen. Nimm einfach wahr, dass du denkst, und lass die Gedanken los, sobald du bemerkst, dass du in Gedanken gefallen bist. Ein sehr guter sprachlicher Ausdruck: »in Gedanken fallen«. Jedes Mal fällst du aufgrund einer Gedankenkette aus dem Zustand des Seins heraus. Du kannst feststellen, wie unbewusst dieser Zustand ist, ständig zu denken, der wahrscheinlich dein Normalzustand ist. Bewusstsein und Denken sind nicht dasselbe, meist schließen sie einander aus. Da dies keine Übung war, kannst du es auch nicht beenden. Bleibe in der seelischen Wahrnehmung und geh immer wieder hinein, sobald dir das Suseln oder der innere Körper bewusst werden.

Du kannst den inneren Körper nicht kontrollieren. Die Seele tut nicht, was dein Verstand will. Aber du kannst beide Erfahrungen integrieren. Du sollst nicht aufhören zu denken. Ganz im Gegenteil: Du kannst denken, handeln, sprechen, zuhören und körperlich lieben und dennoch in bewusstem Kontakt mit deiner Seele bleiben. Das geschieht nur, wenn du dich nicht mehr mit demjenigen identifizierst, der in dir denkt. Bisher haben die Gedanken, hat der Verstand, mit dir gemacht, was er will: Er hat dich benutzt. Jetzt drehst du die Verhältnisse um. Du benutzt den Verstand, löst nach und nach die Identifikation mit dem inneren Gedankenprozess auf. Es geht also nicht darum, mit dem Denken ganz aufzuhören. Es geht auch nicht darum, dich nun neu mit dem Energiekörper zu identifizieren. Das ist auch nur ein Gedanke. Es geht einzig und allein darum, den Kontakt mit deiner seelischen Selbstwahrnehmung aufrechtzuerhalten so oft du kannst. Höre das Suseln, fühle den inneren Körper und das plasmatische Strömen und sei dir bewusst, dass es die Seele ist, die sich selbst wahrnimmt.

Das einzige, was du überhaupt aktiv tun kannst, besteht darin, diesen Kontakt aufrechtzuerhalten. Wie du das tun kannst, ist deine eigene Entdeckungsreise. Mach kein Ritual daraus. Es ist keine Meditation. Wenn du den Seelenkontakt zu einem Ritual machst, riskierst du, dass dein Ego ein neues spirituelles Spiel daraus macht und das Ritual für wesentlicher hält als den eigentlichen Kontakt. Trenne dich nicht künstlich noch weiter von der Seelenerfahrung ab, indem du sie ritualisierst.

Du wirst vielleicht feststellen, dass du dies alles schnell wieder vergisst, vielleicht stundenlang, vielleicht über Tage oder Wochen. Dein Ego kontrolliert deine Erinnerungen, und es ist nicht daran interessiert, dich an das zu erinnern, was ihm seine Macht entzieht. Deshalb haben die spirituellen Lehrer es vorgezogen, ihren Schülern Meditationsrituale zu verordnen. Ich denke, das war ein fataler Fehler, weil damit alle möglichen Komplikationen einhergehen. Die Menschen denken nun, sie sollen ein Ziel erreichen, sie könnten »spirituellen Verdienst« ansammeln. Der Verstand will etwas erreichen, wenn er etwas tut. Du bist dann im »Wollen-Shop«. Da sind lauter Dinge, die du haben willst: Reichtum, Gesundheit, Schönheit, einen perfekten Partner, ein Haus, ein Pferd, ein schickes Auto und Erleuchtung. Es gibt nichts zu erreichen. Entweder der Seelenkontakt ist da oder nicht. Je weniger du von diesem Kontakt erwartest, desto einfacher wird er aufrecht zu erhalten sein.

Ein Tipp: Wenn du fühlst, dass du getrennt bist von der Energiewahrnehmung, vom bewussten Kontakt mit der Seele, dann stelle dir die Frage:

»Kann ich sein, kann ich einfach sein?«

Antworte nicht, warte, lass geschehen. Es ist ein Koan (ein Briff aus dem Zen-Buddhismus: eine Aussage oder Frage, die sich nicht über den Verstand, sondern nur über die direkte Erkenntnis verstehen und beantworten lässt) und daher ist diese Frage – sobald dein Verstand aufgibt – ein unmittelbarer Zugang zum Sein.

Wenn du durch dieses Kapitel den Zugang zu deiner Seele gefunden hast, dann lies es einfach einmal täglich bis du die Erfahrung des *Ich Bin* auch ohne diese Anleitung stabil erreichen kannst. Aber vergiss nicht: Es ist kein Ritual.

Energetische Sexualität

Es geht bei der energetischen Sexualität darum, zusammenzusein, ohne *Sex zu machen*, ohne im Vorfeld Erregung mit dem Verstand herzustellen, sondern die Erregung zu fühlen und zu leben, die aus dem Körper kommt. Es geht darum, die Liebe zu leben, die die Seele in die Begegnung hineingibt. Es geht darum, den körperlichen und seelischen Kontakt zu fühlen, genau dann, wenn er sich von alleine anbietet, und nichts zu tun, nichts zu *machen.*

Der Penis gleitet sanft in die Vagina und bleibt dort ruhig. Die Aufmerksamkeit ist vollständig in den Genitalien. Er ist Penis, sie ist Vagina. Ihr registriert einfach, was geschieht – auch wenn nichts geschieht. Ihr bleibt ruhig liegen, seht euch an, streichelt euch gegenseitig zart, redet miteinander, seht euch in die Augen, bleibt in eurer Gemeinsamkeit, macht nicht die Augen zu, verlasst den Partner nicht, geht nicht in die innere Phantasiewelt und lasst keine gedanklichen Spekulationen zu, folgt nicht den inneren Bildern, die auftauchen, sondern geht immer wieder mit eurer ganzen Aufmerksamkeit in die Genitalien, seid das Leben, die lebendige Energie in der Vagina und im Penis.

Es kann durchaus sein, dass ihr beide oder einer von euch zunächst gar nichts spürt, dass Penis oder Vagina scheinbar kein eigenes Gefühl haben. Es kommt daher, dass ihr so lange Sexualität nur durch Reibung und das Hochtreiben von Erregung kanntet, dass die subtilen Empfindungen des inneren Körpers nicht mehr (oder noch nicht) wahrgenommen werden. Der Impuls, jetzt wieder erregende Empfindungen über angelernte Muster herzustellen, ist möglicherweise zu Anfang enorm stark.

Irgendwann werdet ihr fühlen, wie Penis und Vagina anfangen zu pulsieren, wie sie miteinander zu kommunizieren beginnen, selbständig, ohne euer bewusstes Zutun. Ihr versteht, was sie wollen, sie führen leichte Bewegungen aus, sie zucken und pumpen, sie beginnen, ein eigenes Bewusstsein zu entwickeln, das sich dann irgendwann auch in Bewegungen eurer Körper ausdrückt, die ihr nicht mehr macht, sondern die ihr einfach zulasst. Um den Unterschied zwischen den selbstregulierten Bewegungen festzustellen und denen, die ihr euch in Jahren des Sex-Machens angewöhnt habt, um die Erregung zu steigern, benötigt ihr ein hohes Maß an Ehrlichkeit euch selbst gegenüber. Falls ihr euch unsicher seid, tut lieber gar nichts und wartet. Es gibt ein zunehmendes energetisches Fließen zwischen Penis und Vagina, das sich wie elektrischer Strom anfühlt, ein Strom von Glück und Intimität. Ihr liegt bequem, so dass möglichst wenig Teile des Körpers in Spannung gehalten werden müssen. Ihr seht euch oft in die Augen, geht so selten wie möglich mit geschlossenen Augen in die eigene innere Welt, denn dort seid ihr meist allein mit den Emotionen der Vergangenheit und den Bildern aus sexuellen Phantasien. Ihr redet miteinander, sagt euch, wie schön es ist: Er sagt ihr, wie gern er in ihr ist, sie sagt ihm, wie frei und leicht es für sie ist, ihn endlich ohne Druck in sich zu fühlen.

Ihr seht das Strahlen in euren Augen und fühlt, wie der Penis Energie in die Vagina hineinpumpt oder ebenso aus ihr heraussaugt. Zarteste Empfindungen wechseln mit heftigen Entladungen.

Jetzt geht es darum, wie ihr energetisch lieben lernen könnt

Immer, wenn zwei Menschen sexuell zusammenkommen, bringen beide ihre eigenen Charakterstrukturen ein. Jedes Paar erschafft eine neue, einzigartige Struktur, in der sexuelle Lust und Liebe auf eine ganz eigene Weise gelebt wird. Daher kann es keine allgemeinen Anweisungen geben, wie energetische Sexualität aussehen soll. Ich möchte euch Mut machen, eure eigene energetische und sexuelle Spur zu finden, angelernte Muster hinter euch zu lassen und selbst zu erforschen, wie die energetische Liebe bei euch beiden aussehen könnte.

Ich kann hier nur Hinweise geben, die darauf beruhen, was ich erlebt und ausprobiert habe. Es ist kein theoretisch angelesenes Wissen. Daher kann genau das fehlen, was ihr brauchen könntet, weil euer sexuelles Erleben anders ist als das, was meine Partnerinnen und ich erlebt haben. Dann wäre es gut, wenn ihr eure Erkenntnisse auch weitergebt, sobald ihr so weit seid. Macht euch klar, dass ihr hier keine neuen sexuellen Techniken einübt. Ihr werft überflüssigen Ballast ab, der euch bis hierher das Leben schwer gemacht hat, und ihr beginnt zu lieben. Ihr erlaubt, dass eure Körper bestimmen, was Liebe ist. Ihr erlaubt, dass eure Körper glücklich sind, dass sie endlich, nach so vielen Jahren, selbst lieben und nicht mehr als Marionetten des Verstandes und seiner wechselhaften Gefühle dem emotionell produzierten Sex ausgeliefert sind.

Lest dieses Buch und vor allem dieses Kapitel mehrmals, am besten gemeinsam und laut und sprecht darüber

Als erster Schritt wäre es sinnvoll, vorher zu verstehen, was dieser Weg von euch verlangt. Sprecht über die Möglichkeiten, die er bietet, aber sprecht auch eure Bedenken und Zweifel aus. Sagt euch gegenseitig zum Beispiel, wie sehr ihr euch wünscht, endlich ohne Druck lieben zu können, aber auch, dass ihr vielleicht befürchtet, dass einfach nichts passiert, wenn ihr einfach so die Genitalien zusammensteckt, ohne vorher »Lust zu haben« oder euch »Lust zu machen«.

Ihr werdet in den Gesprächen vielleicht dorthin kommen zu verstehen, dass alle Bedenken – und ebenso alle Hoffnungen – nichts anderes sind als Gedanken. Ihr habt in der Vergangenheit eure Erfahrungen mit Sex gemacht. Daher wollt ihr die guten Erlebnisse wiederholen und die schlechten vermeiden. Die Zukunft ist also eine gedankliche Vorwegnahme oder Vermeidung der Erfahrungen der Vergangenheit, eine Projektion, eine Spiegelung – wie eine Filmprojektion. Wirklichkeit ist jedoch nur das, was jetzt ist.

Wenn ihr eure Bedenken und Hoffnungen formuliert, kommt ihr vielleicht, wenn ihr ehrlich seid, zu dem Punkt:

Gesteht euch ein, dass ihr nicht wisst, wie man liebt

Wenn alles in Ordnung wäre, bräuchtet ihr dieses Buch nicht zu lesen. Sehr wahrscheinlich ist nicht alles in Ordnung, und das wisst ihr. Stellt euch dieser Tatsache, und sagt es euch gegenseitig. Erzählt euch von früheren Partnerschaften, die ihr mit falschen Vorstellungen von Sexualität ruiniert habt. Wenn ihr stark seid, sagt euch auch gegenseitig, wie ihr beide unter einander gelitten habt. Seid dabei ohne Vorwurf, schaut auf euch selbst, aber sprecht es aus. Zeigt, dass ihr beide Seiten seht:

»Zuerst, als unsere Beziehung frisch war, hast du jeden Tag mit mir Sex gemacht, aber später hast du es immer seltener gewollt, und jetzt muss ich tagelang darum betteln.«

»Du hast immer nur Sex machen wollen und hast gar nicht beachtet, dass ich nichts mehr fühle. Dann habe ich mich einfach der Situation ergeben, damit du wenigstens deinen Spaß hast.«

»Das war lieb gemeint von dir, aber ich glaube, das war eine Scheinlösung. Ich habe meinen Orgasmus gehabt, und damit habe ich dich letztendlich missbraucht.«

»Und ich habe dich zum Missbrauch verführt.«

»Ich wollte, dass du auch einen Orgasmus bekommst, aber das ging selten richtig gut.«

»Ja, weil ich mich unter Druck gesetzt fühlte. Wenn man es mir *machen* will, funktioniert es gar nicht.«

»Ich weiß nicht, was ich noch tun soll.«

»Ich auch nicht.«

Die Sexualität ist ein höchst emotionalisierter Bereich des Lebens. Es ist kaum möglich, über Sexualität zu reden, ohne dass unterschwellig Lust auf kommende Freuden oder Angst vor weiteren Verletzungen aufkommt. Noch einmal: Körperliche Liebe ist immer nur *jetzt* möglich, aber das, was euch Kummer macht, sind Gedanken und Gefühle aus der Vergangenheit, die ihr auf eine mögliche Zukunft projiziert. Es ist deshalb sehr von Vorteil, eine geistige Praxis anzuwenden, die euch in die Gegenwart bringt. Ich habe das Kapitel »Die Reise zu deiner Seele« hier aufgenommen, um euch damit vertraut zu machen, was Gegenwärtigkeit bedeuten kann, wie sie mit dem geringsten Aufwand erfahren werden kann.

Lernt, im Jetzt zu sein – jedoch macht aus der Liebe kein Ritual

Sexuelle Liebe ist immer nur jetzt möglich. Sexualität ist der einfachste, machtvollste Weg, im Jetzt zu sein, sich der Erfahrung von Gegenwärtigkeit vollständig bewusst zu sein. Das ist die spirituelle Dimension der sexuellen Liebe, die sofort aufleuchtet, sobald das *Ziele-erreichen-Wollen* und das *Sex-Machen* wegfallen. Aber auch Gegenwärtigkeit zu realisieren,

Erleuchtung zu verwirklichen und andere spirituelle Erkenntnisse zu gewinnen, können wieder Ziele werden, die der Verstand *erreichen will.* Da lauert also wieder eine neue Falle, ins *Machen* zu fallen.

Es geht also nicht darum, während der körperlichen Liebe meditieren. Es geht nicht darum, irgendwelche Rituale oder Zeremonien durchzuführen. Rituale haben nichts mit der körperlichen und energetischen Liebe zu tun und auch nichts mit Spiritualität. Rituale sind nur Spiele des Verstandes. Es gibt keine spirituellen Gedanken. Spirituelle Erkenntnis ist eine Erfahrung jenseits des Verstandes. Deshalb gibt es auch keine spirituellen Rituale. Rituale sollen an die bereits erworbene Verwirklichung erinnern, doch sie werden oft mißbraucht, um als Ersatz für echte Erkenntnis zu diesen. Menschen praktizieren Rituale und glauben dann, sie wären spirituell. Rituale, denen keine tiefen spirituellen Erkenntnisse zugrunde liegen, sind nur Ego-Spiele.

Du kannst lernen, im Jetzt zu sein, indem du das Kapitel »Die Reise zu deiner Seele« liest oder das Hörbuch herunterlädst und anhörst und »die Reise« dabei gleichzeitig praktisch nachvollziehst. Natürlich gibt es viele Wege, die Erkenntnis des Jetzt, die Gegenwärtigkeit, das Ich Bin zu verwirklichen. Buddha und Christus haben das auf ihre Weise gelehrt. Viele Weise und Heilige aus allen Kulturen haben es vermittelt. Heute lehren das zum Beispiel Eckhart Tolle und Deepak Chopra. Was ich dir biete – die Erkenntnis über die Wahrnehmung der Lebensenergie – ist ein Weg, den ich nicht entwickelt habe, sondern den ich selbst über die jahrelange Beschäftigung mit der Orgonenergie und besonders mit dem Engel-Energie-Akkumulator bekommen habe. Probiere es selbst aus.

Der Gedanke, dass Liebe nur jetzt ist, ist ein schöner – Gedanke, nicht mehr. Im Jetzt sein ist kein Gedanke. Es ist gut zu wissen, wie es ist, *nur jetzt gegenwärtig zu sein.* Die Erfahrung der Gegenwärtigkeit ist nicht mit Worten zu vermitteln und doch ist sie unvergleichlich echt und völlig wirklich, super-real sogar.

Wenn du in der Lage bist, in diesen Zustand des Nicht-Denkens, des Nicht-Tuns einzutreten, wirst du ihn auch in der energetischen Liebe wiederfinden. Gegenwärtigkeit ist ein sehr einfacher Zustand, und wenn du ihn immer wieder für dich aufsuchst, wird er dir in der energetischen Liebe mit einer Macht und Klarheit begegnen, die dir die spirituelle

Kraft der sexuellen Liebe erst wirklich erschließen kann. Gegenwärtigkeit ist Ekstase. Das Wort bedeutet »außen stehen«: Du stehst außerhalb des Egos, außerhalb dessen, was der Verstand zu sein glaubt. Und die schönste und erfüllendste Ekstase, die jedem Menschen zur Verfügung steht und die er instinktiv sucht, ist die sexuelle Vereinigung mit dem geliebten Menschen. Ich halte es jedoch für angemessen, die Erfahrung der Gegenwärtigkeit zunächst erst einmal für sich alleine aufzusuchen. Wahrscheinlich ist die energetische Liebe zu Anfang noch viel zu sehr mit Emotionen und Sensationen, also mit Ego-Empfindungen, überfrachtet, so dass es eventuell zu viel verlangt ist, die Erfahrung der Gegenwärtigkeit in der genitalen Vereinigung zu entdecken, ohne zuvor erkannt zu haben, worum es geht. Es mag von Anfang an auch in der sexuellen Vereinigung funktionieren, aber ich bin eher skeptisch. Da ich die entsprechenden Hilfen anbiete, ist es möglich, dies auch außerhalb der sexuellen Liebe zu erfahren. Und natürlich kannst du die Erfahrung von Gegenwärtigkeit nicht nur in der Sexualität nutzen, sondern sie steht dir in allen Lebenslagen zur Verfügung.

Wozu das eigentlich gut ist? In der energetischen Liebe ist es entscheidend, nichts zu wollen – Liebe strebt kein Ergebnis an. Daher ist die energetische Sexualität ideal dazu geeignet, in dieser Erfahrung von Gegenwärtigkeit zu verweilen. Es kann ein Zustand der Ekstase sein, in dem ihr trotzdem völlig wach und klar und präsent seid. Es ist die Entdeckung der spirituellen Dimension der Sexualität. Was das wirklich ist, kann man nicht beschreiben, und daher wirken hier alle Worte unbeholfen.

Gebt die Absicht, sexuelle Erregung zu stimulieren, völlig auf: kein Drang zum Orgasmus mehr

Das ist der erste Kernpunkt der energetischen Liebe. Ihr überlasst euren Körpern die Entscheidung darüber, wie sie miteinander kommunizieren. Sie sollen fühlen, ob und wie sie zum Höhepunkt kommen wollen oder auch nicht und wann dies sein soll – sofort, beim ersten Mal, oder erst in drei Jahren. Nehmt dem Ego die Macht, über die Lust zu bestimmen.

Sexuelle Erregung ist natürlich auch in der energetischen Sexualität vorhanden und erwünscht. Die Vereinigung von Penis und Vagina geschieht auch hier sinnvollerweise, wenn er eine Erektion hat und sie die deutliche Lubrikation (Scheidenfeuchtigkeit, Vaginalsekretion), um sich ohne Gleitmittel vereinigen zu können.

Es gibt einen deutlichen Unterschied zwischen der Erregung, die hochgetrieben wird, um den Orgasmus vorzubereiten, und der Erregung, die einzig erlebt wird, um sie als das zu genießen, was jetzt ist – sexuelle Erregung, um die Freude an der Erregung zu erleben, die Freude an dem, *was jetzt* ist. Diesen Unterschied gilt es, bewusst wahrzunehmen, und dazu gehört auch die selbstkritische Einschätzung dessen, was wirklich in der sexuellen Umarmung geschieht. Die Frau wird damit wahrscheinlich erheblich weniger Probleme haben als der Mann. Vielleicht wird sein Schmerzkörper sich heftig melden und sagen: »Endlich hat sie ihren Kuschelsex durchgesetzt. Liebe ohne Sex – der Traum aller Frauen, die den Mann zähmen wollen. Warum nicht erst richtig Sex machen und dann auch noch kuscheln? Teilen wir uns doch die Lust, und jeder bekommt, was er oder sie will.« Und sie wird seine Frustration vielleicht gar nicht nachvollziehen können, wenn sie sagt: »Sei doch froh, dass du dich endlich auch der Liebe hingeben kannst ohne den Druck, zu einem Orgasmus kommen zu müssen.« Sie sollte sich bewusst machen, dass er auf den Kern vieler Tausend Jahre Männlichkeit verzichtet. Es ging ihm bisher eben nicht in erster Linie um Liebe, sondern darum, im Sex den Orgasmus als »Beweis« seiner Männlichkeit zu erreichen – und das wird jetzt offenbar. (Auch wenn er beteuert, dass er die Ausnahme ist.)

Verabredet euch täglich für die energetische Liebe

Dies ist die zweite sinnvolle Voraussetzung für energetische Liebe: Entscheidet euch, euch mindestens einmal täglich zu vereinigen. Dies verlangt möglicherweise mehr von ihr als von ihm. Ihr Schmerzkörper wird das Argument finden: »Endlich bekommt er, was er immer wollte – jeden Tag Sex. Und wenn ich nun mal keine Lust habe? Er kann mich doch nicht einfach besteigen wie ein Pferd!«

Klare Bedingungen zu schaffen, wann und wo ihr zusammenkommen werdet, wird euch sehr helfen, Erwartungshaltungen abzubauen. Der Mann hat eventuell viele Jahre lang erlebt, dass die Frau nur manchmal und unter oft unverständlichen Umständen bereit war, mit ihm zum Sex zusammenzukommen. Möglicherweise habt ihr versucht, Regeln aufzustellen oder zu verstehen, wie und wann die Frau zum Sex bereit ist. Sie ist es eventuell gar nicht.

Sobald die Phase der erhöhten Erregung der Verliebtheit vorbei war, hat sie sich mit der Zeit mehr und mehr vom Sex zurückgezogen. Sex, so wie ihr ihn bisher praktiziert habt, war vorwiegend auf die Erregung und Befriedigung ausgerichtet. Im Zeichen der Gleichberechtigung glaubten die Frauen, es nun genauso machen zu müssen wie die Männer. Ein Fehler wird nicht dadurch besser, dass er von vielen gemacht wird. Ihr habt Erregung produziert und dann Sex gemacht. Viele Frauen haben sich dann konsequenterweise verweigert. Jede hat für sich die frustrierende Erfahrung gemacht, dass die sexuelle Revolution offenbar nur zugunsten der männlichen Sexualität stattgefunden hat.

Diese Frage: »Wann und wie oft machen wir es?«, dürfte also in vielen Beziehungen mit schmerzhaften Emotionen belastet sein. Seid froh, wenn ihr beide eine Struktur habt, die eine Aussage zulässt wie etwa: »Okay, wir machen es einmal jeden Tag am Morgen (oder Abend).« Es ist leider in vielen Beziehungen so, dass es über diesen Punkt immer wieder zu erneuten Konfrontationen der Schmerzkörper kommen wird. Dann gibt es keine prinzipielle Antwort. Ihr werdet euch der Auseinandersetzung: »Wann lieben wir uns?« immer wieder stellen müssen, bis der Schmerzkörper seine Macht, darüber zu entscheiden, endgültig verloren hat.

Noch einmal zur Frage: Muss das denn sein, mit der festen Verabredung? Natürlich gibt es eine Alternative. Und die lautet: Vereinigt euch immer dann, wenn einer von euch beiden den Wunsch danach äußert und wenn es eure Lebensbedingungen zulassen. Das erfordert eine sehr erwachsene Haltung beider Partner, in der es keine sexuellen Machtspiele, Manipulationen und Grenzüberschreitungen mehr gibt.

Wenn das Ego (beziehungsweise der Schmerzkörper als dessen emotionelle Seite) nicht mehr darüber entscheidet, ob und wie oft ihr zum Sex zusammenkommt, wird euch ein weiterer Aspekt der energetischen Liebe bewusst werden: »Ich liebe die Sexualität meines Partners genauso wie meine eigene. Deshalb werde ich jedes Mal, wenn sie/er es will, bereit sein, mich mit ihr/ihm zu vereinigen.« Nicht Lust oder Unlust entscheiden darüber, ob ihr Sex habt, sondern ob die Situation günstig ist. Mit dieser Haltung habt ihr die optimale Einstellung zur Verabredung zum Sex erreicht – wenn ihr es damit tatsächlich ernst meint und euch nicht innerlich verbiegen müsst. Was kann schon geschehen, wenn es einmal nicht geht? Dann stellt ihr fest, dass es jetzt gerade nicht funktioniert. Ihr geht auseinander und versucht es in ein paar Stunden noch einmal.

Liebt euch einfach. Eure Körper wissen, wie das geht. Sie brauchen eure emotionelle Erregung im Vorfeld nicht, denn sie ist das größte Hindernis für die Liebe. Versteht den Unterschied zwischen »Lust auf Sex« und »Lust bei der Vereinigung«. In Partnerschaften ist es meist selbstverständlich, täglich gemeinsam zu essen, täglich gemeinsam den Abend zu gestalten, täglich gute Gespräche zu führen. Gute Sexualität kann ebenso selbstverständlich täglich gelebt werden.

Redet viel miteinander, vor, während und nach der energetischen Liebe – und seht euch dabei an, seht euch in die Augen

Bleibt präsent, bleibt beieinander. Viele Paare sind es gewohnt, die Augen zu schließen, zu schweigen, und jeder driftet in seine eigene Traum- und Phantasiewelt ab. Der Mann steigt ein in seine erotischen Höhenflüge, die Frau in Welten voller Zärtlichkeit und Wohlbefinden. Oft merkt ihr gar nicht, dass ihr gar nicht mehr beieinander seid. Ihr benutzt dann eure Körper, um Emotionen hinterherzujagen, die im Kopf stattfinden. Nicht umsonst heißt es: »Erotik findet im Kopf statt.« Ja, leider. Das Abdriften in die Kopf-Welten hat seine Funktion, wenn es beim Sex darum geht, die Intensität der Erregung zu steigern, um einem Ziel hinterherzujagen. Dabei stören Worte nur. Jetzt könnt ihr das nutzen. Da, wo euch zuvor Worte abgelenkt haben, können sie euch jetzt helfen, eben nicht in die Richtung von Kopf-Erregung zu gehen, sondern das zu fühlen, was jetzt ist: die sexuelle Erregung des Körpers, Sinnlichkeit, Zärtlichkeit, Nähe, energetische Ströme und was euch sonst noch alles begegnen mag.

Seht euch so oft und so lange wie möglich an. Natürlich könnt ihr auch immer wieder die Augen schließen, aber bleibt präsent, bleibt in der sinnlichen Erfahrung dessen, was jetzt ist. Und wenn du siehst oder fühlst, dass dein Partner in innere Welten abdriftet, hole ihn sanft zu dir zurück. Wenn ihr bemerkt, dass dies häufiger geschieht, sprecht es an. Vor allem: Sagt euch gegenseitig, was ihr schön findet. Immer wieder! Wiederholungen sind okay, ja sie machen euch besser bei der Liebe. Es geht nicht unbedingt um differenzierte Schilderungen. Oft reicht schon ein: »Ja, ja!« oder: »Schön, mehr davon!« Gebt euch so viel positive Rückmeldung wie möglich. Viele Frauen beschweren sich, dass ihre Männer unbeholfene Liebhaber sind, teilen sich aber kaum mit oder nur einmal, und dann soll er es verstanden haben.

Hilf dir selbst und rede mit ihm, mach dir deinen eigenen perfekten Liebhaber. Er will es ja, aber du musst ihm auf die Sprünge helfen. Woher soll er es wissen, wenn nicht von dir? Und: Sag es ihm immer wieder – nicht, was er falsch macht, sondern was er gut macht (und manchmal ein wenig Korrektur: Was er besser machen könnte.) Liebe Frauen, so viel Pädagogik muss sein! Irgendwann lernt er es, deine Brust nicht zu grabschen, sondern leicht und wie ziellos um die Brustwarze herum zu streicheln, bis er – fast unabsichtlich, sie ganz leicht berührt – und dann wieder, in der richtigen Situation, fest anfasst. (Das war nur ein Beispiel.) Und unterschätze nicht seine Unsicherheit. Viele Männer haben ihre Identität aus der Rolle gezogen, zum Orgasmus fähig zu sein, und dabei (oder vorher) auch der Frau sexuelle Befriedigung zu geben. Auch die Frau kann daraus Identität gewonnen haben, ihn zum Orgasmus bringen zu können. Dass diese Rollen nun wegfallen, ist ein Zusammenbruch dieser Selbsteinschätzungen, der auch traumatisch erlebt werden kann. Indem ihr beide euch gegenseitig immer wieder deutlich zeigt, was euch gefällt und wie sehr ihr einander genießt, und indem ihr euch immer wieder zeigt, jeden Tag zur Liebe bereit zu sein, kann euch das über diese Phase der Unsicherheit hinweghelfen.

Viele Frauen vergleichen sich unbewusst mit anderen Frauen, wollen gefallen, wollen ihren Partner festhalten, indem sie sich ihm – besonders zu Anfang einer Beziehung – als willige, an Sex interessierte Frau zeigen. Sie haben zu oft ihre eigenen Empfindungen ignoriert und dadurch eine unterschwellige Abneigung gegen Sex entwickelt, die dann wie eine Krankheit ausbricht, sobald sie sich der Beziehung sicher sind. Dann träumen sie von Zärtlichkeit und holen aus dem Sex-Machen für sich die wenigen Momente von Nähe und Vertrautheit heraus, bevor es dann »zur

Sache geht«. Sie schaffen sich eine Traumwelt aus Liebe, die fast nie der Wirklichkeit entspricht. Indem er ihr immer wieder zeigt, wie sehr er ihre Berührungen, ihre Hingabe, ihre Lust genießt, hilft er ihr, sich darauf zu beziehen, was jetzt ist und nicht in idealisierte Traumwelten abzudriften.

Lasst geschehen, was Penis und Vagina wollen

In der ersten Zeit werdet ihr vielleicht erst lernen müssen, dass eure Genitalien ein eigenes Bewusstsein entwickeln, wenn ihr aufhört, angelernte Erregungsmuster zu benutzen. Das heißt nicht, dass ihr bewegungslos und passiv seid. Ohne emotionelle Erregung kommt die wahre körperliche Lust hervor, die Regungen, die tatsächlich aus dem energetischen Körper kommen, die viel sanfter, weicher, sinnlicher sind als die gemachte Erregung aus den Emotionen des Verstandes.

Diesen Unterschied zu erkennen, ist der eigentliche springende Punkt. Lasst euch Zeit dafür. Legt euch zusammen, seid liebevoll, er gleitet sehr langsam, sehr sanft und liebevoll in sie hinein, sobald sie feucht genug ist, und ihr wartet ab, was geschieht. Das kann durchaus längere Zeit so gehen. Seid geduldig. Redet miteinander, seht euch in die Augen, streichelt und küsst euch. Wenn es nicht so funktioniert, wie ihr euch das vorgestellt habt – genau das soll geschehen. Die Vorstellungen sollen aufgegeben werden, und ihr erlebt jetzt das, was tatsächlich ist. Wenn dabei Frustration aufkommt, dann nur deshalb, weil ihr wieder ein geiles Erlebnis wolltet, wie ihr es in der Vergangenheit schon hattet. Da ihr euch liebt, könnt ihr euch in dieser Phase gegenseitig stützen. Und wenn diese Phase zu lange dauert – setzt euch einen Termin, bevor ihr den Versuch wieder abbrecht – vielleicht zwei oder drei Monate, in denen ihr an der täglichen liebevollen Vereinigung festhaltet.

Irgendwann werdet ihr feststellen, dass es zwischen Penis und Vagina zu wahrnehmbaren Bewegungen und energetischen Strömen kommt, die eine eigene Form der Kommunikation darstellen. Was dabei geschieht, lässt sich kaum mit Worten sagen, es ist eine eigene Form von Liebe, die mit überwältigenden Erfahrungen von Innigkeit, Intimität und echter körperlicher Liebe einhergehen. Ihr werdet dann feststellen, dass diese vom Körper selbst regulierten Bewegungen unterstützt werden können und wollen. Hier solltet ihr sehr sensibel und sanft vorgehen und euch mit euren Bewegungen nur so weit auf die genitale Kommunikation einlassen, dass sie nicht davon gestört, sondern unterstützt und gefördert wird. Es geht also darum, dass ihr nicht wieder durch eigene willentliche Bewegungen oder angelernte Handlungsmuster auf die vom Verstand gemachte Erregung hereinfallt. Lasst euch aber von vermeintlichen Rückschlägen nicht entmutigen. Es kann zu Anfang immer wieder geschehen, dass ihr doch wieder beim Sex-Machen landet. Lernt, damit umzugehen. Jede Beziehung erfordert andere Reaktionen. Für manche mag es gut sein, die Situation abzubrechen und ein paar Stunden später weiterzumachen. Anderen mag es gelingen, sich sofort wieder energetisch zu fühlen.

Ihr könnt lernen, dass der Abbruch einer Situation, die auf Sex-Machen hinauslief, keine Ablehnung des Partners bedeutet, sondern aus Verantwortung für eure Liebe geschieht. Deshalb sollte derjenige, der die Situation abgebrochen hat, dann immer auch sofort den Vorschlag machen, die Liebe nach einer Kaffeepause wieder neu zu beginnen. Es gibt keinen Schuldigen und keinen Grund für Vorwürfe. Was geschieht, hängt immer von euch beiden ab. Wenn einer von euch beiden ins Sex-Machen fällt, kann das durchaus geschehen, weil er unbewusst oder gar bewusst diesen Impuls im Partner gespürt und umgesetzt hat. Viele Frauen haben sich im Laufe ihrer sexuellen Erfahrung darin geschult, die Wünsche und Gefühle ihres Partners zu erfühlen und sofort zu bedienen, selbst wenn es nicht ihren eigenen Bedürfnissen entspricht. Macht euch also bitte keine Vorwürfe, denn die Situation, in der ihr seid, ist das, was euch das Universum als die Aufgabe anbietet, die ihr zu lösen habt. Deine Lebenssituation ist immer das, was von Gott (vom Universum, dem ursprünglichen Lebendigen) kommt. Werdet der Situation gerecht, nicht irgendwelchen Ideen, Glaubensvorstellungen oder Sex-Anleitungen oder dem, was auf einer abstrakten Ebene als wahr erscheint – und schon gar nicht irgendwelchen Gefühlen, die jetzt vielleicht gerade vom Schmerz bestimmt werden, ein anderes Mal von erregter Erwartung oder dann wieder von Verliebtheit. Gefühle sind nicht echt oder wahr. Sie sind einfach das, was du erlebst. Sie sind meist die Fähnchen im Wind des Egos. Ich weiß, diese Frage: »Was sind echte Gefühle?« kann Kontroversen auslösen. Die energetische Liebe kann dich der Erkenntnis, was Gefühle wirklich sind, ein gutes Stück näher bringen.

Die Liebe, die ihr in eurer genitalen Vereinigung erlebt, ist von der universellen, göttlichen Ebene. Wenn ihr einen Partner habt, mit dem zusammen ihr diese Form von Liebe erleben könnt, habt ihr vom Universum ein riesiges Geschenk bekommen. Jetzt könnt ihr lernen zu verstehen, wie ihr mit diesem Geschenk umgehen könnt.

Ich möchte hier noch einen Widerspruch aufgreifen, den ich bereits gehört habe, nämlich den, dass die Sexualität hier wieder einseitig auf die Genitalien beschränkt sei. Aber das ist gar nicht der Fall, sondern genau das Gegenteil: Sich mit offenen Augen zu begegnen, sich verbal liebevoll bewusst zu halten, den Körper des geliebten Menschen zärtlich zu berühren und den anderen wirklich zu meinen, ohne damit eine erregende Absicht zu verfolgen, nämlich die, für sich selbst etwas zu bekommen – all das gibt der sexuellen Liebe eine neue, tiefe Intimität. Die Konzentration auf die genitale Vereinigung bedeutet gerade nicht, dass die Genitalien erregt werden sollen, sondern dass sich die körperliche Lust von der genitalen Kommunikation auf den gesamten Körper ausdehnen kann. Die sexuelle Vereinigung auf der energetischen Ebene entspricht dem, was du bei der Erfahrung des inneren Körpers und des plasmatischen Strömens erleben kannst: Du nimmst dich selbst und deinen Partner als Energiewesen, als körperlich lebendige Seele wahr. In der normalen Sexualität benutzt der Verstand den Körper, damit er die Emotionen ausleben kann, von denen er sich Befriedigung verspricht: ein zielgerichtetes Verhalten, *du machst Sex*. In der energetischen Liebe bist du diese Energie, *du bist sexuelle Liebe*.

Ihr werdet bald feststellen, dass sich die autonome, selbstregulierte Kommunikation aus der genitalen Vereinigung auf den gesamten Körper ausdehnt und ihr fähig werdet, euch auch in allen anderen Bewegungen mit genau derselben absichtslosen, selbstregulierten Kommunikation zu lieben. Das Zentrum der Liebe sind der Penis und die Vagina. Aber alle anderen Körperteile können und sollen an dieser Kommunikation teilhaben und ebenso Erfüllung bringen, indem ihr die körperliche Lust zulassen könnt und die emotionelle Erregung als Antrieb für sexuelle Erregung nicht mehr braucht.

– und der Orgasmus?

Ein selbstregulierter Orgasmus, der ohne Zutun durch hergestellte emotionelle Erregung geschieht, kann eine überwältigende Erfahrung sein – oder eben auch eine unter vielen erfüllenden Erfahrungen. Dann ist es möglich, dass ihr in der genitalen Umarmung einen oder mehrere Orgasmen erlebt, ohne dass dadurch der genitale Kontakt beendet wird oder ihr erschöpft auseinandergeht. Das heißt, nicht nur der Orgasmus hat eine andere Qualität, sondern alle Berührungen, alle Zärtlichkeiten werden in dieser Qualität der Liebe erlebt. Dadurch wird die Wichtigkeit des Orgasmus relativiert, denn es geht einfach nicht mehr ausschließlich um diesen »letzten Schuss«. Damit wird der Weg frei, den Orgasmus nicht mehr auf die Entladung durch die Genitalien zu beschränken, denn alle Zärtlichkeiten können kleinere oder auch heftige orgastische Entladungen auslösen. Ob, wann und wie dies geschehen kann, liegt allein in der charakterlichen Struktur der beteiligten Partner begründet.

Letzlich geht es in der Frage nach dem Orgasmus jedoch um etwas anderes: Wie dogmatisch werdet ihr diese Informationen handhaben? Ist roher Sex jetzt tabu? Dürft und könnt ihr euch noch ficken? Was ist erlaubt, was nicht? Meine Erfahrung in inzwischen sechs Beziehungen, in denen ich mit energetischer Liebe gelebt habe, sagt mir, dass auch in der energetischen Sexualität, die nicht auf die Herstellung von Erregung und deren Befriedigung abzielt, das tiefe Bedürfnis bestehen bleibt, sich selbst und den Partner in der orgastischen Ekstase zu erleben. In jeder Beziehung entwickelt sich ein eigener sexueller Stil, der die Kombination beider Charaktere widerspiegelt. Und das Erforschen der sexuellen Gemeinsamkeiten ist immer ein Tasten und Probieren: Wie erfüllend ist die stille Vereinigung, in der nichts anderes geschieht, außer verzückt dem Fließen der inneren Energieströme zu folgen – und wie anziehend ist die Lust, der erotischen Spur zum Orgasmus zu folgen?

Jedes Paar kann dies für sich erforschen. Natürlich kann man sich strikt an die Anweisung halten: *keine Erregung steigern!* Barry Long schreibt zum Beispiel vor, dass jede sexuelle Aktivität abgebrochen wird, die auf Erregung hinausläuft. Ich habe mit dieser Haltung meine Probleme, weil sie absolut nicht meinen persönlichen Empfindungen entspricht. »Keine sexuelle Erregung zulassen!« als eine neue Forderung zu sehen, ist meiner Ansicht nach extrem nachteilig und löst wahrscheinlich den gegenteiligen Effekt aus: dass es wieder eine neue, moralisch definierte »verbotene Zone« gibt, neue Tabus und heimliche Sehnsüchte. Gerade die energetische Sexualität sollte alle Optionen offenhalten. Daher gibt es in diesem Buch auch ein Kapitel über das Ficken.

Die Frage ist also aus meiner Sicht eher: Ist es euch möglich, nach einer Phase heftiger sexueller Erregungs wieder zur stillen Vereinigung zurückzukehren? Könnt ihr, wenn ihr einmal gefickt habt, wieder ohne Erregung vereinigt sein und dabei bleiben, oder landet ihr immer wieder wie automatisch beim heftigen Sex? Und dann ist da die Frage nach der Kontaktebene: Seid ihr auch wenn ihr fickt in tiefem emotionellen Kontakt? Sehr ihr euch an? Blickt ihr euch bis in den Orgasmus in die Augen, oder musst du deinen Partner möglichst weit ausblenden, um die innere Spannung für den Orgasmus aufzubauen? Wie ehrlich bist du dir selbst und deinem Partner gegenüber? Kannst du die Gefühle und Energiebewegungen in der energetischen Sexualität über Stunden genießen und dich am tiefen Herzenskontakt, am sanften Gleiten im Hier und Jetzt erfreuen, ohne darüber hinaus etwas herstellen zu müssen, oder ist das für dich nur so etwas wie ein Vorspiel, um auf die richtige Temperatur für den harten Sex zu kommen? Hier sind ehrliche Selbsteinschätzungen und klare Antworten gefragt. Und ich weiß, dass jede Parterschaft nach anderen Fragen verlangt. Alle meine Partnerinnen konnten die energetische Liebe vollauf genießen. Ich kann mich aus den letzten fünf Jahren nur an sehr wenige sexuelle Situationen erinnern, die frustrierend waren, was mir aus den Tagen, in denen es in meiner Welt nur Sex-Machen gab, noch deutlich anders in Erinnerung ist.

Aber auch mit einigen Partnerinnen, die mit mir die energetische Liebe lebten, gab es ein sexuelles Macht-Problem: Einige bestanden weiterhin darauf, über Zeit und Häufigkeit der sexuellen Vereinigungen alleine und nur nach den eigenen (Lust-)Bedürfnissen zu entscheiden.

Liebesentzug und Liebesgewährung sind machtvolle Instrumente der Erziehung, mit denen Kinder in vielen Familien gefügig gemacht werden sollen. Diese Mechanismen: »Unter welchen Bedingungen wird körperliche Nähe zugelassen oder verweigert?« werden von den Menschen ein

Leben lang genauso gehandhabt, wie sie diese als Kinder erlebt haben. Diese Verhaltensweisen sind ein zentraler Baustein der körperlich-energetischen Blockaden, die das Sexualverhalten entscheidend prägen. Sie sind meist zwanghaft und stehen der bewussten Betrachtung nicht zur Verfügung. Sie sind Eckpfeiler des Schmerzkörpers. Warum sollte das Recht, über die Häufigkeit von sexueller Vereinigung zu entscheiden, allein einem der Partner zustehen? In der energetischen Liebe sollte das Bedürfnis auch nur von einem der beiden Partner, sich zu vereinen, ausreichen, um es zumindest zu versuchen – man kann den Versuch ja abbrechen, wenn sich herausstellt, dass es jetzt tatsächlich nicht funktioniert. Aber es wäre immer sinnvoll, es wenigstens ganz praktisch zu tun, damit nicht der Verstand (mit seinen Emotionen), sonden beide Körper und die Seelen darüber entscheiden, ob körperliche Liebe jetzt angemessen ist oder nicht. Das Argument: »Ich habe jetzt keine Lust!« ist irgendwie absurd, wenn man sich entschieden hat, eine Sexualität zu leben, in der es eben nicht auf die Vor-Lust auf Sex ankommt.

David Schnarch schreibt in *Die Psychologie sexueller Leidenschaft*, dass es immer der Partner mit den geringeren sexuellen Bedürfnissen ist, der über die Häufigkeit von Sex entscheidet. Wenn in einer Partnerschaft energetische Liebe gelebt werden soll, ist es sinnvoll, darüber zu reden, wie beide damit umgehen wollen. Ideal ist es, wenn zwei Partner zusammenfinden, die ungefähr dieselben sexuellen Bedürfnisse haben. Dies können Paare, meiner Erfahrung nach, jedoch erst nach mehreren Monaten beurteilen. Die Phase der frischen Verliebtheit, die Sensationen, einen Menschen neu sexuell zu erkunden, die erträumten Aussichten, endlich einen Menschen neben sich zu haben, mit dem ich lange Zeit glücklich zusammenleben möchte – all das verfälscht anfangs die Fähigkeit einzuschätzen, ob das Bedürfnis nach sexueller Nähe und die Fähigkeit, mit einem *Mehr oder Weniger* beim Partner rücksichtsvoll und vernünftig umzugehen, halbwegs gleich verteilt sind. Und zur gelebten Toleranz gehören hier zwei – sonst wird die sexuelle Liebe schnell zum Horrortrip für einen von beiden. Man fühlt sich dann entweder vernachlässigt oder überfordert. Deshalb setzt die Ehrlichkeit in einer Partnerschaft, die auf sexueller Liebe aufbaut, ein hohes Maß an reifer Persönlichkeit, an »Erwachsensein«, an Lebenserfahrung, Toleranz und tief empfundener Liebe voraus.

Ficken

Wahrscheinlich wist du dich wundern, dieses Kapitel in diesem Buch zu finden. Ich habe lange darüber nachgedacht, ob ich es in das Buch aufnehmen sollte oder nicht, weil es möglicherweise zu Missverständnissen kommt. Dennoch habe ich es in diese dritte Auflage mit aufgenommen, denn ich fühle, es gehört einfach dazu. Du wirst verstehen, warum. Es nicht zu tun, hätte bedeutet, dass etwas Entscheidendes fehlt.

In den Jahren, in denen ich mit der energetischen Liebe gelebt habe, ist einiges geschehen, was mich dazu brachte, die strikte Haltung Barry Longs in Bezug auf »Making Love« zu hinterfragen so wie ich auch Reichs Erkenntnisse zum Orgasmus und zum Sinn von Therapie hinterfragt habe.

Die energetische Sexualität sah mit jeder meiner Partnerinnen anders aus. Jede der Beziehungen hatte ihren eigenen Charakter, es entwickelte sich immer eine völlig eigene »erotische Spur«. Es gab jedoch immer wieder – in jeder der Beziehungen – auch die Situation, dass gerade aus dem tiefen, erkennenden Kontakt heraus der tiefe Wunsch, die eindeutige Hinwendung zu kraftvollem Sex enstand – wie von selbst. Der Wunsch zu ficken, entstand immer wieder machtvoll. Und oft sind wir diesem Impuls auch nachgegangen.

Was mich immer wieder betroffen machte, war, dass damit bei uns das Gefühl einherging, etwas »falsch zu machen«. Das konnte und durfte so doch nicht wahr sein! Waren wir unfähig, die energetische Liebe konsequent zu leben? Konnten wir uns nicht im rechten Moment zügeln und waren wir so sehr auf Sex programmiert? Jedoch: Wenn so etwas wie ein Schulgefühl aufkam, wir uns aber beim Ficken so wohlfühlten und dabei und danach Freude, Befriedigung und Erfüllung erlebten – was sollte dabei »falsch« sein? Stimmte also etwas nicht mit dem Konzept der energetischen Liebe? Aber gerade die stille Vereinigung ohne Vor-Lust, das stundenlange ineinander Ruhen oft bis in den Schlaf hinein, das uns in eine tiefe, innige Verbundenheit brachte, war und blieb die Quelle seelischer und körperlicher Erfüllung. Das war und ist nicht falsch, das ist die Perfektion von Liebe. Wozu also das Ficken? Ein Relikt aus alter Zeit?

Oder gab es da etwas, was wir noch nicht wussten? Ich lasse dich hier an einem sehr intimen Prozess teilnehmen. Vielleicht kannst du spüren, dass diese Erfahrungen weder für mich noch für meine Partnerinnen banal waren, dass sie an die Grundfesten unserer Überzeugungen rührten. Ich äußere mich hier über Dinge, über die man sonst auch mit engen Freunden eher weniger spricht.

Verunsicherung ist immer mit der Infragestellung der eigenen Positionen und scheinbar objektiven Tatsachen oder »Wahrheiten« verbunden: Stimmt etwas mit mir nicht, oder ist die Information nicht vollständig? Nun, es ist nicht meine Art, in einem solchen Konflikt zurückzuweichen. Eher reizt es mich gerade, den Dingen tiefer auf den Grund zu gehen.

Für mich stellte sich immer wieder die Frage: Was ist gesunde, erfüllende Sexualität? Welchen Wert haben die Erkenntnisse von Barry Long (Making Love), Dr. Alice Stockham (Karezza), Jolang Chang (Tao der Liebe) und Diana Richardson (Slow Sex)? Wie sind die Aussagen zu werten? Ich kann sie verstehen, und ich finde in allen auch grundsätzliche Widersprüche. Vor allem finde ich Widersprüche zu dem, was ich erlebe und selbst als wahr erfahre. Für mich – und das sollte auch für jeden anderen gelten – steht die eigene Wahrheit im Vordergrund. Ich kann die Aussagen von Fachleuten jeder Art nicht als Wahrheit an sich sehen, sondern nur als Hinweise auf Zusammenhänge, die mir bisher entgangen sind. Sie als Autoritäten über mein eigenes Erleben zu stellen, würde bedeuten, mein Leben nach ihnen zu beurteilen, und dabei kann ich schnell in die Falle geraten, mich fremdbestimmt zu verhalten. Dann sind Schuldgefühle vorprogrammiert, weil ich versuche, mich nach fremden Kriterien zu richten, anstatt meine eigene Wahrheit zu leben.

Bei der Lektüre der obengenannten Autoren unter dem Aspekt, dass uns das Ficken neben der energetischen Liebe so sehr gefällt, wurde ich sehr hellhörig. Ich begann, genauer hinzusehen. Nun ist hier nicht der Ort, eine detailierte Analyse und kritische Auseinandersetzung zwischen mir und diesen (und weiteren anderen) Autoren zu führen, das würde wohl eher langweilen und auch vom Thema wegführen. Ich will nur ein Beispiel benennen: Bei Tantra, Karezza und Tao-Sex wird immer wieder behauptet, dass Männer den Samenverlust, also jede Ejakulation, und auch Frauen jeden Orgasmus vermeiden sollten, weil damit Energieverlusst,

Krankheit, früherer Tod, emotionelle Verstimmtheit und dergleichen einhergehen sollen. Diese Behauptung wird immer wieder in den Raum gestellt, aber wieso sollte sie stimmen? Womit wird sie belegt? Wenn ich genau hinsehe, wird sie immer wieder durch Zitate alter Tao- und Tantrameister belegt. Einer schreibt sie vom anderen ab. Aber sie wird weder durch Tatsachen bewiesen noch irgendwie hinterfragt oder gar in Frage gestellt. Wodurch sind diese »Meister« so sehr qualifiziert, dass eine solch gravierende Aussage immer wieder als Wahrheit kolportiert wird? Hatten sie Erkenntnisse, die wir heute nicht haben?

Meine Haltung dazu ist: Wenn es für eine solche Aussage keinen fundierten wissenschaftlichen oder empirischen Beweis und auch keine schlüssige psychologische Erklärung gibt, kommt die Erkenntnis aus den Bereich des Glaubens, wo göttliche Offenbarung, das Wissen sogenannter weiser Männer und ihre patriarchalische Moral über die erlebte Wahrheit gestellt wird. Diese Aussage erinnert mich fatal daran, dass ich noch in meiner Kindheit hörte, dass Onanie Gehirnerweichung verursachen soll. Dieser Unsinn wurde noch bis vor wenigen Jahrzehnten als wissenschaftliche Wahrheit von ernsthaften Ärzten verbreitet, ohne dass es irgendeinen Beleg dafür gab, außer dass manche sogenannte »Irre«, die in Irrenhäuser weggesperrt wurden, ohne jede Scham zwanghafte Selbstbefriedigungstendenzen zeigten. Hier wurde einfach Ursache und Wirkung vertauscht, weil es den neurotisch verzerrten Moralvorstellungen selbstherrlicher und charakterlich schwer gestörter Ärzte und Priester entsprach und perfekt in eine sexualverneinende Gesellschaft passte. Wie viele Millionen Kinder wurden aufgrund dieser »Wissenschaft« mit Schlägen und Schuldgefühlen emotionell verkrüppelt?

Noch einmal zur Frage: Kann Samenerguss oder können Orgasmen schädlich sein? Könnte diese Aussage stimmen? Natürlich kann sie das, wenn man die Erkenntnisse Wilhelm Reichs über die Funktion des Orgasmus genauer ansieht. Neurotische Menschen sind durch Spasmen (Krämpfe) in der unwillkürlichen Muskulatur gepanzert. Der Orgasmus wird unvollkommen erlebt, weil die Welle des Orgasmusreflexes sich nicht gleichmäßig über den gesamten Körper ausbreiten kann. Dann zuckt nur das Becken, der restliche Körper versteift sich zusätzlich, und damit werden die Spasmen weiter aufgeladen. Damit werden traumatische Inhalte teilweise ausgelöst und dann als postorgastischer emotioneller Schmerz – Trauer, Frustration, Angst und so weiter – erlebt.

Könnte man aus dieser Erkenntnis folgern, dass die alten Taoisten und Tantriker doch recht hatten? Zunächst einmal kann man daraus folgern, das die Menschen im alten China, Indien und Tibet genauso neurotisch gestört waren wie die meisten Menschen heute. Und man kann annehmen, dass diese neurotischen Störungen damals genauso wie heute das Sexualleben der Menschen verwüstet haben. Damals wie heute weigern sich die Menschen, diese Störung überhaupt zu sehen, weil sie mit den Konsequenzen nicht leben könnten. Das Problem dabei ist: Neurotisch gestörte Sexualität wird als »natürlich« dargestellt, und indem man diese große Lüge akzeptiert, entsteht eine Gegenwahrheit: »Gesunde Sexualität vermeidet den Orgasmus.« Und was ist mit den Menschen, die charakterlich in der Lage sind, gesunde orgastische Entladung zu leben? Die werden geächtet, als verrückt oder als unmoralisch verurteilt, und wenn sie ihre Stimme erheben, werden sie umgebracht. Die patriarchalische Kultur kann die Erkenntnis nicht ertragen, dass hinter dieser Gegenwahrheit pure Menschenverachtung steht. Das Erkennen muss daher mit allen Mitteln verhindert werden. Das hat hier im Westen die christliche Kirche fast 2000 Jahre lang erfolgreich mit ihrer Sexualmoral geschafft, und ich sehe keinen grundsätzlichen Unterschied zu den Ansichten der Taoisten und Tantriker.

Mit George Orwells »Neusprech« gesagt: »Krankheit ist Gesundheit, Orgasmus macht krank, durch Ejakulation stirbt man früher, Kinder die onanieren sind Schweine.« Im *Christusmord* hat Reich beschrieben, dass Ansichten wie diese die Quelle dessen sind, was er die »emotionelle Pest« nannte: die konsequente Abtötung alles Lebendigen schon in den Kindern, die Zwangsaskese von Jugendlichen, das Unglück all der Paare, die sich abseits von Moral wild und natürlich lieben wollen. Ich weiß, ich bin polemisch geworden – aber diese in meinen Augen wahnsinnigen Aussagen über die vermeindlichen Gefahren des Orgasmus stehen als unverrückbare Wahrheit hinter den Konzepten von Tao-Sex und Tantra. Das sind keine harmlosen »Ansichten für bessere Sexualität«, aus ihnen spricht weder Güte noch Weisheit oder Liebe. Diese Art der Sexualität sollte nie liebende Paare glücklich machen, sondern das Leben der Männer verlängern und ihre Chancen für Erleuchtung begünstigen. Frauen waren keine gleichwertige Partnerinnen, sie standen als Eigentum der Männer diesen für die Verwirklichung ihrer Vorstellungen von Sexualität und zur »Lebensverlängerung« zur Verfügung. Sie waren Mittel zum Zweck.

Das sind die Gedanken, die in mir entstehen, wenn ich feststelle, dass ich eine lebensfeindliche Moral über meine lebendigen Empfindungen gestellt und deshalb Schuldgefühle entwickelt habe. Du kannst sie gerne als emotionalen Ausdruck meiner persönlichen Entrüstung ansehen, ich habe nichts dagegen.

Ich wollte etwas über das Ficken schreiben. Lass mich erst etwas über diesen Begriff sagen, der schon alleine Kontroversen auslösen dürfte.

»Ficken« ist das einzige Wort für sexuelle Aktivität, das sich direkt auf Sexualität bezieht. »Bumsen«, »vögeln«, »miteinander schlafen«, »ins Bett gehen«, »kuscheln«, »Liebe machen«, »pudern« und viele andere sind Metaphern, die aus anderen Zusammenhängen entlehnt wurden. Am Begriff »Ficken« scheiden sich die Geister. Manche können ihn einfach nicht ertragen, halten ihn für zu drastisch, zu roh und frauenverachtend und in bestimmten Zusammenhängen ist er das wohl auch. Aber wenn du ihn für unangemessen oder gar für unmoralisch hältst, dann schau dir an, was ich übers Ficken zu sagen habe und ob du ihn danach immer noch ablehnst. Ich sage dir: Das Unmoralische herrscht in deinem Kopf, nicht in meinem.

Ich behaupte: So wie sich energetische Sexualität vom »Sex-Machen« unterscheidet, so weit ist auch das Ficken vom »Sex-Machen« entfernt. Beides, die energetische Sexualität und das Ficken sind nur möglich, wenn sich zwei Liebende wirklich begegnen, wenn alle Grenzen fallengelassen werden und wirkliche Hingabe, echte Vereinigung geschieht.

Was ich vor allem durch die vielen Vereinigungen in energetischer Sexualität verstanden habe: Ich hatte in der normalen Sexualität des »Sex-Machens« die tiefe seelische Begegnung vermisst. Sich ansehen und wirklich die Partnerin erkennen und sich erkennen lassen. Sich in ihr zu fühlen und erleben, wie sie sich in mir fühlt. Meine Partnerin annehmen und vollständig zulassen, was jetzt ist. Nicht auf ein Ergebnis in der Zukunft schielen (den Orgasmus), sondern jetzt und hier ganz da zu sein, ohne innere Bilder, ohne meine Partnerin innerlich auszublenden, um die

Erregung zu steigern, Herzenskontakt, Seelenkontakt, Körperkontakt, mich ganz und gar dreidimensional im inneren Körper zu fühlen, ganz in mir zu sein, bei mir zu bleiben und mich gleichzeitig über Penis, Augen, Haut, Mund und über das Strömen von Energie auch ganz bei ihr zu fühlen, der Kontakt mit ihr, der immer tiefer wird, je länger und öfter wir beisammen sind. All das wird in der Bibel »sich erkennen« genannt.

Heute weiß ich, dass ich all das nicht lernen musste. Ich habe es immer schon gekonnt und wusste nur nicht, dass es das ist, was mich in der Sexualität berührt, was mich glücklich macht und Erfüllung bringt. Ich hatte immer gefühlt, dass da mehr sein muss und deshalb war auch Wilhelm Reich für mich so faszinierend gewesen, weil er allein sich mit der Funktion energetischer und emotioneller Gesundheit in der Sexualität beschäftigte. Aber bei Reich nahm »die Funktion des Orgasmus« eine derart überragende Stellung ein, dass ich – wie viele andere – glaubte, es ginge in erster Linie darum, in jeder sexuellen Umarmung einen möglichst vollständigen Orgasmus zu erleben. Und folglich versuchte ich, ihn immer wieder zu erreichen und geriet über Jahrzehnte hinweg regelmäßig in die Falle des »Sex-Machens«.

Was Reich entdeckt hatte, war zweifellos ein Meilenstein, aber er blieb in der medizinischen und psychiatrischen Sichtweise stecken. Und das ist in der tatsächlich erlebten sexuellen Situation eine Sackgasse, die nirgendwo hinführt. Ich bin kein »therapeutischer Fall«, sondern ein Mensch, der mit einem anderen Menschen in Kontakt kommt, wobei der Orgasmus als Erfahrung nur eine von vielen Ebenen ist, auf der Kontakt stattfindet. Und auch bei Reich hat der Begriff »ficken« den fatalen Beigeschmack, den rein mechanischen Sex zu bezeichnen, was ich eher »bumsen« oder »rammeln« nennen würde.

Als ich die energetische Liebe entdeckte, habe ich deutlich gefühlt, mit meiner sexuellen Erfahrung endlich dort angekommen zu sein, wo ich immer sein wollte: den tiefsten Kontakt zu erleben, zu dem ich fähig bin und die Grenzen meiner Kontaktfähigkeit immer weiter auszudehnen. Und hier, in der Ausdehnung meiner Kontaktmöglichkeiten, erlebte ich den tiefen Wunsch zu ficken und mich in der kraftvollen, sinnlichen Begegnung mit meiner Partnerin zu erleben. Das hat mich anfangs sehr beunruhigt, schien es doch der energetischen Sexualität so voll und ganz zu widersprechen. Glücklicherweise war der Drang zu ficken immer wieder so übermächtig, dass wir uns darauf eingelassen haben. Dieser Sex hatte zwar wie das »Sex-Machen« bisweilen auch mit kraftvollen, aggressiven Bewegungen zu tun, aber er entstand aus dem beiderseitigen eindeutigen Bedürfnis, auf noch andere Weise immer tiefer miteinander körperlich und seelisch zu verschmelzen.

Was das Ficken angeht, habe ich angemessene Beschreibungen dessen, was wir dabei erlebten, bei David Schnarch gefunden:

> Charakteristisch für das Ficken ist eine spezifische Grundstimmung und Erlebensqualität. Wer es einmal erlebt hat, weiß genau, wann und mit wem er es wieder erlebt. Für diejenigen, die Gefallen daran finden, ist es oft wichtiger als der Orgasmus. »Ficken« ist Ausdruck eines lustvollen, genussvollen Verlangens, eine mutwillige Hingabe an die Sinneslust. Es ist das Gegenteil von Grobheit, nämlich eine durch erotische Virtuosität vervollkommnete Sexualität. Die Partner wollen bewusst die Leidenschaft des anderen entflammen (und befriedigen). Ficken führt zu innigen und erregenden sexuellen Begegnungen.
>
> Dazu gehört das Nehmen des Partners und das *Genommenwerden* oder *Sich-nehmen-Lassen* durch den Partner – für viele Menschen erstrebenswert, für andere beängstigend. Der Austausch von Energie kommt durch gut koordinierte Erregungsmuster und ein klares Rollenverhalten zustande. *(David Schnach, Die Psychologie sexueller Leidenschaft, S. 314)*

Für mich ist inzwischen klar, dass sich mir das Ficken tatsächlich erst durch die energetische Liebe vollständig eröffnet hat. Sie erschafft erst die Ebene, sich ganz öffnen, sich ganz zeigen zu können, sich gegenseitig sexuelle Wünsche und Vorlieben zu offenbaren und jede Scham, jede falsche Rücksichtnahme beiseite zu stellen, um sich ganz und gar zeigen zu können und dies genauso beim Partner zu wünschen und zu ertragen, selbst wenn das, was da ans Licht kommt, erst einmal auch die eigenen Grenzen und die des Partners überschreitet. Das nennt David Schnarch »Intimität«: sich selbstbestimmt dem Partner zeigen, unabhängig davon, ob es Gefallen oder Missfallen auslöst. Natürlich gibt es auch beim Ficken Grenzen, die nicht gegen die Bedürfnisse des Partners überschritten werden sollten, aber die müssen erst einmal gefunden und benannt werden. Das heißt: sich nicht in seinen sexuellen Wünschen nach sinnlichen Freuden bereits im Vorfeld zu beschränken, aus Scham, aus Angst, etwas falsch zu machen und weil man sich von einer Seite zeigt, die man von seinem Partner verstecken möchte, weil es das Machtgefüge der Beziehung durcheinanderbringen könnte. David Schnach schreibt dazu: *Man fickt nicht sein Unterstützungssystem.*

Er hat sich von den Teilnehmern seiner Seminare, die wissen, was Ficken ist, beschreiben lassen, was sie darunter verstehen:

> Konkreter gefasst, wird Ficken in der Regel definiert als a) ein Energiefluß in beide Richtungen, b) genussvolles Erleben beider Partner, c) eine starke energetische Verbindung, d) ein mühelos fließender Austausch, e) aggressiv fordernder Sex, f) keine Geheimnisse voreinander haben, Selbst-Preisgabe, kein Rückhalt, g) sich gegenseitig wahrhaftig sehen und akzeptieren, h) eine Verbindung von Geist, Körper und Seele, i) an die Grenzen gehen, j) sich verlieren (leidenschaftliche, ungehemmte Hingabe), k) sich selbst finden, l) eine erstaunliche Erfahrung, m) zeitlos, n) transzendent. *(David Schnach, Die Psychologie sexueller Leidenschaft, S. 319)*

Nach diesen Beschreibungen dürfte eigentlich klar sein, dass und warum das Wort »ficken« – und auch die Erfahrung selbst – bei vielen Menschen angstbesetzt ist und mit negativen Assoziationen verbunden wird. Aus meinen eigenen Erfahrungen in vergangenen Partnerschaften und aus vielen Gesprächen mit Menschen, die »Sexuelle Liebe im JEZT« gelesen haben, habe ich verstanden, dass energetische Sexualität, aber ebenso Neo-Tantra und Karezza von vielen Menschen aus dem Motiv heraus als sexueller Stil gewählt wird, genau diese Intensität und Intimität zu vermeiden. Menschen, die Angst haben vor der eigenen Geilheit, die tiefe Erregung und heftiges sexuelles Erleben vermeiden möchten, versuchen auf diese Weise, eine Sexualität zu leben, in der sie sich nicht mit ihrer Lustangst konfrontieren müssen. Ich sehe, dass das nicht funktioniert.

Dahinter steht der Wunsch, sich an den Beschränkungen der eigenen neurotischen Chrakterstruktur vorbeizumogeln.

Gerade wenn ich ein Buch lese wie etwa *Das Gift an Amors Pfeil* von Mania Robinson, die sich sehr ausfühlich mit Karezza und darin besonders ausführlich mit den angeblichen Gefahren und negativen Auswirkungen des Orgasmus befasst, verstehe ich, dass Menschen mit ausgeprägter Lustangst sich dennoch ein System erschaffen wollen, innerhalb dessen sie relativ erfüllende Sexualität leben können. Verstehe mich nicht falsch: Ich habe überhaupt nichts dagegen, dass Menschen sich einen sexuellen Stil suchen, mit dem sie innerhalb ihrer charakterlichen Möglichkeiten glücklich werden können. Natürlich ist das sinnvoll, vernünftig und in jeder Weise wünschenswert. Jeder Mensch sollte innerhalb seiner Möglichkeiten sexuelles Glück erleben dürfen. Ich denke, dass dieses Motiv auch tatsächlich für die meisten Menschen gilt, die sich für Neo-Tantra, Tao-Sex oder Karezza entscheiden. Was ich allerdings für bedenklich und auch für gefährlich halte, ist, dass dies einerseits unbewusst geschieht und andererseits damit wieder neue moralische Imperative geschaffen werden. Mit einer Flut von einerseits wissenschaftlichen und andererseits esoterischen Argumenten wird eine neue lustverneinende Sexualmoral erschaffen, die zwar Sexualität bejaht und fördert, aber nur wenn sie sich innerhalb bestimmter Grenzen bewegt. (Auch die christliche Kirche hat dies getan, indem sie die Sexualität auf Ehe und Kinderzeugung beschränken wollte.) Und diese neuen Grenzen werden nun von den neuen Priestern gezogen, von Tantralehrern, von Therapeuten, von Sexualberatern.

Was in diesem Bild stört, sind Menschen wie ich und andere, die charakterlich gesund genug sind, um zur tiefen sexuellen Hingabe fähig und bereit zu sein, die sich nicht in den Grenzen eines Systems bewegen möchten, dessen Dimensionen von anderen Menschen bestimmt werden. Aus meiner Sicht werden diese sexuellen Systeme von den unbewussten neurotischen Ängsten ihrer Protagonisten bestimmt. Was daraus folgt, sind neue Moralvorstellungen, die direkt dort ansetzen, wo die christliche Kirche und asiatische patriarchalische Religionssysteme die Menschen alleingelassen haben. Die traditionellen Systeme haben ihre Monopolstellung eingebüßt, sind inzwischen zu dem geworden, was sie hoffentlich bleiben werden: einzelne Angebote wie alle anderen im Warenspektrum des spirituellen Supermarktes. Aber sie hatten ehemals auch die Funktion, moralische Instanzen zu sein, Landmarken, an denen Menschen sich orientieren können: Was ist erlaubt und was nicht? Je charakterlich verbogener Menschen sind, je weniger erwachsen und selbstbestimmt, desto mehr verlangen sie nach Führung, nach Systemen, nach Anleitung. Und sie folgen denen, die am lautesten schreien, die das klangvollste, vielversprechendste Angebot haben. Gekauft wird immer die noch verschlossene Packung: Das Seminar, das tantrische Jahrestraining wird gebucht und bezahlt (die vielversprechendsten sind unverschämt teuer) und erst dann darf man die Packung öffnen. – Ich habe nichts dagegen, dass Menschen diese neuen Wege gehen. Ich freue mich darüber. In dieser Hinsicht hat es eine gesellschaftliche Dynamik gegeben, die ich mir vor zwanzig, dreißig Jahren nicht vorstellen konnte. Aber die neuen Moralvorstellungen machen mich tief betroffen, weil ich sehe, dass sich die neurotischen Strukturen wieder neu formieren. Noch sind Neo-Tantra & Co. kleine, eher unbedeutende gesellschaftliche Randerscheinungen. Das kann sich schnell ändern und es könnten innerhalb weniger Jahre neue moralische Machtsysteme entstehen.

Ich liebe es, stundenlang im Schoß meiner Partnerin zu ruhen und unseren Energieströmungen zu folgen, ich liebe es, dabei einzuschlafen und in Vereinigung wieder zu erwachen, ich liebe es, ungehemmt zu ficken und gefickt zu werden, ich liebe es, mich passiv nehmen zu lassen und sie mit Öl glitschig zu massieren oder am ganzen Körper abzulecken, ihre passive Hingabe zu erleben. Ich liebe das ganze Spektrum der Sexualität. Ich möchte nie wieder, dass es jemanden oder etwas gibt – ein Moralsystem, einen Guru, eine übergeordnete Instanz – die mir sagt, was ich tun und erleben darf und was nicht. Und vor allem möchte ich nicht, dass ich in mir diese Instanz als ein neues Über-Ich wieder neu erschaffe.

Mein Leben lang habe ich damit zugebracht, diese moralischen Instanzen in mir und in meiner sozialen Umwelt aufzudecken, zu demaskieren und gnadenlos abzuschaffen. Oft waren das harte Kämpfe, mit meinen Eltern, mit Lehrern, mit Freundinnen und ihren Eltern, mit den linken Genossen der APO-Ära, mit Otto Muehl und seinen Kommunarden, mit buddhistischen Lamas und anderen spirituellen Autoritäten. Es ging nicht immer nur um Sexualität, sondern auch um meine Selbstbehauptung und die Wertschätzung meines eigenen Urteils. Es ging, genau betrachtet, um meine Männlichkeit.

> In Workshops und Einzeltherapien nenne ich diesen Vorgang: »Ein Mann schraubt seinen Penis fester an.« Das klingt etwas vulgär, aber das Bild scheint bestimmte Aspekte der Differenzierung einprägsam zu benennen.
>
> Männliche »Phallizität« ist nicht auf das Schlafzimmer beschränkt. Sie ist unverzichtbares Element von Männlichkeit, das in allen Lebensbereichen wirksam wird (wenn es denn vorhanden ist). Sein Vorhandensein oder Fehlen zeigt sich bei Geschäftsverhandlungen, familiären Interaktionen (besonders bei Eltern und pubertierenden Kindern) und im täglichen Umgang mit Männern und Frauen. Es kann als Produktivität, Spannkraft und Durchsetzungsvermögen in Erscheinung treten, sollte aber nicht mit Angriffslust, Unbeständigkeit, Destruktivität oder Egoismus verwechselt werden. Die letztgenannten Eigenschaften charakterisieren Männer mit einem niedrigen Differenzierungsgrad, deren Penis gerade nicht »gut angeschraubt« ist. Männer, die sich ihrer Potenz sicher sind, wirken eher sanft, gelassen und rücksichtsvoll. Ein wirklich phallischer Mann muss sich nicht unablässig selbst beweisen. Potenz ist nicht identisch mit Destruktivität, aber viele Männer verwechseln beides und rücken folglich lieber von dem »potenten« Teil ihrer Persönlichkeit ab. *(David Schnach, Die Psychologie sexueller Leidenschaft, S. 320)*

Letztlich geht es beim Ficken genau darum:

> Den Partner nehmen und sich von ihm nehmen lassen erfordert mehr als eine Überwindung der eigenen Komplexe. Es muss eine Entwicklung stattfinden, die besonders die Selbststeuerung und das eigenverantwortliche Handeln betrifft. *(David Schnach, S. 339)*

Sexualität und spirituelle Erfahrung

Die Wiederentdeckung des Menschentiers

Die energetische Selbstwahrnehmung ist das Leben, das sich selbst fühlt und erkennt. *Du bist das Leben, das sich selbst erkennt.* Deshalb ist die positive Annahme deiner eigenen Körperlichkeit die eine entscheidende Voraussetzung, den anderen Aspekt des Lebendigen – die Seele – wahrnehmen zu können. Wilhelm Reich sprach vom »Menschentier«. Biologisch gesehen sind Menschen auch Tiere. Die patriarchalische menschliche Kultur hat Jahrtausende lang versucht, diese Tatsache zu leugnen und sich damit unbewusst den Zugang zur eigenen Lebendigkeit verstellt. Besonders die Ablehnung der Sexualität, die offenkundigste Gemeinsamkeit mit den Tieren, ist in den lebensfeindlichen Strukturen tief verankert. Und insofern hat die Erkenntnisarbeit Wilhelm Reichs – der sich als erster Forscher überhaupt die Frage gestellt hat, was natürliche, gesunde Sexualität ist – eine unverzichtbare Voraussetzung dafür geschaffen, dass Menschen irgendwann ohne Angst, ohne inneren Widerstand der eigenen Sexualität und damit ihrer Seele begegnen können.

Der Christusmord: die Verleugnung der Sexualität

Religiöse Dogmen wurden über viele Generationen hinweg ins menschliche Bewusstsein eingepflanzt. Das sind nicht nur philosophische und religiöse Gedanken, sondern vor allem emotionelle Verflechtungen. Die Verneinung des Lebens drückte sich in der menschlichen Kultur in erster Linie durch die Unterdrückung der sexuellen Lust aus. Der neurotisch gestörte Mensch kann Sexualität nicht mehr als erfüllend erleben, will diese schmerzhafte Erfahrung vermeiden und projiziert die nach wie vor vorhandene sexuelle Erregung in die mystische, religiöse Erfahrung hinein. So wird das nicht gelebte Gefühl, mit dem Leben verbunden zu sein, zur religiösen Ekstase, sie wird eine Ersatzfunktion für die sexuelle Ekstase. Indem nun die religiöse Erregung »heilig« genannt wird, wird die biologische Erregung als »teuflisch« gebrandmarkt. Hier liegt eine tiefe Ursache der Sexualverneinung, die sich in fast allen religiösen Lehren finden lässt. Da die sexuelle Erregung nicht abgestellt werden kann, löst sie Schuldgefühle aus. Und diese wurden und werden weiterhin zur Machterhaltung religiöser und weltlicher Interessen genutzt.

Das Ego sieht Ekstase, also Kontrollverlust, immer als gefährlich an, denn es verliert dann tatsächlich seine Macht. Die sexuelle Ekstase als Quelle der geistig-religiösen Ekstase zu verstehen und sie als die dem Menschen natürlicherweise gegebene Form von Erfahrung jenseits des Egos anzuerkennen, würde bedeuten, dass Menschen ihre tierische Natur nicht verleugnen müssten, sondern sie in das erwachende Bewusstsein integrieren könnten.

Letztlich führt also jede Überwindung des Egos zum Erwachen des Göttlichen im Menschen, besonders, wenn es in der sexuellen Umarmung geschieht, denn sie ist die spezifisch menschliche Form der Ekstase, die ein jeder Mensch als besonders anziehend empfindet. Dies in seiner Konsequenz anzuerkennen, würde das Gebäude aller patriarchalischen Strukturen sprengen. Es würde eine völlig andere, gleichberechtigte Rolle der Frauen bedingen und die gewaltsamen Formen von Sexualität (Anmache, Vergewaltigung, sexuelle Demütigung, Missbrauch und so weiter), die vorwiegend von Männern ausgeübt werden, von einer lebensbejahenden Sexualität abgrenzen, die auf dem tiefen, erkennenden Kontakt beruht.

Die Führer und Anhänger jeder neuen religiösen Bewegung haben mit frischer Kraft und Optimismus geglaubt, nun die wahren Ursachen des menschlichen Leids und einen gangbaren Ausweg gefunden zu haben – doch sie gerieten immer wieder in dieselbe Falle und verleugneten den zweiten wesentlichen Teil des Menschen: seine animalische Natur. Die Begegnung des Menschen mit seiner eigenen Natur führt unweigerlich in den Bereich, die eigene Verleugnung des Lebendigen zu erkennen und vor sich selbst zugeben zu müssen. Und die Begegnung mit der eigenen unterdrückten Sexualität ist immer mit tief empfundenen Schmerzen verbunden. Die Flucht vor diesen Schmerzen führt sehr schnell in die Falle der Verdrängung und zur Vermeidung von sexueller Erregung. Allein das Wissen um die Tragik des biologischen Lebens im Menschen kann Auswege zeigen, diese Falle zu vermeiden. Wilhelm Reich hat die Mechanismen dieser Falle detailliert aufgezeigt, und sein Buch *Christusmord* ist seine persönliche Bestandsaufnahme der Situation des Menschen, besonders unter dem Aspekt religiöser und spiritueller Erfahrung. Er setzt Christus mit »dem lebendigen Menschen« gleich, der seine Sexualität bejaht und aktiv lebt.

> »Gott« ist die Natur, und Christus ist die Verwirklichung des Naturgesetzes. Gott (Natur) hat die Genitalien bei allen Lebewesen geschaffen. Er hat dies getan, damit diese nach natürlichen, göttlichen Gesetzen funktionieren. Deshalb ist es weder Sakrileg noch Blasphemie, dem Verkünder Gottes auf Erden ein natürliches, göttliches Liebesleben zuzuschreiben. Dieses ist im Gegenteil die Verwurzelung Gottes in der reinsten Tiefe des Menschen. Diese Tiefe existiert im Leben von Anfang an. Die Fortpflanzungsfunktion kommt erst in der Pubertät zur Genitalität hinzu. Die göttliche, genitale Liebe ist schon lange vor der Fortpflanzungsfunktion da; deshalb wurde auch die genitale Umarmung von der Natur bzw. von Gott nicht nur zum Zweck der Fortpflanzung geschaffen. *(Wilhelm Reich, Christusmord, aus dem Vorwort)*

Die Kirche hat versucht, Sexualität als tierisch und teuflisch zu brandmarken und ist so weit gegangen, Sexualität auch in der Ehe nur zur Zeugung von Kindern zu erlauben. Tatsächlich ist bei den Tieren die Sexualität hauptsächlich auf Vermehrung ausgerichtet. Also hat die Kirche die menschliche Sexualität erst durch ihr eigenes Dogma auf den tierischen Aspekt reduziert. Sie hat die sexuelle Liebe als Ausdruck der Seele von ihren göttlichen Wurzeln getrennt. Sie hat damit die göttliche Liebe zwei Jahrtausende lang bekämpft.

Das plasmatische Strömen und damit die Lust an der Körperlichkeit zuzulassen, so wie ich es im Kapitel *Die Reise zu deiner Seele* demonstriert habe, bedeutet, sich Erfahrungen hinzugeben, die von ihrer Natur her eng mit Sexualität, mit biologischer Erregung und deren Lösung zu tun haben. Deshalb wurde dieser Weg in die spirituelle Erkenntnis in der Vergangenheit so geflissentlich übersehen. Weil er so einfach zu erreichen und dabei so eindeutig sinnlich ist, kam er allenfalls in tantrischen Geheimbelehrungen vor; so erinnern die Tummo-Belehrungen der inneren Hitze, die Phowa-Belehrungen der Aussendung des Geistes im Moment des Todes und die sexuellen Riten des Karmamudra an das plasmatische Strömen, da sie die Erfahrung des fühlbaren inneren Energieflusses nutzen. Diese Methoden wurden jedoch immer nur höheren Adepten – meist mit eng begrenzenden Gelübden – in mündlichen Belehrungen gegeben.

Weil der Zusammenhang zwischen Energiewahrnehmung und Sexualität so offensichtlich ist, widersprachen diese Praktiken der Askeseforderung, indem das Leben im Zölibat als Wert an sich erachtet und Priestertum immer mit einem unsexuellen Leben gleichgesetzt wurde. Sexualverzicht der Priesterschaft wird in patriarchalen Religionen automatisch höher geachtet, auch in Kulturen, in denen es verheiratete Priester gibt. Um diese Praktiken musste also ein Geheimnis gewoben werden, damit Sexualverzicht als Wert bestehen bleiben konnte, so entstanden esoterische, also der Masse der Gläubigen verborgene Riten. Ich habe die höheren tantrischen Praktiken nur unter Auflagen, das heißt mit entsprechenden Gelübden, (also mit Strafandrohungen) bekommen und die Begründung war immer dieselbe: Es geschehe nur zum Schutz der Praktizierenden, da diese Praktiken angeblich mit Gefahren verbunden seien. Die Lüge ist offensichtlich: Die sogenannten Asketen haben Wege gefunden, ihre Lust heimlich zu leben, und die einzige Gefahr besteht darin, dass öffentlich werden könnte, wie weitgehend die Askese durch »geheime Riten« durchlöchert wurde und wird. Es gibt inzwischen aus dem tantrischen Buddhismus Berichte von Frauen, die das ihnen aufgezwungene Schweigegelübde gebrochen haben, nachdem sie unter spirituellen Vorwänden sexuell missbraucht wurden, und ich habe lange genug mit tibetischen Lamas gelebt, um zu verstehen, dass sie in den sexuellen tantrischen Riten meist auch nichts anderes tun, als ihre sexuelle Erregung zu leben. Viele Lamas haben ihre westlichen Freundinnen, und die meisten jungen Lamas, die ich kennengelernt habe, haben ihr Keuschheitsgelübde deshalb widerrufen. Es mag einige wenige praktizierende Meister geben, die in sexuellen Praktiken tatsächlich einen tiefen spirituellen Weg gehen, aber die Ebene der sexuellen Lusterfüllung steht bei vielen Lamas im Vordergrund. Und ihre meist westlichen Gefährtinnen sind oft allzugern bereit, in tantrischen Sexualpraktiken esoterische Weihen zu sehen und sie nicht als das zu erkennen, was sie sind: unter der Vorspiegelung religiöser Ekstase erschwindelte, also letztlich gewaltsame Sexualakte mit Abhängigen. Ich habe nichts dagegen, dass auch Lamas und Priester ihre Sexualität leben, im Gegenteil, diese Welt wäre wahrscheinlich besser, wenn auch Geistliche im positiven Sinne Sexualität hätten. Aber hier kommt genau diese Doppelmoral zum Ausdruck, die einen wesentlichen Teil der patriarchalen Sexualverleugnung ausmacht: Dem Volk wird Askese gepredigt, während man hinter Klostermauern tut, was gefällt. (Es gab auch im Vatikan jahrhundertelang Bordelle nur für die Priesterschaft und bis in unsere Tage werden immer wieder neue Sexualskandale enthüllt.)

Erwachte Sexualität – und wir erkennen einander

Das plasmatische Strömen und damit auch die energetische Sexualität anzunehmen, könnte eine Chance darstellen, einen spirituellen Weg zu gehen, der nicht in die Falle der Sexualverleugnung führt. Wie der aussehen kann, wird erst die Praxis zeigen, wenn Menschen ihre Erfahrungen von energetischer Sexualität weitergeben können – falls sie das angesichts der allgegenwärtigen emotionellen Pest für sinnvoll halten. Energetische Sexualität kann nur von gegenwärtigen und charakterlich lebendigen Menschen gelebt werden, die wissen, was es bedeutet, einen geliebten Menschen in der genitalen Umarmung zu lieben, ohne den Körper dabei zum Werkzeug des Verstandes und seiner Emotionen zu machen, und dem Partner bis in den sich selbst regulierenden Orgasmus hinein mit vollem Kontakt in die Augen zu sehen. Menschen, die verstehen, was gemeint ist, wenn die liebevolle genitale Umarmung in der Bibel mit den Worten umschrieben wird: » – und sie erkannten einander und zeugten –«. Was oft übersehen wurde: *Erkennen* und *zeugen* sind zwei völlig eigenständige Funktionen der Sexualität. Zuerst ist das Erkennen da, die tiefe, wache Begegnung zweier Menschen. Dieses Erkennen ist die tief empfundene Erfahrung, dass in der Gegenwärtigkeit *der andere* und *ich* eins sind.

> Liebe ist die Erkenntnis, dass es nicht »den anderen« gibt. Liebe steigt aus der Erkenntnis auf, dass wir letztendlich eins sind. Du kannst es nicht erfahren, wenn du einen anderen Menschen durch Gedanken begegnest, denn Gedanken trennen, teilen, klassifizieren. […] Liebe steigt aus dem Raumbewusstsein auf, wenn du erkennst, dass du nicht die Form bist, sondern das formlose eine Leben, und alles andere ist auch nicht Form, sondern eine temporäre Erscheinung des formlosen einen Lebens. »Wow, das bin ich!« Du siehst dich selbst. Das ist Liebe. Du triffst den anderen als dich selbst. *(Eckhart Tolle, The Art of Presence)*

Was Eckart Tolle betont hat: Natürlich haben Menschen auch dann noch Sexualität, wenn sie Gegenwärtigkeit verwirklicht haben. Biologisch gesehen sind und bleiben sie Männer und Frauen und sind auf dieser Ebene immer nur ein Teil eines Ganzen mit dem Wunsch, sich mit der anderen Hälfte zu vereinigen. Was in der energetischen Liebe wegfällt, ist das große Bündel an Bestätigungen und damit auch an Verletzungen, die damit einhergehen, dass Menschen sich als Person bestätigt oder missachtet fühlen, wenn sie für einen anderen Menschen sexuell attraktiv sind oder nicht. Wenn Ego-Konzepte wegfallen, wird Sexualität einfacher, unspektakulärer, aber auch erfüllender. Es geht dann um körperliche Lust und seelische Liebe und nicht mehr um Ego-Spiele, das bedeutet: niemand muss »erregt werden«. Erregung ist da – oder auch nicht. Ein lebendiger Mensch fühlt die dem Körper innewohnende Erregung, die sich entladen möchte, wenn ein Energieüberschuss da ist. Das ist die tiefste Begegnung, zu der Menschen auf der körperlichen Ebene fähig sind, und diese Tiefe wird sich überhaupt nur dann öffnen, wenn alle psychologischen Dramen aus der Begegnung ausgeschlossen bleiben. Das kann man nicht machen oder herbeiführen. Es ergibt sich als eine Konsequenz aus der Erfahrung von Gegenwärtigkeit. Und das geschieht spontan in der sexuellen Ekstase, wenn die Identifikation mit dem Ego wegfällt.

Wilhelm Reich hat mit den Begriffen »genitale Potenz« und »genitale Impotenz« deutlich beschrieben, was eine energetisch gesunde Sexualität ausmacht, die zu vollständiger Befriedigung führt, und was eine krankhafte Sexualität ist, bei der nur Teile der Energie entladen werden können. Gewisse Körperregionen werden nicht entladen, stauen Energie und verursachen physischen oder psychischen Schmerz. Ob mit energetischer Sexualität das umgesetzt werden kann, was Reich »genitale Potenz« nannte, weiß ich nicht, aber ich halte es für möglich. Wenn dadurch also eine Gesundung geschieht, kann es nur den gesamten Menschen betreffen, daher werden geistige, emotionelle und körperliche Blockaden gemeinsam aufgehoben – ansonsten wäre der Prozess nicht komplett. Ich möchte aber eine Warnung aussprechen: Was sich bei der Diskussion von sexueller Gesundheit in der Vergangenheit als sehr nachteilig herausgestellt hat, war das Diskutieren und Spekulieren von Menschen, die selbst nicht im geringsten zu gesunder sexueller Erfahrung fähig waren, die sich aber – aus welchem Grund auch immer – dazu berufen fühlten, eine Meinung dazu abzugeben. Diese Haltung führte dazu, dass in den 70er Jahren in den Medien der Begriff »Sexuelle Revolution« mit einer neuen Form von Pornographie gleichgesetzt wurde, so wie heute »Tantra« als eine neue Form von Promiskuität und Prostitution dargestellt wird. Ich meine, es ist dennoch gut, das Thema *energetische Liebe* deutlich zu benennen, weil ansonsten eine befreite Sexualität allenfalls eine als Notwendigkeit akzeptierte Privatsache bleibt. Ein vermeidbares Missverständniss ist es, zu glauben, die energetische Sexualität habe irgendetwas mit ritueller Sexualität zu tun. Jeder Glaube, dass orgastische Sexualiät schädlich sei, dass der Mann in der Ejakulation Energie verliere und andere Vorstellungen der Vermeidung tiefer sexueller Hingabe sind eben auch nichts anderes als unkritisch übernommene Verstandes-Muster aus anderen exotischen aber ebenso sexualfeindlichen Kulturen.

Das, was heute als Neo-Tantra oder als Tao-Sex gelehrt wird, ist eine »erleuchtete Sexualität«, in der sich der Verstand – also das spirituelle Ego – vorstellt, wie spirituelle Sexualität aussehen müsste. Es sind kommerzialisierte Kopf-Geburten, die in pseudo-religiösen Ritualen zelebriert werden. Natürlich gab es in den religiösen Traditionen taoistische Sexualpraktiken und sowohl buddhistische wie auch hinduistische und vedische tantrische Praktiken, die sexuelle Vereinigungen beinhalten, aber die sind Teil eines jeweils viel größeren, umfassenderen Kanons von Riten, die selbstverständlich ausschließlich in die jeweilige religiöse und spirituelle Praxis gehören. Ich sehe überhaupt keinen Sinn darin, tantrische

Riten von ihren religiösen Wurzeln abzutrennen. Sie hatten ursprünglich den Sinn, die Verbindung zu einer Gottheit zu schaffen, indem alle Elemente menschlicher Erfahrung genutzt werden – auch die Sexualität als stärkster Trieb im Menschenleben – und in diesem Sinne sind tantrische Riten ausschließlich als Gottesdienst, als Weg zur Begegnung mit dem Göttlichen zu sehen. Sie als neue Sexualriten – zur Bereicherung des persönlichen Spektrums, sexuelle Lust zu erleben – völlig isoliert in eine fremde Kultur zu integrieren, ist genau das Gegenteil dessen, was Tantra als religiöse Praxis beabsichtigt.

Natürlich können Menschen auch das ausprobieren, warum auch nicht. Aber darin eine spirituelle Qualität zu vermuten, dient auch nur dem Ego, das glaubt, es gäbe eine bessere weil spirituellere und damit moralisch einwandfreie Sexualität. Und damit dienen sie wieder den alten, religiös motivierten, sexualfeinlichen Dogmen. Viele Jahrhunderte lang haben die Menschen darunter gelitten, dass ihnen höhere Instanzen, also Kirche und Staat, vorgeschrieben haben, was in der Sexualität erlaubt ist und was nicht. Ein Jude durfte keine Christin lieben, ein Bauer keine Adlige, ein Schwarzer keine Weiße. Homosexualität war Sünde und wurde wie außereheliche Sexualität mit dem Tod bestraft. Hüten wir uns davor, wieder einer neuen Elite die Macht zu geben: zu bestimmen, welche Sexualität angemessen ist und welche nicht.

Der entfremdete Mensch, der sich vor der eigenen latenten Angst zu verstecken versucht, ist von seinen direkten sexuellen und energetischen Empfindungen abgetrennt. In seiner Sehnsucht, den Sinn wiederzufinden, ist er geneigt, scheinbaren Autoritäten zu glauben und die Falle der Sexualfeindlichkeit im Namen neuer spiritueller Ideen immer wieder neu zu erschaffen. Sei dir bewusst, dass du deine einzige Autorität bist. Nur du kannst entscheiden, welche Formen von Sexualität und Spiritualität für dich angemessen sind.

Den richtigen Partner/ die richtige Partnerin finden

Wenn du dich für die energetische Liebe entscheidest, bist du entweder alleine oder du lebst in einer Partnerschaft, und ihr fragt euch: Ist es uns möglich, dies zu leben? Natürlich besteht die Möglichkeit, dass ihr das gemeinsam könnt, und wenn das so ist, könnt ihr euch wirklich glücklich schätzen. Ich kann euch nur gratulieren! Ihr hat einen Partner gefunden, der sexuell passt, der »kompatibel« ist. Das ist absolut nicht selbstverständlich. Ebenso könnte es der Fall sein, dass ihr es nicht gemeinsam könnt – aber dass du (oder auch dein Partner, jeder für sich getrennt) verstehst, dass energetische Liebe prinzipiell das Richtige für dich ist, dass eben nur der andere nicht dazu passt. Was also tun? Ich denke, du kennst meine Antwort.

Dies ist sicher einer der heikelsten Aspekte der energetischen Liebe: einzusehen, dass mein Partner nicht zu mir passt und es gilt, sich zu trennen und erneut auf die Suche zu gehen – und den nächsten Partner nach der sexuellen Kompatibilität auszusuchen, das heißt darauf zu achten, ob es möglich ist, mit einem Menschen auf lange Sicht eine erfüllende sexuelle Liebesbeziehung zu leben. Die Fragen, die sich hier stellen, gehen an die Grundfesten moralischer Werte, die in dieser Gesellschaft und damit auch in den Köpfen und Herzen der Menschen tief verankert sind. Im Grunde genommen ist es das, was Menschen wollten, seitdem sich die romantische Liebe als Partnerschaftsmodell durchzusetzen begonnen hat – nur wissen sie es noch nicht: die Erforschung sexueller Kompatibilität, die Wahl des Partners nach völlig subjektiven Kriterien, die ausschließlich die Frage zu beantworten haben: Kann ich mit ihm auf lange Sicht sexuell glücklich sein? Kann ich mit ihm Konflikte so austragen, dass sie nicht unter den Teppich gekehrt werden müssen (»vertragen und Augen zu«) oder ständig im Hintergrund als offene Fragen lauern und nie beantwortet werden (»beredtes Schweigen«)?

Bis weit ins 20. Jahrhundert hinein wurden Ehen fast ausschließlich aufgrund gesellschaftlicher Konventionen geschlossen. Die Liebesbeziehung als Grundlage einer Parterschaft gab es natürlich auch in der Vergangenheit. Aber das war dann auch gleichzeitig oft mit schärfsten Konflikten verbunden. Viele Dramen hatten diesen Konfliktstoff zum Thema: ob *Romeo und Julia* oder *Effi Briest* – die unangemessene Liebesbeziehung über gesellschaftlich gesetzte Grenzen hinweg war der Auslöser für Schmerz, Streit, Krieg – Unglück. Natürlich gibt es das auch heute noch in Ansätzen, wenn sich zum Beispiel ein türkisches Mädchen sich in einen deutschen Jungen verliebt. Aber es läuft wohl inzwischen meist eher so ab, wie in *Rate mal,wer zum essen kommt*, wo sich eine junge weiße Frau in einen Schwarzen verliebt und ihre Eltern besucht, die sich in ihren äußerlich liberalen aber charakterlich verhärteten Mustern in Frage gestellt sehen. Aber ob die liberalen Eltern auch noch so belehrbar gewesen wären, wenn der Schwarze kein intelligenter und aussichtsreicher Rechtsanwalt, sondern ein Arbeitsloser gewesen wäre?

Machen wir uns nichts vor: Die romantische Liebesbeziehung wird in den meisten Fällen wohl nicht in erster Linie mit erfüllenden sexuellen Erfahrungen begründet, sondern mit anderen, eher sekundären Interessen: Ist er wohlhabend, beruflich erfolgreich und sieht er gut aus? Kann er für den Unterhalt einer Familie sorgen? Aus welchem gesellschaftlichen Umfeld kommt er? Welches Auto fährt er? Welche Facebook-Freunde hat er? Wie wirkt er auf meine Freundinnen, sind sie neidisch? Geht er mit mir spazieren oder wandern, ins Kino, Theater oder Konzert – eher House-Party oder Violinkonzert? Geht er mit mir shoppen?

Und bei ihm ist es ebenso, wenn auch nicht so umfangreich: Sieht sie gut aus? Geht sie mit mir ins Bett? Lässt sie mich ohne zu meckern die Sportschau sehen? Muss ich mit ihr shoppen gehen?

Was ich sagen will: das sind sekundäre Interessen, abgelenkte Triebe, die nicht auf das Wesentliche zielen, aber deren Energie aus dem Kern kommt. Im Hintergrund kommt aus dem Kern immer der Wunsch: Werde ich mit ihm/ihr sexuell glücklich sein? Wenn aber darüber, was sexuelles Glück eigentlich ist, keinerlei konkrete Vorstellung herrscht, außer, in einem relativen Zeitraum mindestens so-und-so-viele Orgasmen zu haben oder so-und-so-viele zärtliche Streicheleinheiten zu erhalten oder ob eine bestimmte sexuelle Praktik bevorzugt wird, ob Neo-Tantra oder Sado-Maso, stehen wir wieder am Anfang dieses Buches: Woher sollten Menschen in einer Gesellschaft wie dieser wissen, was sexuelles Glück überhaupt ist? Also gehen Männer und Frauen ihre Partnerschaften mit einem undefinierten, diffusen, aber faszinierenden Gefühl ein: dem Verliebtsein. Man fühlt sich »irgendwie« magisch angezogen, träumt, schwärmt und redet verzückt von ihm oder ihr.

Das ist eine tolle Sache – das Verliebtsein. Darüber wird noch einiges zu sagen sein. Aber an dieser Stelle hat diese Emotion nur eine Funktion: der Schmerzkörper stellt sich taktisch ab. Ich bin (du bist) plötzlich auch nach außen der liebevolle, vertrauenswürdige, schöne, attraktive, kommunikative, unterhaltsame, lebensbejahrende und vor allem sexuell attraktive Mensch, als den ich mich in meinem Innersten schon immer gesehen habe, mich aber nie zu zeigen wagte.

Der Schmerzkörper (die neurotische Charakterstruktur) ist im Zustand der Verliebtheit anscheinend vollkommen verschwunden, um diesen einen Partner an mich zu binden. Wenn der dasselbe erlebt, sind wir »verliebt«, gehen wir eine verbindliche Partnerschaft ein – und ich bin dann völlig verblüfft, wenn ich eines Tages neben einem Monster aufwache und mich frage: »Wer ist das denn? Wie konnte ich nur so dämlich sein?« Die Verliebtheit ist vorbei und die »normale« Charakterstruktur hat wieder die Macht an sich gerissen. Das geschieht, wenn ich mich bei der Entscheidung für einen Partner vom Gefühl des Verliebtseins leiten lasse. Ich ignoriere die Tatsache, dass dieser Zustand eine absolute Ausnahmesituation ist: die Abwesenheit aller neurotischen Charaktereigenschaften für eine kurze Zeit. Ich *glaube* nur, dass meine (und seine) negativen Charaktereigenschaften weg sind, weil dieser Zustand so unwahrscheinlich wahr und anziehend ist – und das mache ich am Partner fest: »Mit diesem Partner kann ich nur glücklich sein, es wird immer so sein, unser ganzes Leben lang.« Dieses Gefühl ist so überwältigend wahr, dass jeder Gedanke daran, dass es eine temporäre Ausnahme sein könnte, völlig absurd erscheint. Das ist Verliebtheit. Und damit ist die Katastrophe vorprogrammiert.

Und all das geschieht nur, weil Menschen nicht wissen, was sexuelles Glück ist. In einer Gesellschaft, in der ich leben möchte, würden Paare, die zusammen bleiben wollen, erst einmal ein halbes Jahr auf Probe zusammen leben können, ohne sich zu mehr zu verpflichten. Oder weniger utopisch ausgedrückt: Ob zwei Menschen zusammenpassen, wissen sie erst, wenn sie sich gegenseitig in vielen alltäglichen Schmerzkörperattacken erlebt haben und wenn sie wissen, ob sie nicht nur sexuell zusammenpassen, sondern auch in der Bewältigung des Schmerzkörpers.

Die Gretchenfrage ist also: Wo und wie finde ich den idealen Partner, der charakterlich so zu mir passt, dass ich mit ihm die sexuelle Liebe leben und den Schmerz produktiv nutzen kann? Wenn ich darauf eine eindeutige Antwort hätte, würde ich dieses Buch auf meiner Yacht vor Monaco schreiben.

Was ich dir anbieten kann: Ich kann dir von meinen Erfahrungen bei der Partnersuche erzählen, die recht erfolgreich waren – wenn auch fünf von sechs Beziehungen, die ich in den letzten Jahren gelebt habe, wieder auseinandergegangen sind.

Ich habe diese Trennungen nicht als Versagen erlebt, obwohl jede schmerzhaft und manche auch traumatisierend war. In jeder Beziehung konnte ich die energetische Liebe leben, jedesmal sah sie anders aus, schmeckte anders, roch anders, fühlte sich anders an, brachte andere Erkenntnisse hervor. Fast immer waren die Vereinigungen für meine Partnerin und mich erfüllend. Es gab kaum sexuell frustrierende Situationen. Was ich erkannt habe: Die sexuelle Liebe für sich gesehen ist tatsächlich erfüllend und immer wieder unwahrscheinlich schön, traumhaft schön, eine wirkliche Bereicherung gegenüber dem erregungsorientierten Sex. Was mich besonders beeindruckte, war, dass ich nun, im Vergleich zum Sex, den ich in den Jahrzehnten zuvor gelebt hatte, die Zufriedenheit, die Erfüllung, die Erleichterung, dass Sex eine durch und durch erfreuliche Angelegenheit sein kann, deutlich auch bei meiner Partnerin fühlen und ihre Zustimmung als echt und ehrlich wahrnehmen konnte. Ich hatte selbst den deutlichen Eindruck: Ich bin ein viel besserer Liebhaber geworden. Wie schön – eingentlich war alles ideal, oder?

Nein! Denn unsere Unfähigkeit zur angemessenen Bewältigung des Schmerzkörpers war immer wieder der Knackpunkt, der die Beziehungen beendete. Die Partnerinnen fühlten sich auf der Schmerzkörper-Ebene »ungeliebt«, weil ich nicht mehr zur Verfügung stand, ihren Schmerz zu füttern. Es klingt absurd, war aber tatsächlich so: Sie fühlten sich ungeliebt, weil ich mich weigerte, sie schlecht zu behandeln. Ich hielt mich konsequent – manche nannten das »stur« – an die Pinzipien der Schmerzkörperarbeit. Und das beinhaltet eben auch, nicht mehr auf die Trigger meiner Partnerin so zu reagieren, wie sie es gewohnt waren.

Heute bin ich für jede der Erfahrungen sehr dankbar, denn ich habe viel über die energetische Liebe gelernt, die aus der energetischen Sexualität *und* der Schmerzkörperarbeit besteht. Es geht mir darum, beide Aspekte der Liebe zu leben. Als ich für mich entschieden hatte, eine Partnerin zu finden, die sich von vornherein auf die energetische Liebe einlässt und als ihr eigenes Projekt begreift, habe ich eigentlich nur noch die Option gesehen, dies über Online-Partnerportale zu versuchen. Ich habe einfach nicht genügend viele gesellschaftliche Kontakte, um eine geeignete Frau in meiner Umgebung zu finden. Mein Anliegen war schon sehr ungewöhnlich und »einfach so« eine Frau mit Interesse an der energetischen Liebe zu finden – eine unter Hunderttausenden? – aussichtslos!

Ich habe einige Portale ausprobiert. Bei den meisten war ich schnell davon frustriert, mich anzupreisen und zur Schau zu stellen, mich mit meinen Vorzügen, Hobbys und Vorlieben zu präsentieren. Die Unechtheit dieser Selbstdarstellungen war mir zuwider. Ich empfand die meisten Profile, auch die der Frauen, als völlig nichtssagend, und die einzige wirkliche Information konnte ich aus den Fotos ersehen. Ich konnte einige Treffen arrangieren, aber ich stellte sehr schnell fest, dass die Methode, erst eine Frau kennenzulernen, um sie dann mit meinen Vorstellungen von energetischer Liebe vertraut zu machen, um bei ihr den Sinn dafür zu wecken, kaum funktionieren kann. Es ist tatsächlich ein Tabu, dass ein Mann einer Frau beim Kennenlernen davon erzählt, wie er sich die gemeinsame Sexualität vorstellt – es sei denn, er erwartet von der Begegnung nichts weiter als eine unverbindliche sexuelle Affäre. Und das war nie mein Interesse. Bei den Frauen war die Reihenfolge klar: erst »den Menschen kennenlernen«, sich dann verlieben, um sich dann auch sexuell einzulassen, und erst dann kann eine Einigung darüber erzielt werden, was man denn eigentlich von der gemeinsamen Sexualität erwartet. Leider bestätigte sich immer wieder das Klischee: »Männer tauschen Sex gegen Liebe, Frauen tauschen Liebe gegen Sex.« Mir war das zu blöd, das heißt zu unproduktiv und vom Zufall abhängig, viel zu aufwendig, viel zu konfliktbeladen. Ich wollte meine Interessen eindeutig zeigen dürfen, ohne mich gleichzeitig als sexbesessener Idiot darzustellen.

Eigentlich war schnell klar: Die einzige Szene, in der sich Frauen auch im Vorfeld eindeutig über sexuelle Interessen ihrer Partner informieren, ohne dass es ausschließlich um unverbindliche Sexkontakte geht, ist die Neo-Tantra-Szene. Ich bin dann bald beim LotusCafe gelandet. Das ist ein sehr sympathisches kleines Partnerportal, in dem sich viele Neo-Tantra-Interessierte tummeln. Vielen – natürlich in erster Linie Männern, die oft in festen Partnerschaften leben – scheint es tatsächlich nur darum zu gehen, unverbindliche Treffen anzubieten, die zum Beispiel »tantrische Sexualität«, »Massageaustausch« und dergleichen betreffen. Aber im LotusCafe herrscht eine liberale Grundstimmung, die ich in den anderen Portalen nicht empfunden habe. Was mich beim LotusCafe besonders positiv beeindruckte, war, dass man sich dort auch mit kommerziellen, beruflichen und anderen Interessen zeigen kann – inklusive der Nennung von Webseiten und Emailadressen – was in anderen Portalen strikt verboten ist. Das führt natürlich dazu, dass es auch eindeutige Angebote in Richtung Prositution und Tantramassage gibt, aber die sind eher gering. Der Vorteil ist, dass es hier um alle Bereiche des Lebens geht, und diese deutliche Überschreitung des engen Bereichs der »Brautschau« anderer Portale, habe ich als sehr wohltuend empfunden.

Ich musste allerdings über eine längere Zeit lernen, auch mit diesem Portal angemessen umgehen zu können. Ich habe bald festgestellt, dass es mir wenig bringt, Frauen anzuschreiben und mich anzubieten. Auch im LotusCafe geht es so zu wie in allen anderen Portalen: Frauen werden von Männern *en masse* »angemacht« und die Frauen, die sich als attraktiv darstellen (per Foto oder per Text), scheinen in der Flut von Anfragen zu ertrinken, vor allem, wenn sie ihr Interesse an Sexualität auch nur ansatzweise formulieren. Das alte Mann-macht-Frau-an-Rollenspiel scheint in den Partnerschaftsportalen fröhliche Urständ zu feiern.

Da es mir darum ging, eine Partnerin zu finden, die sich eindeutig für energetische Liebe, die »Stille Liebe« (Diana Richardson), Karezza oder eben für »Tantra« interessiert, war das LotusCafe die ideale Plattform für mich, eindeutig dazustellen, worum es mir eigentlich geht. Was ich im Verlauf der Jahre – Ich bin immer wieder zum LotusCafe zurückgekehrt – festgestellt habe: je eindeutiger, direkter und verbindlicher ich mich zeigte, desto klarer und eindeutiger wurden auch die Zuschriften der Frauen, die sich nun an mich wendeten. Ich habe tatsächlich bald vollständig damit aufgehört, von mir aus Frauen anzuschreiben, sondern ich habe mich finden lassen. Zuerst hat es noch ein, zwei Monate gedauert, bis ich eine geeignerte Partnerin gefunden habe. Beim letzten Mal hat es gerade zwei Wochen gedauert. Und es lag nur daran, wie ich mich dargestellt habe. Ich habe die Texte meiner früheren Profile nicht mehr, aber ich kann hier das letzte, erfolgreichste zitieren.

Wieder einmal bin ich seit einigen Monaten Single und ich gebe es nicht auf: Ich suche die Partnerin mit der ich leben und lieben kann, mit der ich stundenlange tiefe Gespräche führen und genauso schweigen kann, die ihr eigenes autonomes Leben lebt wie ich und mit der mich auch viele Gemeinsamkeiten verbinden.

Auf eine Schilderung meiner Charaktereigenschaften, also: was ich gerne habe und was nicht, was ich für ein »toller Typ« bin etc. verzichte ich hier ganz bewusst. Ich will es ganz offen sagen: ich mißtraue vielen der Aussagen, die hier als positive Selbstdarstellungen abgegeben werden. Was soll das? Menschen preisen ihre »Vorzüge« an wie in einem Otto-Katalog oder auf einer Vieh-Auktion.

Jeder Mensch (ich auch) sieht sich von innen als liebevoll, kontaktfreudig, selbstbewusst, freundlich, kinderlieb, erotisch anziehend usw. usw. Das ist es ja gerade: Es ist der innere Kern, es ist das was Wilhelm Reich die »gesunde genitale Charakterstruktur« nannte. Jeder Mensch, der seelisch noch nicht vollständig aufgegeben hat, sieht in sich diesen leuchtenden inneren Kern – seine klare, unverdorbene Seele – und sehnt sich danach, das auch nach außen zeigen und leben zu können.

Die Frage ist: Bin ich in der Lage dazu, diesen seelischen Kern – »mein Herz« sagen viele Frauen dazu – tatsächlich auch zu leben? Mache ich »die Umstände« dafür verantwortlich, wenn es nicht geht oder bin ich dazu in der Lage, mich zu erkennen und zuzugeben, dass die Lebensumstände, in denen ich lebe, meine Charakterstruktur (Eckhart Tolle: den »Schmerzkörper«) exakt wiederspiegeln?

Was diesen Kern ausmacht, erleben Menschen, wenn sie sich verlieben. Dann leben sie, wer sie wirklich sind. Dann sind sie eine begrenzte Zeit lang dieser strahlende, liebevolle Mensch, als den sie sich von innen her sehen. Außen und Innen sind dann identisch.

Bis der Schmerzkörper wieder zurückschlägt. Und dann frage ich mich (und meine Partnerin fragt sich das auch): Mit was für einem Monster lebe ich da eigentlich zusammen? Mir geht es genau darum, diesen unbewussten Prozess bewusst zu machen, damit zu arbeiten und partnerschaftliche Liebe ist für mich beides: die tiefe Liebesverbindung und die gemeinsame Arbeit am Schmerzkörper. Ich suche die tiefe energetische Verbindung, die echte sexuelle Liebe, und ich sehe es als gemeinsames lebendiges Experiment, mit einer(!) Partnerin zu erforschen, ob das langfristig in einer erfüllenden Partnerschaft möglich ist: mit einer tiefen und erfüllenden, auf der Herzverbindung aufbauenden Sexualität zu leben, die Barry Long die »sexuelle Liebe auf göttliche Weise« nennt oder Diana Richardson die »stille Vereinigung«. Es gibt Hindernisse – ja – einfach ist dieser Weg nicht. Denn wenn der Schmerzkörper nicht mehr von einer kontaktlosen Sexualität »gefüttert« wird – die auf dem MACHEN von Erregung beruht und die in der Spannungslösung ihr Ziel hat – fühlt sich der Schmerzkörper ungeliebt und er hat die Macht, eine Liebesbeziehung wieder zu beenden. – Aber ein Scheitern gibt es eigentlich nicht, denn ob es möglich ist, nach der Phase einer anfänglichen Verliebtheit zusammenzubleiben – auch die Erkenntnis, dass es nicht möglich war, brachte mich bisher weiter: genauer hinzusehen, was ich will und was nicht, was die Probleme waren und wo das Schöne Bestand hatte.

Ich bin Autor von vielen Büchern über die Themen Lebensenergie, Wilhelm Reich, energetische Sexualität und einiges mehr und seit 35 Jahren stelle ich Orgon-Geräte nach Wilhelm Reich her.

Ich habe auf dieses Profil hin tatsächlich innerhalb von zwei Wochen so viele ernstgemeinte und vielversprechende Anschreiben bekommen, dass ich unter den Angeboten auswählen und mehrere Frauen erst einmal telefonisch kontakten konnte. Als ich mich dann mit derjenigen traf, mit der ich mich am Telefon am besten verstand – sie ist zu mir angreist – sind wir zusammengelieben. Es war sehr einfach und selbstverständlich. Wir haben beide verstanden, dass unsere einzige Option ist, eine verbindliche Partnerschaft auszuprobieren und mit dem Motto zu leben: »Es könnte ja auch gutgehen.«

Ich habe dann alle anderen Kontakte aus dem Online-Portal wieder abgebrochen. Ich kann nicht mehrgleisig fahren. Da ich mich vollständig öffnen will, sobald ich mit einer Frau tiefen Kontakt eingehe, kann ich keine Heimlichkeiten bei mir akzeptieren. Das ist keine zwanghafte Monogamie, sondern meine eigene Selbsterkenntnis: ich kann nur einen einzigen Herzenskontakt zulassen. Ob andere das auf polygame Weise können? Ich zweifle, aber das ist letztlich ihre Sache. Ich möchte die Lebensentwürfe anderer Menschen nicht bewerten.

Nun – was ich hier als meine Erfahrung mit der Online-Partnersuche gezeigt habe, wird wahrscheinlich in erster Linie Männern helfen können, eine geeignete Partnerin zu finden. Frauen sind in einer ganz anderen Situation. Wenn ich die Frauen richtig verstanden haben, sind viele Männer unterwegs, die den Frauen das Blaue vom Himmel herunterlügen, nur um an schnellen unverbindlichen Sex zu kommen. Und dementsprechend vorsichtig müssen sie mit Kontakten umgehen. Ich denke aber, es geht den Frauen auch nicht anders als mir: Man lernt sich ja nicht im LotusCafe kennen, sondern es ist eine Möglichkeit, einen interessanten Menschen dann in der Realität zu treffen und auf gegenseitige Smpathie zu überprüfen. Das heißt, nach dem ersten Mailkontakt ist es angesagt, miteinader zu telefonieren und sich dann, wenn der Telefonkontakt positiv verläuft, möglichst bald zu treffen. Insofern ist das Online-Portal nicht mehr als ein Treffpunkt für Partnerschaftswillige. Dass viele daraus eine langfristige, sich über viele Monate oder gar Jahre hinziehende Tätigkeit machen, sich an Foren, an Chats und an Partys und anderen Treffen beteiligen – mir ist das fremd, aber *chacun á son gout.* Was ich von vielen Frauen als Rückmeldung auf mein Profil bekommen habe: Es sind offenbar nur wenige Männer dabei, die sich so eindeutig darstellen und damit den Frauen die Möglichkeit geben, sich ebenso eindeutig für oder gegen den Kontakt zu entscheiden.

Das Ende der Therapie

Als erster Arzt hat Wilhelm Reich zu Beginn des 20. Jahrhunderts die Frage gestellt, was eigentlich gesunde, natürliche Sexualität ist. Vor Reich kam Sexualität in Medizin und Wissenschaft nur als Krankheit vor, das heißt in der Erforschung von sexuell übertragbaren Infektionen, als physische oder psychische Störungen, die den Sexualverkehr behindern und so weiter. Niemals vor Reich wurde die ernsthafte Frage gestellt, was erfüllende Sexualität eigentlich in positiver Weise ist oder sein kann. Er hat diese Frage sicher nicht abschließend und umfassend beantworten können. Er war Freudianer und Mediziner und zu sehr Kind seiner Zeit, um die spirituellen Aspekte der Sexualität mit einbeziehen zu können.

Wilhelm Reich hatte sein erstes großes Projekt – als Psychoanalytiker in erster Linie die Sexualität zu erforschen – aus einem ganz persönlichen Motiv heraus begonnen: Kurz vor seinem Studium hatte er als Soldat an der italienischen Front eine Frau geliebt, mit der er die tiefste, erfüllendste, liebevollste Verbindung in der genitalen Umarmung erlebt hat. Er hat die Kraft des vollständig hingebungsvollen Orgasmus erlebt. Was er dann im Studium, in der persönlichen Konfrontation mit Sigmund Freud, mit seinen psychoanalytischen Kollegen und mit Patienten über Sexualität erfuhr, war etwas völlig anderes. Hier ging es nicht um sexuelle Erfüllung und den Grad des empfundenen Glücks, sondern darum, ob überhaupt Sexualität stattfand, ob eine Erektion bestand und ob eine Ejakulation geschah. Es ging nicht um die Qualität des Orgasmus, sondern ob es überhaupt einen gab. Es ging um nur um Quantität.

Was Reich als Psychoanalytiker bei den Menschen sah, wenn er sich mit ihrer Sexualität befasste, war das reine Elend. Er erkannte, dass neurotisch blockierte Menschen nicht zur glücklichen orgastischen Erfahrung fähig sind. Und er nannte diese Art des Orgasmus, in der die Entladung nur zur Zuckung des Beckens führt, während der Rest des Körpers verkrampft ist, »orgastische Impotenz«. »Orgastische Potenz« nannte er den Zustand des Menschen, in dem er fähig ist, den Orgasmus in einer weichen Welle zu erleben, weitgehend ohne Zuckungen, ohne Krämpfe – eine Welle, die sichtbar und weich durch die Muskulatur läuft. Diese wellenartige Muskelentladung nannte er »Orgasmusreflex«, weil sie im erfüllten Orgasmus in dieser Form stattfindet. Aber der Orgasmusreflex ist keineswegs an die sexuelle Entladung gebunden. Er ist zum Beispiel auch sichtbar, wenn man einer Katze leicht über den Rücken streichelt. Danach sieht man manchmal, wie eine weiche Muskelwelle vom Becken der Katze zu ihrem Kopf hinaufläuft. Mit dem Orgasmusreflex entlädt der Organismus überschüssige Energie auf lustvolle Weise. Der unbehinderte Orgasmusreflex ist beim Menschen in unserer Gesellschaft sehr selten anzutreffen, weil nur der genitale Charakter, der weitgehend emotionell gesunde Mensch, dazu in der Lage ist. Reich hatte erkannt, dass normal neurotische Menschen zum unbehinderten Orgasmusreflex nicht fähig sind. Die orgastische Impotenz – und damit die lebenslange traumatische Erfahrung, dass die tiefe und echte sexuelle Erfüllung unerreichbar bleibt – ist der bedauerliche Normalfall. Die Charakterneurose ist eine Epedemie, eine Massenerkrankung, die das sexuelle Erleben aller Menschen seit Jahrtausenden verwüstet. Die charakterneurotisch kranken Menschen haben sich so sehr an diese Krankheit gewöhnt, dass sie sie nicht mehr zu bemerken scheinen, obwohl tatsächlich fast alle Menschen darunter leiden – und dieses Leid erfährt jeder einzelne Mensch als sein privates, unabwendbares, persönliches und tragisches Schicksal.

Die orgastische Impotenz äußert sich vor allem darin, dass an Stelle der selbstregulierten, exstatischen, sexuellen Erfahrung eine durch Reibung, Pressatmung und Muskelkontraktion kontrollierte sexuelle Spannung im Becken erzeugt wird, die dann im orgastisch impotenten Höhepunkt entladen wird. Diese Form von Orgasmus erleben fast alle Menschen als Normalität, besonders Männer. Frauen können durch diese hergestellte Erregung und gebrochene Befriedigung viel weniger Lust erleben, und daher wenden sich viele Frauen von der Sexualität ab oder reduzieren sie mehr und mehr, sobald die Phase der ersten Verliebtheit in der Beziehung vorüber ist.

Als Wilhelm Reich diese Zusammenhänge in den 20er Jahren aufdeckte, hatte er noch in den medizinisch-psychiatrischen Zusammenhängen der Psychoanalyse gedacht. Das bedeutet: Er betrachtete orgastische Impotenz als eine individuelle Störung, die therapeutisch behoben werden kann. Oder anders ausgedrückt: Er glaubte noch, dass er Menschen durch therapeutische Methoden gesund machen oder, wie er es nannte,: »den genitalen Charakter freilegen« könnte. Bald wurde ihm dann bewusst, dass die dafür ursächliche Charakterneurose eine allumfassende Krankheit ist, eine Seuche, die die gesamte Menschheit befallen hat. Im sexuellen Sinne gesunde Menschen sind die große Ausnahme. Als Konsequenz glaubte er zuerst, die Massen aufklären zu müssen und gründete deshalb innerhalb der kommunistischen Partei die Sexpol-Bewegung, eine breite Aufklärungskampagne. Schnell wurde ihm dann klar, dass die Krankheit zu tief und unbewusst im Menschen verankert ist, als dass sie rationaler Aufklärung zugänglich wäre und er konzentrierte sich auf die Methoden der Individualtherapie. Doch nur 17 Jahre später, etwa 1950, gab er auch das Konzept der individuellen Therapie auf, weil ihm klar wurde, dass es so gut wie unmöglich ist, neurotisch verhärtete Erwachsene gesund zu machen. Wie konnte es dann geschehen, dass der Name Wilhelm Reichs bis heute mit einer schier unübersehbaren Zahl Reichscher Therapien verknüpft ist? Es scheint sogar so zu sein, dass sein Werk fast ausschließlich als therapeutisches Konzept überlebt hat, während alle anderen Aspekte – von der medizinischen Therapie mit Orgonakkumulatoren bis hin zu Forschungen über Klima-Beeinflussung – fast völlig untergegangen sind.

Reich hatte in den 40er Jahren viele psychiatrische Orgontherapeuten ausgebildet und seine gesamte Forschung über diese Ausbildungen finanziert. Viele der von ihm ausgebildeten Ärzte sind sehr erfolgreich und wohlhabend geworden, und manche haben dann weitere, sehr große Therapie-Organisationen gegründet. Alles in allem wurde die Reichsche Körpertherapie eines der erfolgreichsten psychotherapeutischen Modelle außerhalb des medizinisch-psychiatrischen Establishments der klassischen Medizin. Ab etwa 1950 hat Reich jede therapeutische Tätigkeit und auch jede Ausbildung von Therapeuten aufgegeben, sie aber in die Hände mehrerer anderer Ärzte gelegt, die das *American College of Orgonomy* gründeten, in dem die Therapeutenausbildung bis heute fortgesetzt wird. Die einzige Möglichkeit, Reichs Erkenntnisse in beruflichen Erfolg umzumünzen, sahen die meisten seiner Mitarbeiter und Nachfolger in der Arbeit als orgonomischer Körpertherapeut oder als neoreichianischer

Therapeut. Und daher gab es von dieser Seite kein Interesse, die Wahrheit über Reichsche Therapie allzu laut auszusprechen, und Reichs Aussagen ab 1950, warum er die Individualtherapie aufgegeben hat, wurden gerade auch von seinen Anhängern völlig ignoriert. 1952 formulierte Reich seine deutliche und später nicht mehr widersprochene Abkehr von der individuellen Therapie:

> Ich möchte, dass Sie verstehen, dass *individuelle Therapie nutzlos ist.* Nutzlos! Oh ja, von großem Nutzen, um Geld zu machen und hier und da zu helfen. Aber vom Standpunkt des sozialen Problems, vom Standpunkt geistig-seelischer Hygiene aus gesehen ist das nutzlos. *Deshalb gab ich es auf. (Wilhelm Reich, Interview mit Dr. Eissler »Wilhelm Reich spricht über Sigmund Freud«, S. 30)*

Reichs orgontherapeutische Arbeit, mit der er den weiten Bereich der Körperpsychotherapie erschuf, hatte zum Ziel, bei seinen Patienten die gesunden genitalen Charaktereigenschaften und damit den Orgasmusreflex wieder freizulegen. Reich hatte die Fähigkeit, dies bei seinen Patienten – zumindest innerhalb der Therapiesituationen – sehr schnell und effektiv zu erreichen. Seine Therapien dauerten meist nur wenige Wochen, höchstens ein paar Monate. Doch bereits bei der nächsten Generation von Therapeuten, die er ausgebildet hat, war die Orgontherapie weit weniger effektiv und heute dauert sie viele Jahre. Die neo-reichianischen Körpertherapieformen, die auf der Basis der Orgontherapie entwickelt wurden, wie unter anderem Bioenergetik, Core-Energetics, Rolfing, oder Radix haben das Ziel der orgastischen Potenz, das heißt den unbehinderten Orgasmusreflex auszulösen, weitgehend aufgegeben. Wahrscheinlich erleben die meisten Reichschen Therapeuten heute den Orgasmusreflex selbst nicht mehr, und viele sind nicht einmal in der Lage, die Lebensenergie wahrzunehmen. Das ist jedenfalls mein Eindruck, da ich aufgrund meiner beruflichen Tätigkeit seit über dreißig Jahren oft mit Reichschen Therapeuten zu tun habe.

Die von Reich entwickelte psychiatrische Orgontherapie (es ist die Urform aller Körperpsychotherapien) und ihre vielen Nachfolger können eventuell im Einzelfall eine effektive Hilfe für eine Auflockerung der energetischen – also körperlichen, emotionellen und geistigen – Strukturen eines Menschen sein. Dass dies jedoch der Menschheit nicht wirklich weiterhelfen wird, hat Reich deutlich gesehen und benannt. Er glaubte am Ende nicht mehr, dass Körpertherapie an der Situation der Menschheit – in der Neurose steckenzubleiben und sexuell weitgehend unglücklich zu sein – etwas ändern würde. Es müssten Millionen Therapeuten ausgebildet werden. Aber wozu, wenn nicht einmal die Therapeuten gesund geworden oder geblieben sind, die er selbst ausgebildet hat? In den 40er Jahren ging Reich offenbar noch davon aus, dass Körperpsychotherapie ein effektiver Ausweg aus der Misere der massenhaften Neurosen sein könnte. Doch das kann von vornherein nur eine Hypothese Reichs gewesen sein, denn als er das behauptete, hatte er nur die Erfahrungen aus seiner eigenen therapeutischen Tätigkeit. Und die Erfolge, die er dabei zweifellos hatte – ich habe in den USA mit einigen seiner ehemaligen Patienten gesprochen – können nicht nur als Ergebnis seiner methodischen Therapiearbeit gewertet werden. Sie waren zum großen Teil seiner eigenen Lebendigkeit und seinem persönlichen Charisma zu verdanken: seiner Fähigkeit, die neurotischen Strukturen seiner Patienten spontan zu verstehen und geeignete Maßnahmen anzuwenden. Er war in den Therapiesitzungen sehr präsent, ging körperlich und emotionell ungewöhnlich direkt auf seine Patienten ein, er begegnete ihnen mit einer Offenheit und Intensität, in der den Patienten der Unterschied zwischen Neurose und natürlicher Lebendigkeit sinnlich erfahrbar und unmittelbar bewusst wurde. Diese Fähigkeit – die ursprüngliche Lebendigkeit zu repräsentieren und damit auch bei den Patienten hervorzubringen – konnte er jedoch nicht an seine Schüler weitergeben. Sie war wohl eher eine ganz spezielle Eigenschaft des Menschen Wilhelm Reich. Ich vermute, dass ihm das bewusst war.

Natürlich ist das, was ich in diesem Buch beschreibe, ebenfalls kein schneller Ausweg aus der Falle der Neurose. Ich kann dir auch keinen Schleichweg vorbei an der Krankheit der orgastischen Impotenz anbieten. Ein Orgasmusreflex-Training wäre eine Absurdität in sich, und auch mit noch so sinnlich ausgeübten pseudo-tantrischen Ritualen kannst du dich nicht an der Realität deiner Charakterstruktur vorbeischleichen und echte sexuelle Erfüllung schaffen. Alle diese Maßnahmen verlieren nach wenigen Wochen oder Monaten ihren Reiz, weil sich deine Charakterstruktur darauf einstellt.

Die selbstregulierte energetische Sexualität soll kein Ersatz sein für die genitale Potenz. Ganz im Gegenteil: Es geht darum, dass du dir der gesunden und der destruktiven Anteile deiner eigenen Struktur bewusst werden und dich deutlich auf die gesunden Anteile beziehen kannst. Begreife erst einmal, wo deine emotionelle Gesundheit ist, bevor du dich der Illusion auslieferst, die Charakterneurose oder auch jede Art von Blockaden durch irgendwelche Manipulationen »wegmachen« zu können.

Einige wenige vitale Menschen können den Orgasmusreflex spontan erleben und sind sexuell hingabefähig. Und die meisten, die dazu fähig sind, scheinen das nicht einmal zu wissen. Das bedeutet: Es gibt auch energetisch gesunde Menschen. Selbst, wenn es nur 1 bis 2% der Menschheit sind (Reich sprach von 5 bis 10%, aber auch das war eine subjektive Schätzung), wären das heute 100 Millionen Menschen weltweit oder über eine Million nur in Deutschland. An diese Menschen wende ich mich mit diesem Buch vor allen Dingen. Und möglicherweise bist du eine/r von ihnen.

Die Veränderung geschieht nicht dadurch, dass du die Krankheit bekämpfst, sondern, indem du deine eigene Gesundheit entdeckst und würdigen und damit auch leben kannst. Wie Barry Long bin ich der Ansicht, dass die Befreiung der Sexualität nur individuell geschehen kann, indem ein Paar, vom »Sex-Machen« zur körperlichen, selbstregulierten, energetischen Liebe übergeht. Jeder wichtige Entwicklungsschritt der Menschheit kann nur zunächst einmal von einzelnen Menschen unternommen werden. Es geht also darum, einen Weg zu finden, der nicht abhängig macht von Fachleuten, also von Therapeuten oder Ärzten, aber auch nicht von Gurus und esoterischen Glaubensvorstellungen. Fachleute – aber nur diejenigen, die diesen Entwicklungsschritt für sich selbst umgesetzt haben – könnten irgendwann die wichtige Funktion übernehmen, eine Starthilfe und Supervision zu geben. Es geht darum, dass diejenigen, die verstanden haben, ihr Wissen an andere weitergeben. Wenn ihr beide versteht, worum es geht und wie es funktioniert, könnt ihr euch retten. Und wenn ihr beide das könnt, kann es auch jedes andere Paar, wenn es nur will. Wie errettet sich die Menschheit vor der Tragödie, dass fast alle sexuell unglücklich sind? Jedes Paar errettet sich selbst und gibt ein Beispiel. Natürlicherweise wird dieses Beispiel in der Familie gelebt: Erwachsene geben ihr Wissen an die nächste Generation weiter – nicht nur in Form von verbaler Aufklärung, sondern indem die Wahrheit im Sinne der *Kinder der Zukunft* gelebt wird. Charakterlich gesunde Kinder können nur in einem Umfeld aufwachsen, in dem Erwachsene ihre eigene Sexualität und die ihrer Kinder als Quelle des Lebens zu schützen wissen.

Wilhelm Reich hat den ersten Impuls gegeben, Barry Long einen weiteren. Ich gebe wieder einen und dann macht ihr weiter – irgendwann werden die Impulse zünden und die Mehrheit der Menschen erreichen. Unter welchen Umständen dies geschehen wird – wer weiß?

Der Kampf der Geschlechter

Eine Frau und ein Mann sind nicht nur zwei Individuen mit ihren ganz persönlichen emotionellen, geistigen und körperlichen Mustern. Beide sind auch *die Frau* und *der Mann*. In jedem Menschen kristallisiert sich die Geschichte der Menschheit, die in vielen Tausend Generationen zwischen Frauen und Männern entstanden ist. Und das geschieht auch zwischen allen anderen Frauen und Männern. Nur so findet die Geschichte ihren Lauf. Die menschliche Geschichte besteht ausschließlich aus Einzelschicksalen, ein Gewebe aus Milliarden von Fäden. Das ist es, was der Begriff »Tantra« bedeutet: »Gewebe«. Und genau dieses Gewebe ist gemeint: der einzelne Mensch, der dennoch allgemeine, kosmische Bedeutung hat, denn es gibt nichts anderes. Auch das komplexeste Gewebe besteht nur aus vielen einzelnen Fäden, die andererseits wieder auch nur ein einziger Faden sind.

Nie gab es *die Geschichte*, immer waren da nur ein Mann und eine Frau, die einander gegenüberstehen, sich begegnen, sich lieben oder bekämpfen. Es gibt immer nur das Jetzt. Nie hat ein Mensch in der Vergangenheit gelebt, nie hat jemand die Zukunft erblickt – Vergangenheit und Zukunft sind nur Gedankenspiele. Und doch schreibt jeder Mensch die Geschichte weiter, erschafft einen Teil des Gewebes innerhalb der Zeit und im Jetzt. Jeder kann das Ganze und damit auch die Zukunft verändern, indem er sich verändert. Jeder tut es für sich selbst und für alle, die nach ihm kommen.

Als ich meiner Partnerin begegnet bin, hat sie mich mit Barry Long, beziehungsweise mit seinem Buch »Sexuelle Liebe auf göttliche Weise« konfrontiert und mit ihrem Wunsch, das in unserer Sexualität umzusetzen. Und ich habe Wilhelm Reichs Lehre von der Funktion des Orgasmus eingebracht, die für mich seit dreißig Jahren als höchste, wissenschaftlich fundierte Wahrheit über die menschliche Sexualität galt. Und so standen sich diese beiden Systeme wie Machtblöcke gegenüber: Tantra contra orgastischer Sex – Sexualität ohne Ziel contra Orgasmusreflex – Emotionslosigkeit contra freier Ausdruck der Emotionen.

Ich habe mich dann eingehend mit Barry Long beschäftigt und ihn verstanden. Ich fühlte, dass er einfach recht hat, auch wenn seine Lehre dem, was Wilhelm Reich über Sexualität sagt, erst einmal deutlich zu widersprechen scheint. Und wenn auch das, was Barry Long sagt, voller Esoterik und unbelegbarer Behauptungen ist, finde ich darin dennoch Wahrheit. Ich habe die Botschaft verstanden, dass es eine andere Sexualität geben kann, eine die tatsächlich Erfüllung bietet, jenseits von emotioneller Erregung und Befriedigung: dass es Liebe geben kann in der körperlichen Vereinigung, dass es meine Aufgabe als Mann ist, der Frau die Liebe zu bringen, und nicht, bei ihr Erregung und Orgasmus herzustellen, damit ich dann auch etwas davon abbekomme. Ich war bereit, meine über Jahrzehnte so sorgfältig aufgebaute Wahrheit über das Wesen der Sexualität fallenzulassen und diese andere Sexualität zu suchen und zu leben. Ich war auch bereit, hinzusehen und hinter meinen Idealen vom perfekten Orgasmus die ziemlich schäbige Realität meiner tatsächlich gelebten Sexualität zu sehen. Ich musste zugeben: Ich wusste nicht, was die Liebe – die körperliche Liebe – ist.

Ich musste auch mit Schrecken feststellen, dass ich anfangs nicht fähig war, diese andere, einfache Sexualität zu leben. Wenn ich auch bis zu einem gewissen Grad verstanden hatte, worum es geht – soweit man das überhaupt über den Verstand erfassen kann – hieß das lange noch nicht, dass ich es einfach umsetzen konnte. Der Wunsch nach emotioneller Befriedigung in der genitalen Vereinigung hat mich weiterhin mit Macht dahin gedrängt, einen Orgasmus zu machen. Ich habe erlebt, dass das Sex-Machen, die Reibung, die Steigerung meiner Erregung, so sehr im Vordergrund meiner Empfindungen stand, dass ich damit die energetische Liebe nicht zulassen konnte. Ich fühlte mich wie ein Süchtiger, dem der Stoff entzogen wird.

Ich konnte auch feststellen, dass es ihr nicht anders erging. Auch sie steckte in emotionellen Mustern fest, die bei ihr jedoch darauf hinausliefen, die Lust zu leugnen, um damit emotionellen Schmerz zu isolieren. Sie versuchte, Sex so weit wie möglich zu vermeiden und suchte nach einer idealisierten, unkörperlichen Liebe – mit dem Ergebnis, damit jede Erregung sexueller Lust zu verhindern und Liebe auf »ein gutes Gefühl« zu reduzieren.

Wir waren also in der Situation, die Geschichte der Menschheit in unserer Beziehung widerzuspiegeln: Wir fühlten uns anfangs wild zueinander hingezogen, erregten uns gegenseitig, um die orgastische Befriedigung zu erleben – und dann folgten die damit verbundenen emotionellen Verflechtungen, der Schmerz. Ich wollte die erregende Erfahrung immer wieder, wollte so oft wie möglich Sex. Für sie war das zu oft. Sie begann, sich mir zu entziehen. Ich hatte das Gefühl, sie lässt mich zappeln und betteln. Sie hatte das Gefühl, bedrängt zu werden. Ich fühlte mich von ihr vernachlässigt. Sie entwickelte Lustfeindlichkeit und Widerwillen. Es ist das, was viele andere Paare auch erleben. Ich kenne kein Paar, bei dem die Lust auf dem erregenden Niveau der anfänglichen Verliebtheit erhalten blieb oder sogar mehr wurde. Ich kennen keinen Mann, der nicht auf die eine oder andere Weise das Gefühl hatte, mehr zu wollen, und keine Frau, der es nicht zu viel wurde. Natürlich wird es auch den umgekehrten Fall geben – doch wohl viel seltener.

Wenn sich also in jeder Frau und in jedem Mann die Geschichte der Menschheit kristallisiert, dann lohnt sich ein genauerer Blick auf diese Geschichte. Dann ist es vielleicht einfacher zu verstehen und zu fühlen, worin sich diese Geschichte im Erleben und Handeln, in Gedanken und Gefühlen ausdrückt.

Jahrtausende lang waren Frauen das Eigentum von Männern. Die Frau: ein Ding, das der Mann besitzt. Wenn ich heute auf islamische Gesellschaften sehe, wo das patriarchalische Recht des Mannes an der Frau noch offen formuliert wird, fühle ich Abscheu. Allzu leicht vergesse ich, dass die westlichen Gesellschaften gerade erst im 19. und 20. Jahrhundert begonnen haben, die gesetzliche Gleichstellung von Männern und Frauen herzustellen. Und wenn entsprechende Gesetze auch bereits gelten mögen, ist die Gleichberechtigung noch lange nicht umgesetzt. Es gibt immer noch ungleiche Bezahlung gleichwertiger Arbeit. Es gibt viel weniger Frauen in leitenden Funktionen. Es gibt viel mehr Frauen in schlecht qualifizierten Berufen. Und es gibt Millionen Sex-Sklavinnen.

Die einfache Frage lautet hier: Warum ist die Gleichstellung auch nach vielen Jahrzehnten noch nicht umgesetzt, obwohl alle gesetzlichen und sozialen Bedingungen dies möglich machen? Die Antwort liegt in der Charakterstruktur jedes einzelnen Menschen. Es sind die körperlichen, emotionellen und geistigen Strukturen in jedem Menschen – auch in mir und in dir – neurotische Menschen »bleiben sitzen«, so formulierte es Wilhelm Reich.

Wenn die Ungleichheit zwischen Mann und Frau immer noch in diesen recht oberflächlich sichtbaren Eigenschaften wie Bezahlung, Karriere und Bildung zu finden ist, wie viel mehr ist sie noch in den emotionellen Beziehungen enthalten, die nicht gesetzlich geregelt werden können, sondern die von Generation zu Generation ausschließlich über Gefühle, Sprache, Bilder und unterschwellige Wertebildung weitergegeben werden? Unterschwellig sind die Werte deshalb, weil sie unterhalb der Schwelle dessen ablaufen, was den Menschen als Wirklichkeit bewusst wird. Dennoch ist diese Wirklichkeit da.

Am deutlichsten ist es darin zu sehen, wie das Bild der Frau als Lustobjekt vermarktet wird. In keiner Kultur ist jemals der nackte Frauenkörper so sehr zur Schau gestellt worden. Hier wird eine ganz bestimmte sexuelle Haltung Tag für Tag millionenfach eingeübt: die Erregung des Mannes als öffentliches Ereignis. Wenn Frauen in dieser Weise erregbar wären – die Werbeindustrie hätte es bestimmt entdeckt. Offenbar gilt diese Form der Erregung fast ausschließlich für die männliche Sexualität.

Sieh dir »Wer wird Millionär« an und achte darauf, wie Günter Jauch einen männlichen Professor anredet und wie er mit einer jungen Blondine umgeht. Aber auch der Unterschied, wie er eine 25jährige Frau und eine von 65 Jahren behandelt, ist bemerkenswert. Ich will gar nicht behaupten, dass Herr Jauch besonders machohaft ist. Ganz im Gegenteil: Er verkörpert den eher liberal-konservativen deutschen Intellektuellen. Ein Mann, der auf viele Frauen wahrscheinlich sehr anziehend wirkt. Eine Mehrheit der Deutschen würde Jauch zum Bundespräsidenten wählen.

Dennoch ist sein Verhalten bemerkenswert unbewusst patriarchalisch. So wie er – zumindest früher – Frauen als »blonde Dummchen« mit Bemerkungen abgewertet hat und in voller Absicht in die Irre führte oder generös die Lösung einer Frage suggerierte, hat er keine männliche Autoritätsperson angesprochen und verwirrt. Bei Frauen war die Attraktivität der äußeren Aufmachung Thema, die selbst bei einem offensichtlich attraktiven Mann nie erwähnt wurde. Mit Männern sprach er über die Eigenschaften des Autos, das diese sich vom Gewinn kaufen wollen. Es ist äußerst aufschlussreich, einige Sendungen unter diesem Aspekt zu analysieren, denn es zeigt die Atmosphäre eines sich auflösenden Patriarchats, das sich aber immer wieder regeneriert. Was in Gesprächen zwischen Männern als lustige Bemerkungen daherkommt, als vermeintlicher Scherz, ist oft, genau betrachtet, eine direkte oder indirekte Abwertung von Frauen, ihre Reduzierung zu einem Sexualobjekt, wenn sie jung und attraktiv sind oder ihre Missachtung, wenn sie älter sind oder nicht dem Schönheitsideal entsprechen.

Noch in der Generation meiner Eltern durften Ehefrauen nicht ohne Erlaubnis des Mannes arbeiten gehen oder sich Geld leihen. Ist da der Unterschied zu islamistischen Gesellschaften so groß, in denen Frauen nicht alleine Auto fahren, öffentlich singen oder verreisen dürfen und das Tragen des Schleiers von religiösen Sittenwächtern überwacht wird? Es ist lediglich ein Zeitunterschied von wenigen Generationen.

Die Menschen in den westlichen Industrienationen sind also nicht so viel weiter in der Entwicklung zu einer gleichberechtigten Gesellschaft. Bis in meine Generation gab es das Recht auf »die Erfüllung der ehelichen Pflichten«, und erst vor wenigen Jahren wurde Vergewaltigung in der Ehe strafbar. Das Eigentum des Mannes an der Frau, sein Besitzrecht an ihrem Körper, kann nicht per Gesetz abgeschafft werden. Das Gesetz ist ein erster Schritt. Das Patriarchat lebt jedoch in Ideen und in den Charakterstrukturen über viele Generationen weiter.

Sex und Vergewaltigung

Fast ausschließlich Männer sind in der Lage zu vergewaltigen, und in Kriegen wird heute wie vor tausend Jahren die Vergewaltigung entweder stillschweigend zugelassen oder direkt als Methode der Unterwerfung, der Einschüchterung und der ethnischen Vernichtung eingesetzt. Und es ist wohl unbestritten, dass jede Vergewaltigung eine Zerstörung der Persönlichkeit des Opfers hervorruft. Hinzu kommt, dass Opfer dazu neigen, selbst wieder zu Tätern zu werden, indem sie die erlittene Grausamkeit in ihrem Verhalten an die nächste Generation weitergeben.

Es war für mich immer bedeutsam, dass es Männer sind – ganz normale Männer wie ich – die im Krieg vergewaltigen und dabei Lust empfinden können. Der Film »Die Verdammten des Krieges«, bezieht sich auf eine authentische Geschichte aus dem Vietnamkrieg, die auch im Film »o.k.« von Michael Verhoeven geschildert wurde. Er stellt dar, dass Gruppen-Vergewaltigungen auch in den angeblich so aufgeklärten Industriegesellschaften geschehen. Auch in den Jugoslawien-Kriegen zum Ende des 20. Jahrhunderts wurde Vergewaltigung systematisch von staatlichen Armeen und den verschiedenen Warlords eingesetzt, um die sozialen Beziehungen der Feinde an ihrer Basis zu zerstören, denn vergewaltigte Frauen wurden danach zusätzlich von ihren Männern und Familien verachtet, oft sogar vertrieben. Und die Soldaten, die dies getan haben, waren ganz normale Männer, die heute als Bürger in ihren Gemeinden und oft auch als Emigranten unter uns leben. Erst zum Ende des 20. Jahrhunderts wurde Vergewaltigung im Krieg von der UN-Menschenrechtskommission als Kriegsverbrechen gegen die Menschlichkeit qualifiziert. Erst damit wurde Vergewaltigung bei Kriegshandlungen zu einem Delikt erhoben, das auch außerhalb der Militärgerichtsbarkeit verfolgt werden kann. Ich behaupte, dass – so wie jede Frau ein potentielles Vergewaltigungsopfer ist – jeder Mann unter bestimmten Voraussetzungen zum Vergewaltiger werden kann. Es sind nicht nur die Umstände, die aufgeklärte, zivilisierte Männer zum Täter machen. Das, was Männer zu Tätern macht, ist in ihnen, ist Teil ihrer Charakterstruktur. Es ist die *emotionelle Pest*, eine besondere Spielart des neurotischen Charakters.

Wilhelm Reich hat in seinem Buch »Die Massenpsychologie des Faschismus« beschrieben, wie persönliche neurotische Strukturen, wenn sie gesellschaftlich verstärkt werden, bei jedem Menschen das ausbrechen lassen, was Reich die »emotionelle Pest« nennt. Die »normal-neurotischen« Elemente wie zum Beispiel Autoritätshörigkeit, Angst vor Versagen oder eine ungelöste Mutterbindung werden nicht mehr als persönliche Beschränkung erlebt. Durch die soziale Verstärkung erhalten neurotische Muster und Verhaltensweisen plötzlich den Anschein, etwas besonders Wertvolles, Edles, Erstrebenswertes zu sein. Autoritätsangst wird zur Führerverehrung, Selbstverachtung wird zur Glorifizierung des Heldentods für das Vaterland und Minderwertigkeitsgefühle werden zum Rassenwahn.

Die emotionelle Pest kann in einer entsprechenden Situation sofort ausbrechen, wenn eine gezielte Verstärkung neurotischer Strukturen geschieht. Eine solche Verstärkung ist zum Beispiel in einer Kriegssituation der soziale Anpassungsdruck in einer Gruppe von Soldaten, verbunden mit dem Irrtum persönlicher Verantwortungslosigkeit (Handeln auf Befehl). Und schon werden brave Familienväter und anständige Söhne zu Vergewaltigern. Selbst Kindersoldaten fallen über Frauen her. Und auch die Bereitschaft völlig normaler Menschen, die jüdischen Nachbarn auszugrenzen, ihren Transport ins KZ hinzunehmen und sich nachher ihre Wohnung oder den verwaisten Betrieb anzueignen, ist nur so zu erklären. Ebenso, dass manche türkische Männer bereit sind, ihre Töchter oder Schwestern umzubringen, weil sie behaupten, dass sie »die Familienehre verletzt« hätten. Die organisierte emotionelle Pest nutzt diese außer Rand und Band geratenen neurotischen Strukturen für politische Zwecke. Der Nationalsozialismus ist ein Beispiel dafür, aber auch die chinesische Kulturrevolution oder der islamistische Staat, der die Schari'a, also archaische, oft grausame Strafnormen als Recht einsetzt.

Ich selbst habe mich in die Hände der emotionellen Pest gegeben, als ich 1976 in einer Sexkommune – der AAO des Aktionskünstlers Otto Muehl – erlebt habe, wie einfach und komplett eine Gehirnwäsche funktionieren kann und wie schnell ich zu Handlungen bereit war, die ich vorher und nachher als absolut unakzeptabel und moralisch verwerflich empfunden habe. Für mich war die Erkenntnis, wozu ich fähig bin, einerseits erschreckend. Andererseits kann ich seither nicht mehr die Tatsache leugnen, zu wissen, wer ich auch bin: Dass *der Faschist* als Struktur in mir existiert und wachgerufen werden kann. Andere Männer haben diese oder eine ähnliche Situation nicht erlebt und können sich ein schlafendes »gutes Gewissen« gönnen. Sie glauben, sie wären zu so etwas wie politischem Extremismus oder zu sexuellen Exzessen nicht fähig. Aber diese Haltung ist die blanke Ignoranz. Sie wissen nicht, wozu ihre neurotische Charakterstruktur fähig ist, wenn sie nur entsprechend gezielt verstärkt wird. Bei den meisten reicht ein Lottogewinn zur Verstärkung aus, bei vielen anderen genügt schon eine Reise nach Mallorca oder nach Thailand – und schon sind ihre ungeschriebenen Gesetze von bürgerlichem Anstand und sexueller Zurückhaltung vergessen.

Fragst du, was all dieses grausame Zeug mit der energetischen Sexualität zu tun hat? Sollte ich nicht über eine neue, sich auf Liebe gründende, vertrauensvolle, hingabevolle Sexualität sprechen? Es ist der Aspekt, der mir in fast allen Büchern über eine neue Sexualität fehlt, in Neo-Tantra-Büchern oder in Ratgebern wie »Der Multiorgasmus des Mannes«. Wenn sich Frauen verweigern und Männer nicht mehr dazu fähig sind, tief zu empfinden, dann ist es gut, sich ansehen, in welche Gesellschaft du hinein geboren wurdest und wie das Elend zwischen Mann und Frau begann. Wenn du immer noch glaubst, dass du nur an einer Schraube drehen und deine Technik oder Einstellung verändern musst, und schon ist wieder alles okay, wirst du wieder einmal scheitern und noch frustrierter aufgeben.

Es ist also Zeit, zu begreifen, dass du die Geschichte der Menschheit als emotionelle Wirklichkeit mit dir führst, und dass du dich dementsprechend verhältst. Was hat das also mit deiner eigenen Sexualität zu tun? Neurosen sind Blockaden im Energiesystem der Menschen. Es ist die verdrängte latente Angst, die sich immer wieder dieselben Wege schafft, sich auszudrücken und zu erneuern: als chronisch kontrahierte Muskulatur, als automatisch ablaufende Emotionen, als Zwangsvorstellungen und Ideologien. Diese chronische Verhärtung ist die Charakterstruktur. Es ist Energie, die nicht mehr fließt, weil sie in vielen chronisch verspannten Muskeln (der unwillkürlichen, vegetativen Muskulatur, also etwa der Atmung und der Verdauung) verbraucht wird. Dort wo Muskeln chronisch Arbeit leisten, verbrauchen sie Energie, die dann nicht mehr frei fließen kann.

Natürlich sind Frauen davon genauso betroffen wie Männer. Aber ich bin ein Mann und ich erlebe die Angst vor Hingabe auf männliche Weise. Und das drückt sich in der Sexualität zuallererst auch als Lust am mechanischen Sex aus. Die Lust wird auf den Penis reduziert und auf wenige erogene Körperpartien, zum Beispiel die Brustwarzen und die Lippen. Da die Hingabe an das lebendige Strömen, an die Wellen von Energie im Körper durch die vielen Blockaden gebrochen ist, geht es nur noch um mechanische Steigerung von Erregung. Der Orgasmus ist dann die Entladung dieser künstlich geschaffenen Erregung über Zuckungen im Becken und des Genitals.

Männer können diese Lust und den Orgasmus, der auf den Penis reduziert ist, auch noch in der größten Angst, im Stress und selbst in der Panik erleben. Darin unterscheiden sind Männer grundlegend von den meisten Frauen, die Lust in Verbindung mit Angst nicht in dieser Intensität erleben und schon gar nicht genießen können. Und das ist auch der Grund, warum fast ausschließich Männer vergewaltigen können und Frauen nicht.

Ich kann mich gut erinnern, dass ich als 13jähriger Schüler in den letzten Minuten einer Mathearbeit einen Orgasmus bekam. Ich konnte einen Teil der Aufgaben aus Zeitmangel nicht lösen. Der enorme Stress und die Panik zu versagen entluden sich in einen heftigen (leisen) Orgasmus. Ich habe nie eine Frau vergewaltigt. Aber wenn ich einen Film wie »Die Verdammten des Krieges« sehe oder einen anderen Film, in dem Vergewaltigung realistisch dargestellt wird, kann ich die Lust der Männer durchaus nachvollziehen. Ich weiß einfach, was in den Männern geschieht, in mir lebt eine Erinnerung, die aus der Geschichte aller Männer stammt. Und bis zu einem gewissen Grad geschieht es dann auch in mir. Ich erlebe die Faszination der Vergewaltigung als passiver Betrachter in einer Mischung aus Abscheu und Lust. Es ist letztlich die enorm verstärkte Angst, der pervertierte Wille, die eigene emotionalisierte Erregung in der nicht gebremsten Macht über einen anderen Menschen zu entladen. Die Todesangst der Frau, die Gewalt, die Perversion der gesamten Situation – all das steigert die Erregung ins Unermessliche. Es ist ein emotioneller Rausch.

Ich habe lange nicht verstanden, warum nur Männer in der Lage sind zu vergewaltigen, bis ich es mir eingestehen konnte: Es ist die normale männliche Sexualität. Sie basiert darauf, dass die emotionelle Erregung durch die Verstärkung der körperlichen Blockaden so weit angefacht und immer höher getrieben wird, bis sie in der orgastischen Entladung mündet. Es geht nicht um eine intime, liebevolle Verbindung, nicht um Vertrauen oder Hingabe. Es geht nur um emotionelle Erregung und deren Entladung. Das ist im Prinzip nichts anderes als eine milde Form von Vergewaltigung, denn die Frau ist hier tatsächlich nur das Lustobjekt. Ihr Aussehen, ihre Jugend, ihre Geschicklichkeit und Geschmeidigkeit und vor allem ihre Fähigkeit, dem Mann zu zeigen, dass sie *es* genauso will wie er, ist wichtiger als Liebe und Nähe. Dass Vergewaltigung nicht noch häufiger geschieht, liegt daran, dass es eine enorm hohe moralische – und auch juristische – Schwelle gibt, eine Frau gegen ihren Willen zu nehmen. Aber Vergewaltigung ist nicht selten. Ich weiß von einigen Fällen in meinem sozialen Umfeld. Meine erste Freundin (sie war 14 und ich 15) wurde häufig von ihrem Stiefvater vergewaltigt, während wir uns nicht getrauten, über Petting hinauszugehen. Ich habe das erst dreißig Jahre später erfahren.

Einerseits ist also der normale Sex zwischen Mann und Frau tendentiell wie eine Vergewaltigung, die auf gegenseitigem Einverständnis beruht – solange die Frau dabei auch Lust empfinden kann – oder wenigstens so tut als ob. Andererseits ergibt sich daraus die beunruhigende Tatsache, dass Vergewaltigung eben nichts anderes ist als normaler Sex, der dann eben einfach gegen das Einverständnis der Frau durchgezogen wird. Viele Männer sind bereit, in Ausnahmesituationen, in denen die »normalen Neurosen« sozial verstärkt werden (etwa Gruppendruck, Alkoholisierung, Autoritätsangst, sichere Straffreiheit) die moralische Schwelle zu überschreiten, mit einer Frau – und meist ist es die eigene Partnerin oder eine nahe Angehörige – gewaltsam gegen ihren Willen Sex zu haben.

> Aus einer Befragung des Emnid-Instiuts von 1986 zum Thema »Sexuelle Gewalt in der Ehe« geht hervor, dass zwischen 10 und 25% der Frauen, die in Ehe und eheähnlicher Beziehung leben, sexuelle Gewalt durch ihren Partner erleben. *(Diplomarbeit »Vergewaltigung in der Ehe« von Jörg Rudolph an der Fachhochschule Frankfurt am Main, WS 1996/97)*

Dazu ist zu sagen, dass Vergewaltigung in der Ehe erst seit 1997 strafbar und seit 2004 ein Offizialdelikt ist. Vergewaltigung in der Ehe beziehungsweise in festen Partnerschaften ist ein Massenphänomen.

> Eine Bevölkerungsbefragung in Deutschland zeigte, dass 14,5 Prozent aller Frauen mindestens einmal im Leben Opfer eines sexuellen Übergriffs werden. Repräsentative Studien in den USA fanden, dass 15 bis 25 Prozent aller Frauen im Laufe ihres Lebens mindestens

einmal vergewaltigt werden. – Allerdings wird angenommen, dass die Dunkelziffer von Vergewaltigungen zwei- bis hundertfach höher als die Zahl der polizeilichen Meldungen ist. *(Wikipedia)*

Die Verweigerung der Frau

Ich habe immer wieder erlebt, dass sich Frauen (die Frauen, mit denen ich gelebt habe und die Frauen der Männer, die ich kannte) nach einiger Zeit immer deutlicher vom Sex zurückzogen. In allen Beziehungen gab es eine verliebte Anfangsphase, in der täglicher lustvoller Sex möglich und von beiden erwünscht war. Aber diese Phase ging bei allen Paaren nach kurzer Zeit vorbei. Oft war es so, dass sich die Frau dann aus Liebe (oder auch aus Mitleid und um sich Nörgeleien zu ersparen) mehr oder weniger regelmäßig auf Sex eingelassen hat, weil sie mein Leid, meinen Druck, nicht mehr ertragen konnte. Das Einverständnis war dann oft ein Einlenken und Nachgeben, also ein sogenannter »Gnadenfick«. Und da dies dann allzu demütigend für sie und für mich war, versuchte sie oft, es sich nicht anmerken zu lassen. Es gibt nicht nur den Fake-Orgasmus, es gibt auch Fake-Lust-am-Sex. Wie oft hat eine Frau mit mir Sex gemacht, ohne innerlich wirklich beteiligt zu sein, oder sie hat währenddessen den Kontakt zu mir verloren und sich nicht getraut, es an diesem Punkt zu beenden? Deshalb ergriff sie jede Gelegenheit, wenn von ihr aus die Bereitschaft zum Sex da war, das heißt, wenn der emotionelle Widerstand nicht mehr ganz so groß war. Wenn in der Mauer der Absperrung eine Lücke auftauchte, konnte Sex geschehen, ja dann musste oft sofort Sex geschehen, bevor sich diese Lücke wieder schloss. Und das machte mich noch unruhiger, erhöhte den Druck, die Spannung und damit meine Geilheit. Denn da diese Situation prinzipiell jederzeit auftauchen konnte, musste ich auch ständig »unter Dampf stehen«. Natürlich hörte ich dann den Vorwurf, dass ich ständig notgeil sei und immer auf sie lauere. Sicher gilt dies nicht für jede Beziehung zwischen Mann und Frau, aber ich habe nie den umgekehrten Fall erlebt. Dass die Frau nicht genug Sex bekommen konnte und der Mann sich zurückzog, kenne ich nur aus schlechten Witzen oder billigen Filmen. Was ich aber oft erlebt habe: Die Frau kam sich minderwertig vor, weil sie keine Lust empfinden konnte, weil sie keinen Orgasmus bekam oder nur dann, wenn sie lange auf eine ganz bestimmte Weise stimuliert wurde, weil sie mich als ihren Partner liebte und gleichzeitig nicht fähig war, Nähe, Intimität und Zärtlichkeit mit Sex zu verbinden. Es lief immer wieder, in jeder Beziehung, darauf hinaus »dass etwas mit ihr nicht stimmt«: Mit mir – so glaubte ich – musste eigentlich alles in Ordnung sein. Ich war ein zärtlicher Liebhaber, achtete auf die Bedürfnisse der Frau, stimulierte sie lange und geduldig, oft bis sie in der Lage war, mit mir oder vor mir einen Orgasmus zu haben. Und ich konnte meine Erregung dabei stundenlang aufrecht erhalten, ohne vorzeitig zu ejakulieren. Mein Orgasmus war eher sanft fließend, fast nie ruckartig oder stoßend und oft konnte ich ihn als wellenförmige Entladung über den gesamten Körper hinweg erleben. Ich war zwar nicht völlig frei von Zuckungen im Becken und Bauch, aber im großen und ganzen erlebte ich ihn so, wie Wilhelm Reich den unbehinderten, vollständigen Orgasmus beschrieben hat, der den gesamten Körper wellenartig erfasst. Und so glaubte ich lange Zeit, das Problem müsste darin zu finden sein, dass ich eben keine Frau fand, die ebenso weitgehend orgastisch potent war wie ich. War es also tatsächlich so, dass etwas mit ihr nicht stimmte?

Ich habe so ziemlich jedes Drama erlebt, das üblicherweise in Beziehungen stattfindet. Natürlich habe ich an mir gezweifelt,vor allem, wenn mir heftige Vorwürfe entgegengebracht wurden. Ich habe mich – wenn die Beziehungen stagnierten oder beendet waren – meist gar nicht mehr als emotionell gesund erlebt sondern ganz im Gegenteil: Ich verstand nicht, warum ich mich so krank und elend fühlte. Ich wusste nicht, was eigentlich falsch läuft. Inzwischen kann ich die typische Verweigerung der Frau gegenüber dem männlichen Sex sehr gut verstehen. Ich sehe ihre sexuelle Verweigerung eher als einen Akt der Gesundheit. Es ist ihr Bedürfnis, sich einer auf Gewalt und Druck, auf gemachte Erregung aufbauenden Sexualität zu entziehen. Und das können sich eigentlich nur recht starke, selbstbewusste und spirituell eigenständige Frauen leisten. Die Weibchen und Püppis, die noch zum starken Mann aufschauen, werden weniger. Das jahrhundertelang dominierende Bild von der unterlegenen Frau, die selbst gar keine Lust erfahren will, ist glücklicherweise – wenigstens in unserer Kultur – dabei auszusterben. Aber aus arabischen, süd- und osteuropäischen, afrikanischen und asiatischen Kulturen kommt Nachschub an devoten Frauen und an Machos, und so wird das Patriarchat angesichts der Globalisierung noch einige Jahrhunderte überleben.

Mit dem Akt der sexuellen Verweigerung geht jedoch sehr oft auch ein umgekehrter Machtmissbrauch einher, den jeder Mann und jede Frau kennt. Indem die Frau die *Ware Sex* in der Beziehung knapp hält, kann sie ihren Preis hochtreiben und den Mann in ihrem Sinne manipulieren. Wenn sie Sex sowieso nicht mehr als erstrebenswert erlebt, hält sie das ideale Machtinstrument in ihren Händen. Sie besitzt etwas, was sie nicht braucht und was er unbedingt haben möchte. Und noch besser: Kaum hat er es bekommen, will er es wieder. Die Ware Sex wird zu einer »Wunscherfüllungsmaschine«, die sich einseitig in den Händen der Frau befindet. Unendlich viele Witze und Geschichten, aber auch Pornographie und Prostitution basieren darauf. Und auch der Hass der Männer auf Frauen hat hier seine Ursache.

Das ist also die Geschichte der Gewalt zwischen Mann und Frau. Das ist die Last, die einjeder mitbringt, wenn sich Männer und Frauen begegnen. Die Gewalt und der Missbrauch, den die Eltern, Großeltern und Urgroßeltern erlebt haben, Kriege und Vergewaltigungen, Frauenhandel, Sklaverei, Prostitution und Zuhälterei. Diese Gewalt zwischen den Geschlechtern wird auch heute noch in unserer Gesellschaft mehr oder weniger geduldet und nimmt in weiten Bereichen sogar noch zu. Manche Formen von sexueller Gewalt wie etwa Sextourismus, Telefon- und Internetsex bis hin zu Kinderpornographie sind erst in den letzten Jahrzehnten als große internationale Märkte entstanden.

Wie sich diese Gewalt in unserer Beziehung äußert: Ich, der Mann, versuche dich, die Frau, dazu zu bewegen, meine auf Erregung und genitale Befriedigung abzielende Sexualität als dein eigenes Bedürfnis zu empfinden. Ich will, dass du es genauso willst wie ich. Oder extremer ausgedrückt: Du sollst deiner täglichen Vergewaltigung zustimmen und sie möglichst auch noch lustvoll erleben, denn ich will ja schließlich in deinen Augen nicht als ein Monster erscheinen. Und du, die Frau, erlebst, dass diese männliche Sexualität deinen Bedürfnissen nicht entspricht. Denn du willst all das, was diese Sexualität nicht bietet: Nähe, Verbindlichkeit, Treue, Intimität, Zärtlichkeit, Hingabe, Vertrauen. Du willst

Liebe. Doch mein männlicher Sex will Erregung und Entladung, alles andere ist entbehrliches Beiwerk. Das fühlst du, auch wenn ich dir tausendmal meine Liebe gestehe, dir Blumen, Schmuck und Pferde schenke, dir Gedichte schreibe und mit dir Schuhe einkaufen gehe. Du fühlst, was es mit dem Sex auf sich hat – und irgendwann kotzt es dich einfach an.

Du nutzt die Macht, die sich daraus ergibt, etwas zu besitzen, was du nicht brauchst, was ich aber unbedingt haben will. Du kannst mich damit manipulieren und die Gewährung von Sex für deine Vorteile einsetzen – und sei es, um eine schon zerstörte Beziehung »um der Kinder willen« aufrechtzuerhalten.

Übertreibe ich? Denke ich mir etwas aus? Hast du das, was ich hier beschreibe, nicht schon selbst erlebt, schon selbst praktiziert? Bist du an diesen Konflikten nicht selbst schon gescheitert? Hast du noch nicht erlebt, dass Liebesbeziehungen daran zerbrochen sind? Nein? Dann bist du einer der wenigen glücklichen Menschen, die eine Beziehung leben, in der sich ein Mann und eine Frau gefunden haben, die ihre sexuellen Bedürfnisse zu 100% aufeinander abstimmen konnten. Oder du machst dir etwas vor, weil du nicht hinsiehst – das ist leider wahrscheinlicher.

Dieses Buch ist nichts für dich, wenn du dir noch immer einredest, dass in deiner Beziehung alles in Ordnung ist, obwohl du tief in dir fühst, dass da etwas nicht stimmt. Denn dann bist du immer noch damit beschäftigt, dich mit der süßen, klebrigen Droge romantischer Phantasien zu betäuben. Heb dir dieses Buch auf und lies es noch einmal in ein paar Monaten, wenn deine rosa Puppenstube zerbrochen ist. (Ich weiß: Ich bin wieder einmal polemisch geworden.)

Der Schmerzkörper und die sexuelle Erregung

Du hast in deinen Beziehungen die Geschichte der Menschheit, die Geschichte des Geschlechterkampfes, von Gewalt und Missbrauch als Angst erlebt: Angst vor Nähe, Angst vor Enttäuschung, Angst vor Verlust, Angst vor Ablehnung oder Vereinnahmung, Angst vor Lust und Angst vor Frigidität oder Impotenz. Die Ängste, die du seit früher Kindheit in vielen traumatischen Situationen erlebt, aber nicht verstanden und ins Unbewusste verdrängt hast, verankern sich in deiner Struktur. Sie bleiben dort als chronische Muskelkrämpfe lebendig, als emotionelles Unwohlsein und mentale Zwangshaltungen. Sie versorgen sich weiter mit Energie, die immer wieder in dieselben Strukturen hineinfließt und bleiben damit am Leben, haben eine eigene autonome Existenz. Deshalb willst du (natürlich unbewusst) immer wieder dieselben Ängste erleben, denn nur die Energie dieser Qualität kann die Blockaden ernähren. Wilhelm Reich nennt das den »Charakterpanzer«, Eckhart Tolle nennt es den »Schmerzkörper«. Und diesen Begriff benutze ich hier, weil er für meine Art der Betrachtung geeigneter ist. Er bezeichnet zwar dasselbe, führt aber heraus aus der engen Begrenzung, die ein medizinisch-psychiatrischer Begriff mit sich bringt.

Der Schmerzkörper ist die Ansammlung aller Blockaden, die sich als Schmerz der Menschheit in mir und dir verhält wie ein Lebewesen mit einem eigenen Willen. Er erwacht von Zeit zu Zeit und bringt mich dazu zu glauben, *dass ich der Schmerzkörper bin.* Er braucht die Erfahrung von Schmerz, um sich von der Energie der Angst zu ernähren, die ihn ursprünglich erschaffen hatte. Er tut dies vor allem, indem er andere Menschen anstachelt und manipuliert, ebenfalls Schmerz zu empfinden, bis diese endlich auch mir neuen Schmerz zufügen. Dann tauschen die Menschen untereinander Schmerz aus – als Beleidigungen, als Vorwürfe, als Beschimpfungen, als stille Verachtung, aber auch als Mobbing oder als sexuelle Erniedrigungen, als alle möglichen Formen von Gewalt. Der Schmerzkörper frisst sich daran satt, um sich danach wieder in das latente Stadium zurückzuziehen.

Enge emotionelle Beziehungen und besonders sexuelle Beziehungen sind der eigentliche Haupt-Spielplatz des Schmerzkörpers. Weil Frauen und Männer die Sexualität so unterschiedlich erfahren, und weil es normalerweise so wenig vernünftige Kommunikation über die sexuellen Erfahrungen, Wünsche und Schwierigkeiten gibt, kommt es sehr oft über das Thema Sex zu einem Ausbruch des Schmerzkörpers – entweder schon während des Sex oder kurz danach. Denn wie schon beschrieben wird die männliche Erregung durch Angst, Stress oder Gewalt nicht wirklich behindert, sondern geradezu angefacht. Deshalb spielt in dieser auf Erregung und Entladung zentrierten Sexualität der Schmerzkörper des Mannes eine so wichtige Rolle. Schmerz und Sex haben unmittelbar miteinander zu tun, bedingen sich gegenseitig über die Funktion der emotionellen Erregung.

Das ist bei machen Formen von Sex – zum Beispiel Sado- und Maso-Sex – unmittelbar sichtbar. Aber auch bei allen anderen sexuellen Spielformen, etwa bei Fetischen und bei Rollenspielen wie Domina-Sex, aber auch beim ganz alltäglichen »Blümchensex« geht es eigentlich nur darum, irgendwie auf eine hohe Erregung zu gelangen, damit diese dann entladen werden kann. Und viele, die sich darauf einlassen, erleben, dass die Intensität des (emotionellen oder körperlichen) Schmerz-Impulses immer weiter gesteigert werden muss, damit genug Erregung dabei herauskommt. Aber du brauchst gar nicht auf die sexuellen Extreme zu sehen, denn das verführt dich dazu zu verharmlosen, was du selbst tust. Die ganz normale Sexualität, bei der der Penis in der Vagina rhythmisch stoßend bewegt wird, um die Erregung zu steigern, basiert auf demselben Mechanismus: Die Körperempfindung wird auf einen mechanischen Reiz konzentriert, und Spannung wird im gesamten Körper aufgebaut. Da viele muskuläre Krämpfe im Organismus das Fließen der Energie verhindern, soll nur im Becken die Ladung konzentriert werden, was sich meist durch immer heftiger werdende Stoßbewegungen ausdrückt. Die Lustempfindung wird mit der Verstärkung der Krämpfe im gesamten Körper gesteigert, das heißt durch Anhalten des Atems, durch gezieltes und unwillkürliches Verkrampfen der Muskulatur des gesamten Körpers. So wird immer mehr Ladung in das Becken gepumpt. Je mehr Krämpfe ein Mensch hat, desto mehr Energie muss er aufwenden, um eine Ladung aufzubauen, die er benötigt, um die Schwelle zum Orgasmus zu überschreiten. Sieh dir mal einen Pornofilm an und sieh den Männern dabei in die Gesichter, die hart, ja oft grausam sind und bei denen man hinter der künstlichen, angestrengt dargestellten Lust den Schrecken sieht. Wenn er dann kurz vor dem Ejakulieren steht, ist sein Gesicht zur Maske erstarrt, alle Muskeln sind angespannt – es geht nur um die Entladung des Penis. So groß ist der Unterschied nicht zu dem, was viele Männer mit ihren Partnerinnen beim ganz normalen Sex erleben.

Bei dieser Art von Sex werden – etwa durch Pressatmung – die Krämpfe der unwillkürlichen Muskulatur aktiviert. Sie *sind* der Schmerzkörper. (Sie sind der körperliche Aspekt der Neurose.) Durch den Orgasmus will der Körper eigentlich all die überflüssige gestaute Energie loswerden. Aber das funktioniert nur teilweise, weil ein großer Teil der unwillkürlichen Muskeln sich nicht entspannen kann. Denn sie sind durch die Krämpfe chronisch verhärtet. So reduziert sich bei fast allen Menschen die orgastische Entladung nur auf das Becken: Das Becken und die Beine zucken, während in den anderen Körperregionen die Spannung weitgehend erhalten bleibt.

Die Erfahrung, die daraus folgt, kennen Menschen als postkoitale Depression. Die aktivierten, nun mit neuer Energie verstärkten Krämpfe setzen nach dem reduzierten Orgasmus, in den nächsten Stunden oder Tagen ihre Inhalte frei, weil sich die Energie nicht entladen konnte: Du erlebst den emotionellen und mentalen Inhalt des Schmerzkörpers. Dabei geht es nicht nur um Depressionen, sondern um alle Spielarten des Schmerzes: über Trauer, Versagensängste und emotionelle Kälte bis hin zu Aggression, Dumpfheit und Lebensüberdruss. Die harmloseste Form ist die Frage »Wie war ich?« oder »Hattest du auch deinen Spaß?« Das heißt konkret: Er hat es wirklich nicht mitbekommen, weil er nicht mit ihr zusammen war. Es ist der Ausdruck von Kontaktlosigkeit.

Natürlich erlebt das alles nicht nur der Mann, sondern auch die Frau. Aber während der Mann in der auf Schmerz aufbauenden Erregung noch Lust erlebt, die sich bis zum (genital impotenten) Orgasmus steigert, kann die Frau sich weitaus weniger auf diesen Schmerz-/Lust-Mechanismus einlassen und gibt irgendwann auf, meistens viel früher als der Mann. *Frauen haben also nicht deshalb weniger Orgasmen als Männer, weil sie gestörter sind, sondern weil sie viel weniger fähig sind, aus der Steigerung des Schmerzes Lust zu ziehen. Frauen haben also aus demselben Grund weniger Orgasmen, aus dem sie auch nicht in der Lage sind zu vergewaltigen.*

Wie du mit dem Schmerzkörper umgehen und einen vernünftigen Umgang mit ihm erlernen kannst, werde ich in diesem Buch ausführlich darlegen. Es handelt sich wie gesagt nicht um ein therapeutisches Konzept und um keine spirituelle Praxis. Es ist eine Art, erwachsen zu werden, das heißt bewusst und verantwortlich mit dem eigenen Leben umzugehen.

Ich behaupte nicht, dass dieser Weg einfach ist. Der Schmerzkörper reagiert eventuell besonders heftig, wenn du versuchst, deine Sexualität von Sex-Machen auf energetische Liebe umzustellen. Dann greifst du seine Lebensgrundlage an, und das lässt er sich nicht gefallen. Deshalb möchte ich nicht nur vermitteln, wie du und dein Partner eure Sexualität umstellen könnt – das wurde auf wenigen Seiten erklärt. Genauso wichtig ist es, zu lernen, mit dem Schmerzkörper umzugehen. Ich denke, ohne ein Bewusstsein davon kann dieser Prozess eigentlich nur zum Scheitern verurteilt sein. Denn es ist naiv, anzunehmen, eine solch radikale Veränderung im sexuellen Verhalten könnte ohne die heftige Gegenwehr des Schmerzkörpers geschehen.

Ich weiß, dieses Kapitel hat dich mit einem harten Stück Wirklichkeit konfrontiert und es scheint überhaupt nicht in das Thema einer spirituellen Sicht auf die Sexualität zu passen. Ich glaube trotz allem noch an die Liebe! Natürlich! Ich empfinde mich als einen tief romantischen Mann, der es als sein Lebensziel betrachtet, in inniger Liebe mit dir, mit der Frau, zu leben, dir so intim zu begegnen und dir so nah zu sein, wie es nur irgend möglich ist. Ich sehe mich als »den Mann«, als das männliche Prinzip, das sich nur dann als ganz erleben kann, wenn er sich mit dir »der Frau«, dem weiblichen Prinzip wieder vereinen kann – so dass wir die Trennung wieder vollständig aufheben. Widerspricht das nicht dem, was ich soeben so ausführlich über die Geschichte von Mann und Frau geschrieben habe, die sich in unseren Personen so unversöhnlich, ja feindlich gegenübersteht?

Ein süßlich verklärtes Bild von Liebesbeziehungen zu entwerfen, wird der Wirklichkeit nicht gerecht. Eine spirituelle Beziehung – darunter verstehe ich nicht, dass man zusammen meditiert, Räucherstäbchen abbrennen lässt und esoterische Rituale zelebriert. Es hat auch nichts mit Neo-Tantra-Sex und mit erotischer Massage zu tun – obwohl das alles auch nicht schaden wird. Unter einer spirituellen Beziehung verstehe ich eine, in der die Partner kompromisslos »Ja« sagen können zu dem, was jetzt und hier ist. Auch, wenn der Blick auf das, was da ist, höchst unangenehme Tatsachen zum Vorschein bringen mag. In einer spirituellen Beziehung könnt ihr euch von der männlichen, auf Erregung zielenden Sexualität befreien und euch wirkliche körperliche und seelische Liebe geben. Ihr braucht euch nicht mehr von der eigenen Lust zu distanzieren, euch nicht mehr vor der Angst aus alten Verletzungen zu schützen, und endlich eure gegenseitige Liebe annehmen und erwidern.

Kann man Liebe »machen«?

Der Ausdruck »Liebe machen« war mir immer suspekt. Denn Liebe ist schon da. Ich drücke sie aus, lebe sie. Wenn ich mit dir zusammen bin, geben wir der Liebe eine Form, mit unseren Körpern, in der Begegnung unserer Seelen. Aber *machen* wir die Liebe? Ist nicht *machen* genau das, was die Liebe bisher verhindert hat?

Ich habe lange nach einem Begriff gesucht, der ausdrücken kann, worum es uns geht:

- eine Sexualität, die den wahren Bedürfnissen der Frau und des Mannes entspricht;
- eine Sexualität, die die Jahrtausende währende Gewalt zwischen den Geschlechtern heilt;
- eine Sexualität, die das sexuelle Erleben des Partners genauso liebt und pflegt wie eigene sexuelle Empfindung;
- die genitale Vereinigung, die von jeder selbst-gemachten Erregung und von *allem* emotionellen Wollen befreit ist;
- die Erfahrung, dass es in der Sexualität nicht um Befriedigung geht, sondern um Erfüllung;
- die körperliche, emotionelle und geistige Begegnung im vollkommenen Annehmen von dir und mir, so wie wir jetzt tatsächlich sind;
- eine Begegnung unserer Seelen in der körperlichen Vereinigung;
- die Erkenntnis von Leerheit, Gegenwärtigkeit oder *Ich Bin* in der Sexualität.

Ich habe nur einen Begriff gefunden, der das ausdrückt: *Liebe* und *lieben.* Aber kaum ein Begriff ist so abgegriffen, mit so unzähligen widersprüchlichen Bedeutungen belastet. Und doch kenne ich andererseits keinen anderen.

Der Begriff »making love« (das ist der Original-Titel des Buchs von Barry Long *Sexuelle Liebe auf göttliche Weise*) für die sexuelle Vereinigung ist im englischen Sprachraum gebräuchlicher, als hierzulande das »Liebe machen«. Auch Barry Long hat keinen besseren gefunden. Und bei aller Hochachtung ihm gegenüber, werde ich bei all dem, was er schreibt und sagt, den Eindruck nicht los, dass auch er in der Sexualität noch immer zu viel macht. Das drückt sich auch darin aus, dass er sich als den »einzigen westlichen Tantra-Meister« bezeichnete und damit auch die Idee von Promiskuität verband: dass er mit bis zu fünf Frauen parallel Sexualität hatte. Barry Long ist 2003 an Prostatakrebs gestorben, der Form von Krebs, die üblicherweise mit sexueller Resignation einhergeht. Auch wenn er sich selbst als erleuchtet bezeichnete, sehe ich in dieser Art von Tantra die deutlichen Spuren eines spirituellen Egos. Seine Erkenntnisse über die menschliche Sexualität werden dadurch in meinem Verständnis jedoch nicht abgewertet, sondern bleiben wertvoll und einzigartig.

Die Sprache scheint nicht besonders geeignet zu sein, das schönste, intensivste, intimste und verbindendste Erlebnis zwischen zwei Menschen auszudrücken. Was sage ich zu dir, wenn ich mit dir sexuell zusammenkommen will, und was will ich von dir hören? Ich höre, wie wir beide es umschreiben: »Magst du, dass ich zu dir komme?« »Willst du mit mir ins Bett gehen?« »Ich möchte jetzt mit dir zusammen sein.« »Ich will dich in mir (und mich in dir) fühlen.« Ich vermeide die Ausdrücke, die ich in meiner Lebensgeschichte auch schon benutzt habe wie: »Wollen wir vögeln?« »Ich mag jetzt ficken.« »Willst du mit mir bumsen?«»Bist du heute schon verabredet?« »Ich habe Lust auf dich.« »Wollen wir Sex machen?« »Ich möchte mit dir schlafen.«

Es ist klar: Meine Sprache drückt aus, auf welchem Niveau die Sexualität geschieht, und ich habe alle Veranlassung, mir darüber Gedanken zu machen, was ich dir sage – und warum. Denn ich zeige dir damit, wer ich bin und wer du für mich bist. Und ich verstehe mich selbst. Ich verstehe, dass ich eine gewaltsame, missbräuchliche männliche Sexualität gelebt habe und zum Teil immer noch lebe, weil ich die Unbewusstheit nicht durch einen Willensakt bewältigen kann, sondern nur durch Erkenntnis und durch das Zulassen meiner latenten Angst und das bewusste Belassen des Schmerzkörpers. Ich verstehe und lasse die Tatsache an mich heran, dass ich das gelebt habe, was seit vielen Generationen zwischen Männern und Frauen als stummer Kampf zwischen Vertrauen und Missbrauch,

Hingabe und Ablehnung, Lust und Schmerz gelebt wurde. Ich verstehe, dass das aufhören muss – jetzt.

Wenn ich also keine angemessene Sprache habe – könnte es daran liegen, dass ich selbst nicht weiß, worum es geht? Dass ich erst lerne zu erkennen, was ich dir, der Frau, angetan habe und immer noch antue? Dass ich die Geschichte grausamer männlicher Sexualität als mein eigenes alltägliches Verhalten dir gegenüber in die Beziehung trage?

Wenn ich keine Sprache habe, dann deshalb, weil mir die notwendigen Gedanken fehlen, weil das Wesentliche unbewusst bleiben musste, denn Unbewusstheit ist der entscheidende Motor des Schmerzkörpers. Erst jetzt keimt ein Erkennen. Ich beginne, den Schmerz zu verstehen, den ich dir angetan habe wie alle anderen Männer, die nicht anders waren als ich.

Und weil du auch keine Worte findest, zeigst du einfach stummen Protest. Wenn du dich von der männlich geprägten Sexualität zurückziehst, dich mir entziehst, wie du dich auch anderen Partnern entzogen hast – dann, weil auch dir die Gedanken fehlen. Du liebst mich. Das fühle ich. Du weißt, dass ich dir nichts tun will. Du fühlst, dass du mir nahe sein willst – und doch ist dir Sex zuwider, der auf Erregung beruht und allein zum Orgasmus strebt. Ich bin *der Mann* und repräsentiere diesen Sex ganz konkret. Du spürst dort Widerwillen, wo du dich doch eigentlich zu mir hingezogen fühlen möchtest und bist verwirrt und sprachlos.

Du bist in keiner anderen Situation als ich. Du empfindest sie nur von der anderen Seite. Und unsere Sprache und unsere Sprachlosigkeit drücken aus, was wir sind: sprachlose, gedankenlose Opfer und Täter in einem. Können wir also *uns lieben* anstatt *Liebe zu machen*? Was ich wirklich will: Ich will mit dir zusammen sein, will dass wir uns genital vereinen und dann nichts machen sondern alles zulassen, was geschieht – die lange stille Vereinigung genauso wie das hingebungsvolle, kraftvolle Ficken. Es kann noch leichter sein, noch einfacher, wir können noch weniger tun. Ich beginne, wirklich zu erleben, dass es eine andere Sexualität gibt, die uns dort gemeinsame Erfüllung gibt, wo bisher bestenfalls gegenseitige Befriedigung war.

Ich habe verstanden, dass ich in diesem Prozess der Veränderung meinem und deinem Schmerz begegne; dass es nicht möglich ist, einfach ein anderes Verhalten oder ein verändertes Verständnis zu entwickeln und dann ist alles wieder gut. Nichts ist gut. Ich sehe hin, sehe in den Abgrund der Lieblosigkeit, die ich gelebt habe. Ich sehe deinen Schmerz, als den Schmerz, den ich dir und anderen Frauen angetan habe. Ich erlebe die Furie in dir und was sie mir und anderen Männern angetan hat. Und immer noch ist da Liebe. Immer noch fühlen wir die Anziehung. Wir vergeben uns – nicht mit dem Verstand – wir vergeben uns, indem wir nichts mehr tun, nichts mehr wollen, nichts mehr *machen*.

Die erste sexuelle Revolution

Bevor ich beschreibe, was ich unter der »zweiten sexuellen Revolution« verstehe, will ich deutlicher ausführen, was es aus meiner Sicht mit der ersten sexuellen Revolution auf sich hatte.

Als 1971 die deutsche Ausgabe von Wilhelm Reichs Buch »Die sexuelle Revolution« wieder aufgelegt wurde, studierte ich seit einem Jahr an der Freien Universität Berlin Politikwissenschaft, Publizistik, Germanistik und Erziehungswissenschaft. Es war die Blütezeit der Studentenrevolte. In allen Studiengängen wurden marxistische Grundlagen gelehrt, und die Studenten fühlten sich als Speerspitze einer grundsätzlichen gesellschaftlichen Veränderung, einer kurz bevorstehenden sozialistischen Revolution in Deutschland und in der gesamten westlichen Welt, die systematisch vorbereitet werden sollte. Fast alle linken Studenten waren überzeugt, dass diese Revolution kurz bevorstand, und wir sahen es als unsere Aufgabe an, die Fehler der Revolutionen in Russland und China und erst recht der Staaten des Ostblocks, denen nach dem Krieg ein sozialistisches System aufgezwungen worden war, zu vermeiden.

In den Universitätsstädten hatte sich in den Jahren zuvor eine studentische Subkultur entwickelt, in der die jungen Menschen begonnen hatten, ihr Leben nach anderen Kriterien einzurichten, als sie es aus der bürgerlichen Kultur ihrer Elternhäuser kannten. Es bildeten sich Kommunen und Wohngemeinschaften, Lebensgemeinschaften auf Zeit, die ihre Ursache zuallererst im chronischen Geldmangel der Studenten hatten. Es war einfach billiger, sich eine große Wohnung zu teilen und die grundsätzlichen Lebenshaltungskosten gemeinsam zu bestreiten. Aber es gab auch die Seite, die zwangsläufig daraus resultierte: der allmächtigen Überwachung von überwiegend konservativen Elternhäusern, Kirche und bürgerlichen Moralvorstellungen entkommen zu können. Und so sahen wir die Notwendigkeit, unser soziales und damit auch sexuelles Miteinander neu zu organisieren. Damals gab es in Westberlin eine besondere Situation. Da Westberlin besetztes alliliertes Territorium war, konnten Berliner nicht zur Bundeswehr eingezogen werden. Es kamen Tausende junger Männer nach Berlin, meldeten hier ihren ersten Wohnsitz an und waren dem Militärdienst entronnen. Und das taten sie nicht nur wegen der damit gewonnen Jahre, sondern weil sie sich nicht dem militärischen Drill aussetzen wollten und dem damit verbundenen Risiko, dass ihnen von Schleifern, die zum Teil noch aus der Zeit des Nationalsozialismus übriggeblieben waren, das emotionelle Rückgrat gebrochen wurde. Es waren also die rebellischen, aktiveren und zu Experimenten bereiten jungen Männer, die nach Berlin kamen. Für mich galt das nicht – ich bin in Westberlin aufgewachsen.

In Berlin kam noch ein weiterer Umstand hinzu. Das Leben war hier, verglichen mit anderen deutschen Universitätsstädten, extrem billig. Die unsanierten Altbauten waren (bis in die 90er Jahre hinein) weitgehend auf dem Niveau der 40er Jahre preisgebunden. Es war möglich, für 40 bis 80 DM eine Einzimmerwohnung zu bekommen und große, altberliner Herrschaftswohnungen mit fünf bis 10 Zimmern bekam man schon ab 300 DM. Und es gab viel freien Wohnraum. Berlin war überaltert und dort, wo alte Menschen ihre großen Wohnungen aufgeben mussten, zogen oft Wohngemeinschaften ein. Für die bürgerlichen Berliner waren dies oft unattraktive Gegenden, denn die Studenten richteten sich zumeist in den alten Arbeiterquartieren in Kreuzberg, im Wedding, in Moabit und in Neukölln ein, wo es viele Mietskasernen mit drei, vier und mehr Hinterhöfen gab. Und so übernahmen Studenten und andere junge Menschen ganze Wohnblocks – mal ganz abgesehen von der Hausbesetzerbewegung, die unberechtigt leerstehende Häuser einfach beschlagnahmte und bewohnte, bis geräumt oder der Zustand legalisiert wurde.

Ich lebte bis 1989 in einem Altbau in der Hauptstraße des Stadtteils Wedding, in dem wir in bis zu zwölf Wohnungen eine Art von Kommune betrieben, in der jeder – oder jedes Paar – seine eigene Wohnung hatte. Ich zahlte damals 120 DM für eine Zweizimmerwohnung. Als Student und später als Kleinunternehmer zahlte ich kaum Steuern, die Krankenkasse kostete 30 DM im Monat, und ebenso billig waren Energiekosten.

Was sich ab 1968 in den vielen Tausend Wohngemeinschaften und in einigen Kommunen abspielte, war tatsächlich eine beginnende sexuelle Revolution. Das Buch Wilhelm Reichs – allerdings in der marxistischen Fassung von 1935 mit dem Titel »Die Sexualität im Kulturkampf«, in dem »Die Sexuelle Revolution« ein zentrales Kapitel war, war eine Art Manifest der Studentenbewegung. Hier beschrieb Reich am Beispiel der Sowjetunion, wie in sich einer klassenlosen Gesellschaft auch die sozialen und sexuellen Verhältnisse zwischen den Menschen verändern müssten. Die Situation, in der die Studenten der siebziger Jahre waren, hatte Reich jedoch nicht vorhersehen können. Er war in seinem Buch von einer nachrevolutionären Situation ausgegangen, die – ganz klassisch nach Marx und Lenin – zunächst in einer sozialistischen Umbauperiode (der Diktatur des Proletariats) die gesetzlichen, ökonomischen und sozialen Voraussetzungen für den kommunistischen Umbau der Gesellschaft schafft.

Die Studenten konnten ihr Leben bereits weitgehend nach eigenen Bedürfnissen organisieren, unabhängig von den Anforderungen der überkommenen bürgerlichen Strukturen, denen sie sich nun geschickt entziehen konnten. Die Generationen der Eltern und Großeltern hatten durch die Ereignisse des Faschismus ihre moralische und sittliche Überlegenheit eingebüßt. In den meisten Familien wurde über das, was erst wenige Jahre zuvor geschehen war, eisern geschwiegen. Auch in meiner Familie war das so. Mehr als ein paar anekdotische Landsergeschichten war nicht herauszubekommen. Schließlich war mein Vater Offizier der Wehrmacht gewesen. Er muss viele Grausamkeiten erlebt haben. Ich hörte als Kind, dass »Judenbengel klauen« und dass »Neger stinken«. Meine Eltern waren mit der faschistischen Rassenideologie aufgewachsen, und sie gaben an ihre Kinder ihre Ansichten unreflektiert weiter. Eine Infragestellung ihrer Erfahrungen und Einstellungen fand nie statt, dafür gab es überhaupt keine Grundlage. Hilter war »ein Verbrecher«, sie selbst waren »natürlich nie Nazis gewesen«.

Ich könnte vieles über die Zeit der sexuellen Revolution sagen, aber das meiste ist schon oft gesagt worden. Es geht hier nicht um die Nostalgie eines Alt-68ers, sondern darum zu beschreiben, was das eigentlich war: die sexuelle Revolution – bevor sie von den Medien ausgeschlachtet und der Begriff zunächst als Marke für eine exotische Phase der deutschen Jugendkultur der 70er Jahre und später als Synonym für eine konsequente Pornographisierung der Medienkultur diente. Allenfalls wurde später noch die »Befreiung der Frau durch die Pille« mit dem Begriff der sexuellen Revolution in Verbindung gebracht.

Wenn ich heute die erste – also die marxistische – Fassung des Buches »Die Sexualität im Kulturkampf« lese, meine ich, wieder den Tonfall, die Stimme und vor allem den revolutionären Elan von Rudi Dutschke zu hören. So sehr hatte er diese Denk- und Sprechweise übernommen, die für die Literatur der frühen Marxisten so typisch war. In dieser Sprache schwingt sein romantischer Glaube mit, dass eine kommunistische Revolution quasi naturgesetzlich stattfinden müsste, dass es nach den Lehren von Marx und Lenin gar keine Alternative zur Revolution gab und dass wir – die junge intelligente Elite – es in unserer Hand hätten, diesen radikalen Umbau der Gesellschaft zu gestalten. Wir waren keine »Revoluzzer«, wie es die Springerpresse darstellte, sondern Hunderttausende junger Menschen, die bereit waren, ein neue, bessere Zukunft zu gestalten. Die Ziele waren einfach: den mörderischen Kapitalismus abzuschaffen, eine sozialistische Gesellschaft aufzubauen und dabei die Fehler der anderen sozialistischen Länder zu vermeiden und dann auch andere Lebensformen zu erschaffen – jenseits der muffigen Kleinfamilienkultur, wie sich uns die soziale Wirklichkeit der BRD und Westberlins darstellte.

Die jungen revolutionär eingestellten Menschen im Berlin der siebziger Jahre verband eine Aura des »Wir tun es – jetzt und gemeinsam«, ein überwältigendes Gefühl von Einigkeit und Aufbruch. Ein typischer Ausdruck davon war die *Rote Punkt-Aktion.* Viele Studenten, aber auch andere, die mit den Linken sympathisierten, klebten sich einen roten Punkt an die Frontscheibe ihres Autos. Damit wurde signalisiert, dass man Anhalter mitnimmt. Aber der Rote Punkt hatte eben auch die Meta-Botschaft: »Ich bin ein Linker«. Man kam in dieser Zeit als Anhalter – vor allem nachts – erheblich schneller durch die Stadt als mit öffentlichen Verkehrsmitteln. Die aufbegehrende Jugend hatte sich mit einer einzigen Idee und ihrer konsequenten Umsetzung innerhalb kürzester Zeit eine eigene und kostenlose Transport-Infrastruktur geschaffen, die etwa ein Jahrzehnt lang funktionierte. Man kam als Anhalter auch schnell und vor allem sehr billig durch Deutschland von Großstadt zu Großstadt. An den Grenzübergängen von Westberlin zu den Transitstraßen durch die DDR mussten Tramper-Spuren als Bahnhöfe eingerichtet werden, damit die oft Hunderte von jungen Menschen nicht auf der Autobahn herum standen.

Der Rote Punkt hatte sehr viel mit dem zu tun, was Wilhelm Reich mit dem Begriff der Sexuellen Revolution meinte, wahrscheinlich mehr als die Tausende Diskussionsprotokolle und politischen Manifeste, die massenweise verfasst und gedruckt wurden. Es war bei Reich um die Selbstregulation der sozialen und damit vor allem der sexuellen Strukturen in einer Gesellschaft gegangen, die sich von Zwängen des Kapitalismus und von Klassenstrukturen befreit hat. Dass dies auch ohne Revolution innerhalb einer bürgerlichen Kultur in einer studentischen Subkultur versucht werden sollte, hat er nicht vorhersehen können.

»Sexualökonomie« nannte Reich den Bereich soziologischen Denkens, in dem betrachtet wird, wie gesellschaftliche Strukturen sexuelles Elend verursachen und fördern und wie Menschen, die sich von Zwängen befreien, in der Lage sind, lebesbejahende Strukturen aufzubauen. Mit »Sexueller Revolution« war jedoch ursprünglich ganz explizit die Phase der sowjetischen Revolution gemeint, in der alte Sexualgesetze wie zum Beispiel die Ehe abgeschafft und damit neue soziale Normen geschaffen werden sollten. Die Menschen im kommunistischen Staat sollten in Kolchosen und Kommunen zusammenleben und die muffige Enge der Kleinfamilie sowie das Patriarchat der Großfamilien verlassen. Aber die Strukturen ließen sich nicht einfach durch Gesetze und neue Normen verändern. Die alten Klassenstrukturen lebten weiter in den Gedanken und Emotionen der Menschen, und spätestens mit dem Aufstieg Stalins war es mit der groß propagierten sexuellen Revolution der Sowjetunion vorbei gewesen.

Für die Linken der 70er Jahre bekam dieser Begriff eine völlig neue Bedeutung. Denn die Menschen in den Kommunen und Wohngemeinschaften und die vielen Pärchen, die in Ein- und Zwei-Zimmerwohnungen mit Außenklo aber ohne Trauschein zusammenlebten und sich daher auch ohne Konsequenzen wieder trennen konnten, brauchten eine Orientierung, einen gangbaren Weg, der nicht wieder in diese muffige, kleinbürgerliche Existenz führte, die man gerade erfolgreich hinter sich gelassen hatte. Die sexuelle Revolution fand zum Beispiel in der Tatsache ihren Ausdruck, dass es überhaupt möglich wurde, dass nicht verheiratete Paare zusammen eine Wohnung mieteten. Was wenige Jahre zuvor noch ein Skandal gewesen wäre, wurde nun zur Normalität. Denn Hausbesitzer, die sich nicht den neuen sozialen Bedingungen zwischen jungen

Menschen anpassten, riskierten den Leerstand ihrer Wohnungen. Also wurde dieser Teil der Sexualmoral fallengelassen, zum Vorteil beider Seiten. In anderen Städten, in denen Wohnraum meist viel knapper war und in denen es noch lange üblich war, dass Studenten als Untermieter »eine Bude« hatten, hielten sich diese moralischen Vorbehalte länger. Die bürgerliche Gesellschaft musste die Kontrolle darüber aufgeben, ob junge Menschen, die miteinander leben und ihre Sexualität teilen, auch verheiratet sind. Patriarchale, sexualverneinende Strukturen verloren an Macht. Dieses neue Freiheitsgefühl war das wirklich verbindende Element der neuen Jugendkultur, die sich in der Hippiekultur der USA ausdrückte, die sich auch bis nach Berlin ausbreitete: in den ausgedehnten Reisen nach Indien, Afghanistan und Nepal und in vielen selbst organisierten kollektiven Betrieben, die sich gründeten. Linke Verlage und Buchläden, Druckereien, Bioläden, alternative Kneipen und auch kollektive Handwerksbetriebe und andere Kleinbetriebe entstanden tausendfach in Deutschland. So hatte es tatsächlich eine Revolution gegeben, jedoch nicht die, die geplant gewesen war.

Ich war als Student nach wenigen Semestern an der Freien Universität von den ewigen Diskussionen, linken Schulungsseminaren und dem politischen Gehabe der tonangebenden Macher bald abgenervt. Es war abzusehen, dass nicht das (*die* Revolution) geschehen würde, was man sich in einer linken Romantisierung vorstellt hatte. Die Linken spalteten sich in immer mehr Zirkel und Grüppchen auf, die den größten Teil ihrer Aktivität damit verpulverten, sich gegenseitig zu bekämpfen. Maoisten, Anarchisten, Marxisten-Leninisten, Trotzkisten und viele andere Gruppen bestimmten das Geschehen an den Unis, brachten ihre Leute in den entscheidenden Gremien unter und entwickelten Theorien über Theorien, die sich allesamt gegenseitig darin bekämpften, was denn nun der richtige Weg in die Revolution und danach sei. Wer nicht unmittelbar einer dieser revolutionären Gruppierungen angehörte, konnte unmöglich in diesem babylonischen Wirrwar die Übersicht behalten. Und ob man sich dieser oder jener Gruppe zugehörig fühlte, war meist weniger der Ausdruck einer rational entwickelten politischen Überzeugung, als zufälliges Produkt der Umstände, also vor allem, mit welchen Leuten man zufällig zusammen lebte oder studierte.

Manche glitten dann in den Aktionismus ab. In dieser Situation gründeten sich die RAF und andere Gruppen, die einen Wandel mit Gewalt erzwingen wollten, denn was sich die Studentengruppierungen erhofft hatten – dass sich die revolutionäre Stimmung auf die arbeitende Bevölkerung übertragen würde – geschah einfach nicht. Auch diejenigen, die Gewalt als Mittel gegen den Staat einsetzten, schafften es lediglich, dafür zu sorgen, dass das Leben in der linken Gegenkultur härter wurde und gewaltsame Konfrontationen mit der Staatsmacht häufiger und brutaler wurden. Man verschlechterte also nur die eigenen Lebensumstände. Ich lebte anfangs, gleich nach dem Abitur, in einer Künstlerkommune, in der Schauspieler, Filmproduzenten, Musiker und auch Verlagsangehörige aus linken Verlagen lebten. So abeitete ich bei Film und Fernsehen, ging dann jedoch das linke Verlags- und Buchhandelswesen. Was dort geschah, war allemal spannender als die ewigen Diskussionen an der Uni. Die selbstbestimmte, kollektive Arbeit war kein nachrevolutionäres Ziel mehr, sondern das, womit wir Tag für Tag umgehen mussten.

Wir mussten mit der gewonnenen Freiheit klar kommen. Es war bald unverkennbar, dass kollektive Strukturen sowohl in den WGs und Kommunen wie auch in den selbstorganisierten Betrieben scheiterten. Viele waren geneigt, dies immer wieder auf »den Kapitalismus« und »die Klassengesellschaft« zu schieben, aber das waren meist sehr oberflächliche und durchsichtige Manöver, von der eigenen Unfähigkeit abzulenken, sich in der Freiheit zu bewegen. Sowohl die Frauenbewegung wie auch Landkommunen galten als sektiererische, privatistische Abspaltungen von der linken Bewegung, denn erst nach einer Revolution würden auch die Menschen von patriarchalen Strukturen befreit sein und Landkommunen würden als Kolchosen weitflächig organisiert werden. Das ganze hatte etwas Naives und Lächerliches an sich. Die revolutionäre Utopie war der täglich gelebten Wirklichkeit auch der linken Studenten davongalloppiert. Die Kluft zwischen Anspruch und Wirklichkeit wurde immer größer.

Und so erinnere ich mich mit Grausen an die endlosen Diskussionen an den Küchentischen der WGs, in denen es darauf hinauslief zu sagen: »Man müsste mal...« die Kleinfamilie abschaffen, einfach eine große Gemeinschaft gründen und ökonomisch und sozial weitgehend unabhängig werden von kapitalistischen Strukturen, mit dem ewigen Diskutieren aufhören und endlich das Richtige tun, anstatt nur darüber zu reden und immer wieder neue Papiere zu verfassen. Der Glaube, dass man nur das richtige revolutionäre Denken anwenden müsse, um es dann in die Tat umsetzen, war gescheitert. Die Revolution war kein Popevent, das sich planen und durchführen ließ. Die Massen wollten einfach nicht befreit werden.

Blieb also die Frage, wie organisieren wir uns selbst in unserer relativen Freiheit, der Nische von Alternativkultur, die wir uns geschaffen hatten? Diese Art von Freiheit war in keinem marxistischen Manifest vorgesehen gewesen, die sexuelle Revolution fand ohne gesellschaftliche Revolution statt. War es also möglich, sich innerhalb der Klassengesellschaft in einer Nische zu befreien? Es lief alles darauf hinaus, dass sich die Jugendkultur zu einer alternativen Gegenkultur entwickelte, in der ein gewisses Maß individueller Freiheit gelebt werden konnte, die in einigen Teilbereichen weit über das hinausging, was uns die Generation der Eltern vorgelebt hatte.

Warum waren wir nun also nicht glücklich und frei? Warum zerfleischten wir uns immer noch gegenseitig in anscheinend sinnlosen Machtkämpfen? Warum lebten wir in unseren Partnerschaften mit denselben zermürbenden Konflikten, die wir aus unseren Elternhäusern schon kannten? Wollten wir nicht genau dem bürgerlichen Mief entfliehen, der Eifersucht, dem Streit um Geld, den sexuellen Forderungen und der Verweigerung? Wir erschufen die alten Strukturen – nur im neuen Gewand.

In einer Art grundsätzlichen Selbst-Radikalisierung schloss ich mich 1976 der Kommunebewegung des Wiener Aktionskünstlers Otto Muehl an, der AAO, der »Aktions-Analytischen Organisation«. Muehl behauptete, die Kommune würde nun die utopischen Konzepte Wilhelm Reichs in lebendige gesellschaftliche Praxis umsetzen, das heißt einen aktiven therapeutischen Prozess für jedes Mitglied um gesunde Charakterstrukturen zu entwickeln, die Abschaffung der Zweierbeziehung und dafür freie Sexualität, echter Verzicht auf jedes Eigentum bis hin zur gemeinschaftlichen Kleidung. Alles, was in den selbst organisierten Betrieben verdient wurde, sollte in einen gemeinsamen Topf gehen, damit alle denselben Lebensstandard genießen können. Das Projekt ist großartig gescheitert. (Siehe dazu das Buch »Die Falle – AAO = Fortsetzung der Politik mit anderen Mitteln«, das ich auszugsweise auf www.orgon.de veröffentlicht habe.) Nach einem halben Jahr wurde daraus eine elitäre faschistoide Sekte. Die Therapie wurde zur quälenden und oft entwürdigenden allabendlichen Pflicht-Selbstdarstellung vor der gesamten Gruppe, eine Art emotionelle Beichte – eine Gehirnwäsche. Nicht die Qualität der sogenannten »freien Sexualität« war von Bedeutung, sondern, wer wie oft mit wem fickte. Die Abschaffung der Zweierbeziehung und die freie Sexualität mündeten in Fickplänen, die sogar öffentlich aushingen – und wehe man verbrachte zu viele Nächte mit demselben Partner. Das ist mir geschehen , ich hatte eine Freundin in der AAO, und wir wurden in verschiedene Gruppen versetzt. Liebe war tatsächlich verboten. Das private Eigentum wurde nur für den gemeinen Kommunarden abgeschafft. Die Führungsclique hatte eigene Autos, eigene Wohnungen und führte neben dem Kommuneleben ein verdeckes, aber jedem Kommunarden bekanntes Jet-Set-Leben. Und gemeinsame Arbeit, das galt auch nicht für die Elite, die musste schließlich »Bewusstseinsarbeit« leisten, das heißt herumreisen und die Segnungen des Kommunelebens in der AAO predigen und sich als »Bewusstseinsführer« wie Götter verehren lassen. (Das geschah wirklich!)

Das Projekt war innerhalb weniger Monate vom Stadium eines inspirierten und von allen Teilnehmern enthusiastisch begrüßten neuen Aufbruchs zu einer Sekte geworden, in der die Mitglieder sich gegenseitig bespitzelten, in der es eine neue Klasse gab, die sich zur Speerspitze einer neuen emotionell befreiten Elite erklärte – und die Menschen der Kleinfamilie (also alle, die nicht der AAO angehörten) als *denkende Tiere* entwertete, die man auch wie Tiere behandeln müsste. Man sprach ihnen also die Menscherechte ab. Später bewaffneten sie sich, kauften sich ein Grundstück auf La Gomera, bauten Zäune mit Stacheldraht. Otto Muehl wurde dann wegen fortgesetzten sexuellen Missbrauchs von Minderjährigen zu einer Gefängnisstrafe verurteilt. Die AAO hatte in wenigen Monaten geschafft, wozu die Sowjetunion zwei Jahrzehnte gebraucht hatte: eine neue Klassengesellschaft zu erschaffen mit einigen wenigen Bonzen und einem unmündigen Volk. Ich hielt es nur sechs Monate dort aus – lange genug, um zu erleben, wie leicht ich den Strukturen der politischen emotionellen Pest selbst erliegen kann und wie unmöglich es ist, über die

Umsetzung von Ideen eine bessere Welt zu erschaffen. In der AAO erlebte ich in verschärfter Form, was ich bereits in der linken Studentenkultur erlebt hatte: Ich kann nicht willentlich beschließen, »gesund zu sein« oder »eine freie Gesellschaft zu errichten« oder »eine Revolution zu machen«. Es ist keine Frage des richtigen Denkens und der daraus folgenden Umsetzung. Das ist die idiotische Illusion des Egos zu glauben, es wäre der Gestalter der Wirklichkeit. Wenn das so wäre, wenn es möglich wäre, Freiheit zu denken, zu planen und willentlich umzusetzen, hätte jede Revolution in der Vergangenheit die Menschheit befreien müssen.

Zum Ende der 80er Jahre waren die meisten Kommunen und kollektiven Betriebe verschwunden. Es gibt zwar noch heute Betriebe, die von der Belegschaft betrieben werden aber zumeist ohne eine gesellschaftliche Utopie. Was ist also übriggeblieben von der sexuellen Revolution der Siebziger? Da waren etwa die Kinderläden, die damals ebenfalls aus politisch-ideologischen Gründen geschaffen worden waren, um der Reaktion die Verfügung über die Kinder einer selbsternannten neuen linken Elite zu entziehen. Praktisch stellte sich schnell heraus, dass die Kinderläden, die später »Eltern-Kind-Gruppen« genannt wurden und zumindest in Westberlin auch staatliche Förderung bekamen, das Erziehungsmonopol der Kirchen und des Staates für Kleinkindererziehung gebrochen haben. Vorher waren die meisten der Kindergärten in kirchlicher Hand und dementsprechend autoritär war die Erziehung – besonders was die kindliche Sexualität anging.

In den Kinderläden wurde mit der »Antiautoritären Erziehung« (ein Begriff von A.S. Neill, einem Brieffreund Wilhelm Reichs) der Versuch gemacht, die Ansätze Wilhelm Reichs und anderer politisch denkender Vorreiter einer libertären, psychoanalytisch orientierten Kindererziehung umzusetzen. Es war Reichs Vermächtnis gewesen, dass er zum Ende seines Lebens eine Chance für die Menschheit weder in politischen Umbrüchen sah noch in therapeutischen Maßnahmen, sondern nur darin, dass Verhältnisse geschaffen werden, in denen Kinder emotionell gesund aufwachsen können: das Projekt der *Kinder der Zukunft*, dem er sein gesamtes Erbe hinterließ. Reich hatte schon in der »Massenpsychologie des Faschismus« formuliert: Die Menschen sind aufgrund ihrer charakterlichen Struktur weitgehend freiheitsunfähig. Deshalb bekämpfen gerade diejenigen, die besonders stark unter Unterdrückung leiden, die Freiheit – in erster Linie die sexuelle Freiheit, die sie selbst nicht in ihren Körpern ertragen können – um so heftiger, vor allem in ihren eigenen Kindern und Jugendlichen. Deshalb kann man Freiheit nicht *machen*, die unfreien Menschen verhindern sie, indem sie einfach *sitzen bleiben*.

Doch auch in den Kinderläden wurden dieselben Fehler gemacht, indem zwar bereitwillige und motivierte, jedoch weitgehend emotionell blockierte Eltern und Erzieher versuchten, bei den Kindern eine Freiheit umzusetzen, zu *machen*, zu der sie selbst strukturell gar nicht in der Lage waren. Das führte zu vielen Extremsituationen. Bilder und Filme machten in Presse und Fernsehen ihre Runde, in denen Erziehern duldeten, dass Kinder ihre Teller mit Tomatennudeln an die Wand warfen oder sich mit Exkrementen beschmierten. Die Öffentlichkeit verstand nicht, was hier geschah, fühlte sich provoziert, und so wurden von der Springerpresse die antiautoritären Kinderläden genauso zum Buhmann hochstilisiert wie die Kommune 1, Rudi Dutschke und die APO. Es gab nur noch stereotype Kampfparolen, auf der einen wie auf der anderen Seite. Letztlich wurde die sexuellen Revolution zu einem schicken neuen Medien-Ereignis. Die Kommune 1 ließ sich kommerziell vermarkten. Und was war jetzt mit der sexuellen Befreiung? Was hatte die sexuelle Revolution mit der tatsächlich gelebten Sexualität der Menschen gemacht? Zunächst einmal hat eine der Haupt-Thesen Wilhelm Reichs gesellschaftlich gegriffen: die Ansicht, dass es Recht eines jeden Menschen ist, sexuelles Glück zu erleben und dass es die junge Generation ist, die von der Elterngeneration das Recht einfordert, sexuell glücklich zu werden. Auf dieser Ebene hat die sexuelle Revolution funktioniert. In keiner anderen Generation haben sich die Einstellungen über Zusammenleben der Geschlechter in kurzer Zeit so radikal verändert wie in den siebziger Jahren des 20. Jahrhunderts.

Dass die Menschen dennoch nicht wussten, nicht wissen konnten, was sexuelles Glück eigentlich ist, stand auf einem ganz anderen Blatt. Woher hätten sie es wissen sollen? Was Reich über die »Funktion des Orgasmus« sagte, wurde völlig missverstanden, denn kaum jemand hatte das klinische Werk Reichs genauer gelesen und den Unterschied zwischen orgastischer Potenz und orgastischer Impotenz verstanden, geschweige denn auf sich selbst bezogen oder gar umgesetzt. Therapeutische Angebote gab es nicht. Letztlich hätte es bedeutet zuzugeben, dass man emotionell krank, freiheitsunfähig und unfähig zur tiefen Lustempfindung ist – ohne dass man Aussicht auf eine wirkliche Veränderung gehabt hätte. Das wollten die Menschen nicht und blieben daher wieder auf den aus früheren Generationen überkommenen Formen von Sexualität sitzen.

Die jungen Menschen waren charakterlich immer noch die Kinder ihrer Eltern, trugen die Muster der früheren Generationen in ihren Charakterstrukturen weiter und lebten in dem Konflikt, viel mehr über Freiheit zu wissen, als umzusetzen sie bereit und fähig waren. Und so waren die meisten Beziehungen dieser Generation nicht besonders glücklich, was die sexuelle Qualität, die tatsächlich gelebte Liebe anging. Was von Reich übrig blieb, war die These »Orgasmus ist gut«, auch wenn er das niemals vertreten hat. Der Unterschied zwischen »Orgasmusreflex« und »Orgasmus« blieb unreflektiert.

Besonders die Frauen litten unter der Last einer neuen Diktatur der orgastischen Lust. Die Pille hatte sie von der biologischen Bürde der ungewollten Schwangerschaft befreit, und die sexuelle Revolution hatte soziale Bedingungen geschaffen, potentiell die eigene Sexualität ebenso selbstbestimmt zu leben wie die Männer dieser Generation. Der Orgasmus der Frau, der Jahrhunderte lang entweder ganz geleugnet oder zumindest als überflüssig angesehen wurde, stand nun plötzlich als erstrebbares Ziel der Sexualität im Vordergrund. Vorher durfte er nicht sein, nun musste er kommen.

In dieser Situation kamen Ideen auf, die besagten, dass der vaginale Orgasmus der Frau ein Mythos sei und dass nur die klitorale Stimulation zum Höhepunkt führe. Die Frauen nahmen nun für sich das Recht in Anspruch, sich genauso klitoral mechanisch zu befriedigen wie Männer sich durch die Reibung des Penis zum Orgasmus bringen können.

Man wird an dem, wie ich die Situation der sexuellen Revolution aus meinem subjektiven Blickwinkel geschildert habe, erkennen können, dass ich dieser Art der Befreiung heute mit wohlwollend kritischer Distanz gegenüberstehe. Der Drang der Gleichstellung von Mann und Frau in allen Lebensbereichen führte zum Missverständnis, dass auch die männliche und die weibliche Sexualität gleichgesetzt werden können; dass die Sucht, einen durch Reibung und künstlich gesteigerte emotionelle Erregung hervorgerufenen Orgasmus *zu machen* zwischen den liebenden Menschen eher eine Barriere aufgebaut hat; dass Menschen, die alle sexuell glücklich sein wollen, dies ganz offensichtlich nicht nur durch Einsicht und guten Willen schaffen können.

Dennoch glaube ich, dass diese Zeit eine großartige Epoche war, weil hier erstmals das Recht auf sexuelles Glück außerhalb jeder gesellschaftlichen Regulierung durch Staat und Kirche eingefordert und – wenn auch nicht besonders erfolgreich – umgesetzt wurde. Ich halte sie deshalb für eine erfolgreiche Revolution, weil sie nicht in Theorien stecken geblieben ist, sondern praktische Ergebnisse zeigte, die heute zu unserer normalen Lebeswirklichkeit zählen. Die Zeiten, in denen versucht wurde, die Sexualität der Menschen durch moralischen oder gar juristischen Druck auf den Sex in der Ehe oder gar auf das Zeugen von Kindern zu beschränken – was noch vor fünfzig Jahren gängige Moral war – sind hoffentlich endgültig vorbei. Doch dann musste sich eine ganze Generation von Menschen auf die Suche machen, wie denn nun eine von äußeren moralischen Schranken befreite Sexualität eigentlich aussehen könnte, damit das persönliche Glück auch verwirklicht werden kann. Ist es verwunderlich, das diese Suche so oft in Verwirrung, Enttäuschung, Schmerz und Trennung endete? Jeder junge Mensch muss sich seither selbst die Frage beantworten, was sexuelles Glück tatsächlich bedeutet, denn es gibt keinen Pfarrer und keinen Lehrer mehr, der einem vorschreibt, was man machen darf und was nicht. Die Rolle haben dann unbeholfene »Aufklärer« wie Dr. Sommer in der BRAVO oder Frauenzeitungen wie Petra oder Brigitte übernommen und das wird bis heute in vielen banalen »Sex-Ratgebern« fortgesetzt. Bis heute fehlen immer noch die positiven Leitbilder. Was tatsächlich in den Betten geschah und geschieht, war und ist meist weiterhin die Sexualität unserer Väter und Großväter.

Eine andere Folge der sexuellen Revolution war, dass die Menschen seit Jahrzehnten mit einer sexualisierten Medienkultur konfrontiert sind, die pornographische Sexualität als normal darstellt. Verstehen die Kids heute, dass diese Veröffentlichungen auf zahlungswillige Männer abzielen, bei denen bestimmte neurotische Muster vorliegen? Ich bin jedoch nicht bereit, wie viele andere Kritiker der sexuellen Revolution in einen wohlfeilen Medienpessimismus zu verfallen. Auch unsere Eltern waren zutiefst erschrocken, und äußerten sich negativ über die sexualisierte Kultur der 70er Jahre. Wie kann ich beurteilen, was aus den jungen Menschen wird, die heute diesen pornographischen Einflüssen ausgesetzt sind?

Was bis heute völlig fehlt, ist eine Kultur der sexuellen Schulung, des positiven Beispiels. Noch immer wird die entscheidende Frage nicht gestellt: Was ist eigentlich sexuelles Glück? Einzig im Bereich des Neo-Tantra ist dies seit einigen Jahren im Entstehen. Das ist eine der Linien, die auf den Weg in eine zweite sexuelle Revolution hindeuten.

Ich möchte noch einmal die Errungenschaften der ersten sexuellen Revolution zusammenfassen: In den westlichen Nachkriegsgesellschaften hatten sich die Lebensbedingungen der Menschen grundlegend gewandelt. Die Sexualmoral entsprach den tatsächlich herrschenden sozialen Bedingungen nicht mehr. Die Jugendrevolte war daher in erster Linie eine Revolte gegen überkommene Moralvorstellungen. Beziehungen ohne Trauschein, die gesellschaftliche Akzeptanz von Homosexuellen, die Gleichberechtigung der Frauen, die Abschaffung des Ideals der Jungfräulichkeit bis zur Ehe, die Abschaffung (fast) aller Gesetze, die das sexuelle Verhalten steuern oder gar beeinträchtigen – all das sind Errungenschaften der sexuellen Revolution. Die juristischen Folgen, das heißt die Abschaffung von reglementierenden Gesetzen und die Schaffung neuer, die das sexuelle Glück von Menschen nicht behindern und vor Eingriffen (z.B. vor Staat und Kirchen) schützen, konnten in jedem Fall nur den Entwicklungen folgen, die in der Bevölkerung bereits geschehen waren. Natürlich haben diese eher äußeren Maßnahmen auch wieder Rückwirkungen auf die Menschen, das heißt das Recht des einzelnen auf sexuelles Glück, auf Selbstbestimmung, wie und mit wem man unter welchen Bedingungen zusammenleben will – all das hat wieder Rückwirkungen auf die Moralvorstellungen und das Verhalten jedes einzelnen Menschen.

Ich kann natürlich nicht daran vorbeisehen, dass es auch immer noch starke Widerstände gibt. Konservative Kreise versuchen (besonders in den USA) diese Entwicklung wieder umzukehren. Die stetige Migration aus Kulturen, die keine sexuelle Revolution hatten, (etwa Zuwanderer aus Süd- und Osteuropa, aus der Türkei, aus arabischen, asiatischen und afrikanischen Ländern) in denen die alten patriarchalischen Werte bis heute kaum gebrochen sind, ist eine Quelle ständig neu aufflammender Konflikte, denen besonders die jungen Menschen ausgesetzt sind, die in dieser sexuell libertären nach-revolutionären Kultur aufwachsen, jedoch in den Subkulturen der Migranten immer noch den alten patriarchalischen Werten ausgesetzt sind.

Gerade wenn man die Konflikte dieser jungen Menschen betrachtet, kann man erkennen, was eigentlich in dieser Gesellschaft in den letzten vierzig Jahren geschehen ist, denn viele der patriarchalischen Normen dieser Kulturen, die der sexuellen Revolution nicht ausgesetzt waren, hatten vor 1968 auch in hier noch ihre Gültigkeit.

Als Wilhelm Reich vor fast neunzig Jahren seine Utopie einer sexuellen Revolution beschrieb, konnte er nicht wissen, dass sich die sozialen Verhältnisse in Westeuropa und Amerika durch einen zweiten Weltkrieg, durch Faschismus und Konzentrationslager, Vietnamkrieg und viele andere Ereignisse grundlegend ändern würden. Die sexuelle Revolution sah er – noch völlig eingebettet in den naiven Utopismus der Marxisten, die glaubten, Revolutionen könnte man an den Charakterstrukturen der Menschen vorbei planen und durchführen – als die konsequente soziale Entwicklung in einer Gesellschaft, in der ungerechte ökonomische Verhältnisse abgeschafft und die freie Entfaltung aller Menschen nun möglich wäre. Erst viel später sah er diesen Irrtum ein und verstand, dass charakterneurotisch geschädigte Menschen strukturell nicht freiheitsfähig sind und dass sie, selbst wenn sich ihnen die Gelegenheit zur Freiheit bietet, alles daran setzen, neue Unfreiheit zu organisieren – sie *bleiben sitzen.* Deshalb mussten alle sozialistischen Revolutionen, therapeutischen Gesundheitsideale und spirituellen Erleuchtungsphantasien scheitern.

Die sexuelle Revolution, die in den siebziger Jahren des 20. Jahrhunderts stattfand, war etwas völlig anderes. Es war die Konsequenz aus den sozialen Veränderungen, die bereits stattgefunden hatten, die aber in einer einzigen Generation zu einer Umwälzung (»Revolution« von revolvere = umwälzen) der moralischen und später auch gesetzlichen Bedingungen des Zusammenlebens von Menschen führte, die es so radikal noch nie zuvor in der Geschichte gegeben hatte.

Diese Umstrukturierung war die notwendige Grundlage dafür, dass Menschen überhaupt ein Gefühl dafür entwickeln konnten, dass sexuelles

Glück ihr eigenes persönliches Recht ist. Dass jeder Mensch das Recht und auch die Verpflichtung hat, sexuell glücklich zu sein. Dass ich mich darum kümmern darf, kann und soll, sexuell glücklich zu sein – das ist mein Recht und meine Aufgabe als Mensch in dieser Welt.

Die zweite sexuelle Revolution

Wozu eine zweite sexuelle Revolution? Die erste sexuelle Revolution hat das soziale, juristische und moralische Umfeld der sexuellen Beziehungen verändert. Die zweite sexuelle Revolution bezieht sich einzig auf das wirkliche Erleben der beiden Menschen, die sich in der aktuellen Situation, hier und jetzt, sexuell begegnen.

Auch wenn die erste sexuelle Revolution vieles verändert hat – das tatsächliche sexuelle Verhalten, die konkrete Situation zwischen zwei Menschen läuft im großen und ganzen noch genauso ab wie zu Zeiten unserer Großeltern. Ganz langsam legen die Menschen ihre falsche Scham ab, reden miteinander, sehen sich während der Vereinigung auch in die Augen, beginnen zu beachten, was der Partnerin oder dem Partner gefällt. Aber diese Veränderungen brauchen viel länger, als die äußerlichen Liberalisierungen in der Gesellschaft.

Die zweite sexuelle Revolution ist daher keine ökonomische, gesellschaftliche oder soziale Revolution, sondern eine in der Struktur eines jeden Menschen. Was nun geschieht, kann nur zwischen zwei Menschen geschehen, die sich in der körperlichen Liebe vereinen. Um überhaupt in diese Situation kommen zu können, mussten die Menschen zuvor von der Sexualmoral – also der gesellschaftlichen Kontrolle des sexuellen Verhaltens – befreit werden, wie etwa der Zwangsehe »bis dass der Tod euch scheidet«, oder dem Gelübde von Priestern, die gegen ihre Natur asketisch leben müssen und die von allen Menschen verlangten, dass selbst in der Ehe Sexualität ausschließlich der Zeugung von Kindern dienen dürfe, oder auch dem moralischen Imperativ, dass Mädchen bis zur Ehe jungfäulich bleiben müssen. Diese Moral galt noch in meiner Kindheit, auch wenn ich als Kind und Jugendlicher in den 50er und 60er Jahren fühlte, dass die Erwachsenen sie nicht mehr wirklich ernst nahmen.

Als Reich 1935 das Fiasko der bürgerlichen Sexualmoral beschrieb und völlig andere, utopische sexualökonomische Bedingungen formulierte, war das, was er schrieb, schockierende, unerhörte Polemik, völlig inakzeptabel für die damalige bürgerliche Kultur. 35 Jahre später, also nach einer weiteren Generation, wurden seine Forderungen von einer aufbegehrenden Jugend umgesetzt. Heute, noch eine Generation später, sind sie weitgehend allgemeingültig.

Natürlich hatte die sexuelle Revolution auch eine andere Seite: die extreme Pornographisierung der Medien. Faktisch alle Produkte, die an ein männliches Publikum verkauft werden sollen, werden mit Bildern von nackten Frauenkörpern angeboten; nachts ferzusehen heißt, sich einer Flut pornographischer Werbung auszusetzen, und Comedians im Familienprogramm überbieten sich gegenseitig mit sexuellen Zoten. Ich denke, dass diese Erscheinungen ein notwendiger Aspekt der sexuellen Revolution sind. Die Befreiung der Sexualmoral gilt auch für alle neurotischen Aspekte der Kultur. Und die neurotischen Zwänge der Menschen für kommerzielle Interessen auszunutzen, ist ein Teil der gesellschaftlichen Wirklichkeit. Das heißt: Die gewonnene Freiheit gilt auch für diejenigen, die aus der Zwangslage neurotisch gestörter Menschen ihren Profit ziehen wollen.

Was daran für die Erörterung der zweiten sexuellen Revolution bedeutsam ist: Diese mediale Pornographie richtet sich fast ausschließlich an Männer und reproduziert eine Vorstellung von Sexualität – von Sex – die fast ausschließlich auf die männliche emotionelle Erregung ausgerichtet ist. Die Liebe – die körperliche, sexuelle Liebe – hat in diesem Zerrbild von Sexualität keinen Platz. Der Untertitel von Wilhelm Reichs Buch »Die sexuelle Revolution« lautet »Zur charakterlichen Selbststeuerung des Menschen«, und damit bildet es auch das Motto der zweiten sexuellen Revolution. Es geht um die Selbstregulierung des Lebendigen. Die Natur beruht auf Selbstregulierung. Alle natürlichen Prozesse funktionieren so. Wilhelm Reich hat herausgefunden, was das Prinzip dahinter ist – die lebendige Kraft, die er »Orgon« nannte. Er hat bewiesen, dass sich aus jeder organischen Materie, aus zerfallendem Heu, aus gekochter Erde, aus reinem Kohlenstaub und auch aus gemahlenem Meersand spontan Einzeller bilden, wie sie in jedem Biologiebuch abgebildet werden – ohne dass es Keime, lebendige Zellen oder irgendeine materielle Infektion gibt. Sobald feste Materie und Wasser zusammenkommen, bildet sich Leben. Die Information, die Leben bildet, kommt aus der dritten Komponente, der Lebensenergie. Welchen besseren Beweis könnte es geben, dass dieser lebendigen Energie eine Intelligenz innewohnt, die weit über das hinausgeht, was wir als unsere überlegene menschliche Intelligenz so schätzen? Dieselbe Energie, dasselbe lebendige Prinzip ist am Werk, wenn dein Herz schlägt, deine Lungen atmen, deine Därme verdauen, deine Synapsen Information verarbeiten. Warum sollte also die lebendige Energie nicht auch in der Lage sein, mit deinem Körper einen anderen Menschen zu lieben? Der menschliche Verstand und die von seiner Angst gesteuerten Emotionen und Gefühle sind nicht in der Lage, eine einzige lebendige Butterblume zu erschaffen oder eine Mücke, einen Regenwurm oder einen lebendigen Einzeller. Der menschliche Verstand mit seinen Emotionen und Gefühlen kann nur Totes erschaffen – und er ist auch nicht fähig, sexuell zu lieben.

Die zweite sexuelle Revolution ist nichts, was Menschen »machen« können, sondern etwas, was du zulassen kannst: auch deine Sexualität der Selbstregulation des Lebendigen zu übergeben und Liebe zuzulassen. Es ist deine rein persönliche Entscheidung, so wie die jedes anderen Menschen, der diese Revolution für sich akzeptiert. Nun, da die äußeren Verhältnisse sich geändert haben, hast du die Freiheit, die Sexualmoral früherer Generationen auch aus deinem Verstand, deinen Gefühlen und Handlungen zu verbannen. Was das praktisch bedeutet, davon handelt dieses Buch. Deshalb geht es hier auch nicht um einen weiteren Sexualratgeber, sondern um dein Leben, darum, ob und wie du verstehst, dass es im Menschenleben um die Liebe geht, um die gelebte Liebe, die du mit einem geliebten Menschen körperlich lebst. Es geht kurz gesagt darum, die gesunden, genitalen Anteile in deiner Chakterstruktur zu erkennen und zu wissen, dass du dich auf diese beziehen kannst. Und um dies zu erreichen, ist es nötig zu erkennen, wann diese natürliche Ebene aktiv ist und wann du im Schmerz bist, also wann der Schmerzkörper bestimmt, wie du lebst. Deshalb ist die Schmerzkörperarbeit so wichtig. Wenn du gelernt hast, den Schmerz zuzulassen und ihn zu belassen –, also ihn anzusehen, anzuerkennen und ihn nicht abzuwehren oder zu unterstützen –, dann kannst du genauso auch das Lebendige in dir erkennen und dich der Selbstregulierung des Lebendigen hingeben. Kannst du es also wagen, gesund zu sein?

Dazu sind – noch – nicht viele Menschen in der Lage. Die zweite sexuelle Revolution setzt voraus, dass du erkennst, was in dir gesund ist, dass du – obwohl du, wie alle anderen Menschen auch, emotionelle Schwierigkeiten hast, die Reich als die neurotische Charakterstruktur eines jeden Menschen erkannte – auch einen gesunden Kern hast. Da ist etwas Lebendiges in dir und nicht nur etwas Krankhaftes. Es ist dir möglich, dich auf diese lebendige Ebene zu beziehen. Ob und wie weit dies für dich jetzt und hier möglich ist, kannst nur du selbst untersuchen, verstehen und umsetzen. Ich weiß nicht, wie viele Menschen dies können: sich direkt auf die genitale Charakterebene zu beziehen. Ich vermute, dass es bereits sehr viele Menschen sind, die strukturell bereits so lebendig sind, und ich vermute, dass es heute mehr Frauen sind als Männer. In der Vergangenheit haben diejenigen, die sich auf Wilhelm Reich bezogen haben, dies in erster Linie mit einem starren Blick auf das Neurotische im Menschen getan. Fast schien es so, dass die Erkenntnisse Reichs nur als Körpertherapie überlebt haben. Tatsächlich war das fast die einzige praktische Ebene, aus den Erkenntnissen Reichs einen Beruf zu machen. Es entstanden -zig neue Therapieformen, neo-reichianische Therapien und viele weitere, die Elemente des Reichschen therapeutischen Werks aufgegriffen haben. Ich stelle hier den individuellen Nutzen körperpsychiatrischer Therapien in Frage. Ich stelle die Behauptung in den Raum, dass die Erkenntnisse Reichs eine ganz andere Qualität haben, als nur eine bestimmte Form medizinischer und psychiatrischer Behandlungen zu bieten. Reich hatte sich in den 50er Jahren sehr deutlich vom Nutzen individueller Psychotherpie distanziert. Der Blick allein auf das Kranke im Menschen hilft nicht weiter, es gilt, das Lebendige zu erkennen und zu fördern, und das sah er nur in den *Kindern der Zukunft.*

Das Lebendigste, was du erleben kannst, ist deine Sexualität. Lebendige, lebensbejahende, frohe Menschen bejahen ihre Sexualität und die Sexualität anderer Menschen, vor allem der Kinder und Jugendlichen. Es mag einige wenige Menschen geben, für die ein asketisches Leben attraktiv ist und die dennoch lebendig bleiben, ich kann das nicht wirklich beurteilen. Aber ich kenne fast nur Menschen, die entweder der gelebten Sexualität positiv begegnen oder – leider viel öfter – die leiden, weil sie nicht die Sexualität leben können, die sie glücklich macht.

Wenn ich also eine zweite sexuelle Revolution einfordere, dann tue ich das im Bewusstsein, dass das, worum es hier geht, zur Zeit völlig utopisch erscheinen mag. Das liegt vor allem daran, dass der lebendige Standpunkt bisher kaum beachtet worden ist, weil lebensbejahende Menschen, also überwiegend genitale Charaktere, bisher kaum ihre Stimme erhoben haben und weil die wenigen, die sich zu diesen Grundfragen Gedanken gemacht haben, bisher weitgehend unbrauchbare Werkzeuge benutzt haben.

Vielleicht ist es zu früh, vielleicht sind es so wenige, die sich auf die gesunden Charakterelemente beziehen können, dass die zweite sexuelle Revolution noch in weiter Ferne liegt. Aber da diese Revolution immer nur von einzelnen Menschen, von jedem liebenden Paar allein erlebt werden kann, ist es eigentlich unwichtig, ob das, was ich hier schreibe, nur ein einziges Liebespaar erreicht oder Millionen. Ich schreibe jetzt hier nur für dich und deinen Partner und es geht nur darum, was ihr damit macht. Jeder andere Mensch, jedes andere Paar, das auf diese Worte stößt, wird in derselben Situation sein wie du, wie ihr beide. Nur ihr könnt es umsetzen, denn was andere damit machen, wird euch egal sein, sobald ihr euch in Liebe begegnet.

Natürlich hätte es positive Rückwirkungen auf den einzelnen, wenn viele Menschen die selbstregulierte Liebe erfahren und davon auch berichten – nicht theoretisch, nichts Angelesenes oder in Wochenendworkshops Aufgeschnapptes – sondern darüber, was sie tatsächlich erleben. Dann können sie positive Vorbilder geben. Erst dann wird die zweite sexuelle Revolution auch auf einer gesellschaftlichen Ebene das Zusammenleben der Menschen verändern. Wilhelm Reich hatte sich zum Ende seines Lebens vom Konzept der Therapie an Erwachsenen losgesagt, weil er gesehen hat, dass diese Einzelmaßnahmen im Großen nichts verändern werden. Er hat dann das Gewicht auf die *Kinder der Zukunft* gelegt, indem er Verhältnisse schaffen wollte, in denen Kinder weitgehend gesund aufwachsen können. Aber auch dieses Konzept konnte bisher nicht aufgehen, denn wie sollten weitgehend neurotische Menschen in der Lage sein, charakterlich gesunde Kinder großzuziehen?

Deshalb stelle ich hier die These auf, dass das Projekt der *Kinder der Zukunft* nur von den Menschen umgesetzt werden kann, die bereit und fähig sind, die Liebe körperlich zu leben, also sexuell glücklich zu sein und in diesem lebensbejahenden Umfeld auch Kinder aufwachsen zu lassen. *Die Kinder der Zukunft* ist wie die gesellschaftliche Revolution kein Konzept, das von gestörten Menschen geplant und durchgeführt werden kann. Und dasselbe gilt für die zweite sexuelle Revolution.

Ich verstehe Reichs Bedürfnis, Utopien zu formulieren und sie auch organisatorisch umzusetzen, sehr gut. Es ist das glühende Wissen (in ihm damals genauso wie heute in mir), unschätzbare neue Erkenntnisse in der Hand zu halten, die – wenn sie sich denn umsetzten – unvorstellbar viel Leid abschaffen könnten. Aber alle Versuche, Menschen aufzuklären und dann zu organisieren, sind in ihr Gegenteil verkehrt worden. Charakterliche Gesundheit lässt sich nicht in Therapiezentren oder per Psychotherapie *machen*, Erleuchtung nicht in Ashrams oder in Satsang-Gruppen und gesunde Kinder auch nicht mit einem Projekt »Kinder der Zukunft«. Einer der wenigen, der die Gedanken Reichs wirklich ernst genommen hat, war A. S. Neill mit seinem Projekt der antiautoritären Schule Summerhill. Aber das war auch – zunächst einmal – eine einzelne Blume in der Wüste. Eine andere hoffnungsvolle Ebene wurde mit der Schmetterlingstherapie, der Babymassage von Eva Reich, der Tochter Wilhelm Reichs, begründet, ebenso mit der Schreiambulanz für Säuglinge, wie sie von Thomas Harms (in Bremen) vertreten wird.

Die zweite sexuelle Revolution kann nicht als Bewegung proklamiert werden. Die menschliche Gesellschaft ist so sehr an neurotischen Mustern orientiert, dass jede größere Bewegung in Richtung auf eine sexuelle Befreiung von der emotionellen Pest zerstört und absorbiert wird (siehe das nächste Kapitel über Neo-Tantra). Daher wird gerade das, was ich hier als »die zweite sexuelle Revolution« bezeichne, für lange Zeit nur in der relativen Verborgenheit privater Liebesbeziehungen funktionieren.

Wenn sich etwas ändern kann, dann sind es also immer zwei Menschen, ein Paar, das sich in Liebe begegnet und erkennt und damit etwas verändert. Alle darüber hinausgehenden Utopien sind hier sinnlos. Das Leben wird eigene Formen finden, wenn ihr den ersten Schritt einmal getan habt.

Tantra und Neo-Tantra oder: Des Kaisers neue Kleider – reloaded

Wer sich mit Neo-Tantra beschäftigt hat, wird einige Parallelen zur energetischen Liebe feststellen.

Durch Neo-Tantra hat es in den letzten zwanzig Jahren eine neue Offenheit in der Betrachtung der Sexualität gegeben. In Büchern und Workshops wurde die tatsächliche Qualität der Sexualität in einer Direktheit zum Thema, die zuvor nicht möglich schien. Die Kritik an der nur an Erregung und Befriedigung sowie einer männlich-emotionaellen Form der orgastischen Entladung interessierten Sexualität nahm hier ihren Anfang, und insofern kann ich im Neo-Tantra den Beginn der zweiten sexuellen Revolution erkennen.

Dennoch sehe ich darin, wie im Neo-Tantra mit Sexualität und mit Spiritualität umgegangen wird, große Probleme. Es erscheint mir inzwischen als ein dickes Knäuel aus mystischem Halbwissen, kritiklos übernommenen Meinungen von Gurus, falsch verstandenen Aussagen Wilhelm Reichs und unverhohlener spiritueller und sexueller Geschäftemacherei. Was ich als besonders problematisch sehe, ist die Anwendung des Begriffs »Tantra« für die partnerschaftliche sexuelle Begegnung zweier Menschen, die in der Absicht geschieht, sich gegenseitig Nähe, Sinnlichkeit, menschliche Wärme und dergleichen zu geben, also alle Aspekte der partnerschaftlichen sexuellen Liebe, die immer noch auf sexueller Lust, also auf Begierde beruht. »Tantra« ist jedoch ein Begriff aus dem Hinduismus und Buddhismus, (er bedeutet »Gewebe«), der im asiatischen Kulturkreis eindeutig und ausschließlich für religiös-spirituelle Praktiken verwendet wird, die alles andere beabsichtigen als sexuelle Befriedigung oder Erfüllung im persönlichen emotionellen Bereich. Es geht beim Tantra also immer um differenzierte religiöse Paktiken, zum Beispiel eine Yidam-Praxis im Buddhismus, die in jahre- oder jahrzehntelang aufeinander aufbauenden Übungen die Verbindung zu einer Gottheit herstellten soll. Ein Yidam ist eine Meditationsgottheit, also ein Buddha oder Bodhisattva, zu dem der Praktizierende eine besondere Beziehung entwickelt, und der ihn auf den Pfad der Erleuchtung führt und in dessen Buddhaland, also Himmel, er im nächsten Leben wiedergeboren wird. Die Verwirklichung eines Yidams, über Rezitationen, Mantras, Visualisierungen und Opfer ist die vorherrschende Praxis im Vajrayana- (oder tantrischen) Buddhismus. Die Besonderheit des Tantra besteht darin, dass alle menschlichen Erfahrungsebenenen in die spirituelle Praxis einbezogen werden – also auch Emotionen wie Lust, Wut, Gier und so weiter, die in konventionellen religiösen Praktiken ängstlich mit Verboten und Geboten vermieden werden, wobei eben viel menschliche Energie nicht genutzt wird.

In den zwölf Jahren, in denen ich intensiv tantrische Praktiken gelernt und durchgeführt habe, ist es mir tatsächlich nie in den Sinn gekommen, die Praxis zum Gegenstand zwischenmenschlicher sexueller Erfahrungen zu machen. Ich musste meine sexuellen Bedürfnisse nicht über pseudoreligiöse Rituale befriedigen, da ich fast immer eine Partnerin hatte, mit der ich meine sexuellen Bedürfnisse leben konnte. Mir und anderen ernsthaft Tantra Praktizierenden war völlig klar, dass die sexuellen Tantra-Praktiken überhaupt nichts mit partnerschaftlicher Sexualität zu tun haben.

> Tantra-Texte betonen immer wieder, dass es in der Praxis mit Geschlechtspartnern keine Form der sexuellen Sichauslebens ist, sondern eine Form kontrollierter Visualisation, die sich der besonderen Entrückung der sexuellen Vereinigung bedient. Sie bleibt sehr fortgeschritten Yogis vorbehalten, die die Emanation des subtilen Körpers unter Kontrolle haben und die mystische Wärme oder Energie erzeugen können, die von den Tibetern Dumo *(gtum mo, candali)* genannt wird. Wer diese Stufe noch nicht erreicht hat, darf nicht mit wirklichen Partnern praktizieren – und wer trotzdem mit den tantrischen Sexualpraktiken experimentiert in dem Glauben, er praktiziere Tantra, der kann sich großen Schaden zufügen. Er mag vielleicht andere – und vor allem sich selbst – blenden, aber es

wird ihm nicht gelingen, die sexuelle Energie im Sinne des höchsten Yoga-Tantra zu nutzen.

Der Dalai Lama macht deutlich, dass nur der für die tantrischen Sexualpraktiken qualifiziert ist, der den Phänomenen des zyklischen Daseins gegenüber vollkommen unvoreingenommen ist:

»Die Wahrheit ist, dass man solche Praxiken nur anwenden darf, wenn keinerlei sexuelles Verlangen vorhanden ist. Die Voraussetzungen sehen ungefähr so aus: Wenn dir jemand ein Glas Wein und ein Glas Urin, eine köstliche Speise und einen Teller Kot anbietet, musst du in einer Verfassung sein, dass du von allem essen und trinken kannst und es dich überhaupt nicht berührt, was du da gerade zu dir nimmst. Dann, vielleicht, kannst du dich dieser Praxis widmen.«

Als man ihn bat, Lamas zu benennen, die seiner Meinung nach auf dieser Stufe waren, musste er zugeben, dass er keinen kenne. Er sagte, es gebe zwar die bekannte Geschichten von großen Lehrern wie zum Beispiel Tilopa, die alles Haften am gewöhnlichen Denken überwunden hatten und sich daher sexuellen Praktiken widmen konnten, ohne sich selbst oder ihren Schülern zu schaden, doch seien solche außergewöhnlichen Menschen sehr selten. *(John Powers, »Religion und Kultur Tibets«, O. W Barth, 1998, S. 200 f.)*

Ich hätte die entsprechenden Belehrungen und Anweisungen durchaus von meinem Lehrer bekommen können, wenn ich ihn darum gebeten hätte. Aber eine Anwendung spiritueller Praktiken zum Zweck der sexuellen Partnerschaft mit einer Frau – das wäre in hohem Maße unangemessen gewesen, und eine entsprechende Frage hätte bei Tenga Rinpoche, dem Tantra-Meister, dessen Schüler ich 12 Jahre lang war, wohl eher zu einen Ausbruch von Heiterkeit geführt.

Es ist in der Szene des Tibetischen Buddhismus durchaus bekannt, dass es tibetische und auch westliche Lamas gibt, die sexuelle Riten als spezielle Verführungskünste nutzen, denn es mangelte nie an westlichen Frauen in den buddhistischen Gruppen, die – besonders gegenüber den jungen tibetischen Mönchen – deutliches Interesse für diese Art esoterischer Erotik oder erotischer Esoterik zeigen. Mir taten diese Menschen

– sowohl die Lamas als auch ihre Gespielinnen – immer leid, weil sie offenbar nicht in der Lage waren, ihre echten sexuellen Bedürfnisse offen zu zeigen und zu leben. Sie hatten es wohl nötig, eine pseudo-spirituelle Meta-Ebene zu nutzen, um zu Sex zu kommen, die dann zwischen den Menschen eine große Barriere bedeutete. Letztlich ist der Missbrauch für alle Beteiligten offenbar, sobald die mystische Ebene, dass tantrischer Sex ein besonderer Segen sei oder schnelle Befreiung bedeute, ihre Faszination verliert. Es gab einige sehr hässliche Skandale, an denen auch hohe Lamas wie etwa Trungpa Rinpoche, Sogyal Rinpoche und Kalu Rinpoche beteiligt waren. Diese Art des sexuellen Missbrauchs mit abhängigen Schülern und Schülerinnen hat in der buddhistischen Gemeinschaft viel Vertauen zerstört, genauso wie die Eskapaden eines dänischen buddhistischen Führers, der sich im Fernsehen damit brüstete, mit über 500 seiner Schülerinnen Sex gehabt zu haben. Der tibetische Buddhismus tut sich mit dem Verständnis von sexuellem Missbrauch und dessen Aufarbeitung noch schwerer als die katholische Kirche. So besteht die starke Tendenz, sexuelle Übergriffe jeder Art als individuelle Verfehlungen vor allem auch der weiblichen Opfer darzustellen und erst in zweiter Linie die moralische Qualifikation des Lamas zu hinterfragen. Das heißt, es gibt so gut wie gar keine Einsicht darin, dass es sich um ein strukturelles Problem handelt, das sowohl in den Charakterstrukturen der einzelnen Menschen wie auch im gesellschaftlichen System begründet liegt. Hier treffen genau die Kriterien der emotionelle Pest zu, wie Wilhelm Reich sie in der *Massenpsychologie des Faschismus* und im *Christusmord* beschrieben hat.

Tibet war bis in die 50er Jahre ein theokratischer Staat, das heißt, alle weltliche und geistliche Macht, die Rechtsprechung und so gut wie die gesamte Wirtschaft lagen in den Händen des Klerus, und es gab alle damit einhergehenden gesellschaftlichen Probleme, die von theokratischen Staaten aus allen Epochen bekannt sind. Tibet war streng patriarchalisch. Frauen galten als »niedere Geburt« und sexueller Missbrauch von Mädchen und jungen Frauen bis hin zu rituellen Entjungferungen und Vergewaltigungen durch Lamas sollen durchaus üblich gewesen sein und galten keinesfalls als Straftat, wahrscheinlich noch nicht einmal als moralisch verwerflich. Im Westen hat sich eine verkitschte Darstellung Tibets als »Land der Glückseligen« vor der Okkupation durch China durchgesetzt, und Kritik an den gesellschaftlichen Verhältnissen im damaligen Tibet wird heute meist als »chinafreundliche Propaganda« abgetan. Damit tun sich die Tibeter selbst keinen Gefallen, denn es behindert ihre Sicht auf ihre eigene Geschichte und auf ein System, in dem die Menschenrechte nichts galten und – wenn überhaupt – nur innerhalb des feudalen buddhistischen Wertesystems verstanden wurden. Frauen galten in diesem System grundsätzlich als minderwertig, und sie standen für sexuelle Rituale zur Verfügung, die ausschließlich dem spirituellen Fortschritt der Lamas dienen sollten (abgesehen von der stillschweigend akzeptierten Funktion, deren Lustbedürfnisse zu stillen). Für die Frauen war damit als einziger Vorteil die Aussicht auf eine Wiedergeburt als Mann verbunden, denn »Erleuchtung zu erreichen« ist ihnen von der buddhistischen Lehre her sowieso nicht möglich. Nach der Flucht vieler Lamas aus Tibet nach 1957 führte die Konfrontation zwischen dem westlichen Wertesystem des 20. Jahrhunderts mit dem eines theokratischen Staates, der direkt aus dem Mittelalter kam, zu tiefen emotionellen Konflikten bei den Menschen, die diesen Zusammenprall der Kulturen verkraften mussten. Stellen wir uns vor, wie es in unserer Kultur und in den Menschen aussähe, wenn die katholische Kirche als absolute Macht vom frühen Mittelalter bis in die 50er Jahre des 20. Jahrhunderts geherrscht hätte. Ich sehe es übrigens nicht als meine Aufgabe an, die Tibeter oder den Buddhismus zu kritisieren. Ich möchte nur den romantisierenden Darstellungen dessen, worum es im Tantra geht, für unser Verständnis hier im Westen etwas Wirklichkeitssinn entgegenstellen.

Alle sexuellen tantrischen Praktiken sind in weitläufige, differenzierte Rituale eingebunden, in denen es – nimmt man die buddhistischen Überlieferungen ernst – überhaupt keinen Raum für eine individuelle libidinöse Ebene gibt. Und soweit ich als Außenstehender die hinduistischen Tantra-Praktiken verstanden habe, ist es dort nicht anders. Die indischen und die tibetischen Kulturen und Gesellschaften sind streng patriarchalisch. Kaum ein Land habe ich als sexuell verschlossener erlebt als Indien und Nepal. Sexuelle Befreiung fängt erst heute ganz langsam in wenigen städtischen Subkulturen an, die sich am westlichen Lebensstil orientieren.

Wie konnte es also dazu kommen, dass gerade Tantra, das in den Herkunftsländern als traditionalistisch und konservativ gilt, zum Inbegriff einer neuen Welle der sexuellen Befreiung der Jugend im Westen wurde? Hier ist eine Person der Schlüssel: Bhagwan Shree Rajneesh, der sich später Osho nannte. Unter den vielen indischen Gurus, die in den 70er und 80er Jahren durch den Zustrom junger Menschen aus dem Westen Karriere machten, war er der bei weitem erfolgreichste. Wo andere Gurus traditionelle Lehren predigten, (die meist Askese, Armut und emotionelle Zurückhaltung beinhalteten), verstand es Osho, seine Zuhörer und auch die indische und später die westliche Öffentlichkeit zu provozieren. Er war das Enfant Terrible unter den Gurus Indiens. Vor allem liebte es dieser charismatische Mann, seine Schüler mit völlig widersprüchlichen Reden und Theorien zu konfrontieren und zu verwirren. Er mischte Themen und Thesen verschiedener Lehren, wissenschaftlicher und religiöser Herkunft bunt zusammen und schuf damit auch verblüffende und sehr kreative neue Ansätze. Wo andere Armut, Askese und Verzicht predigten, verherrlichte er Kapitalismus, Sex und Eigentum. Und so ist es auch nicht von ungefähr, dass aus der Osho-Bewegung viele erfolgreiche Geschäftsleute hervorgingen, und dass die 93 Rolls Royce von Osho zu Symbolen einer neuen spirituellen Geschäftskultur wurden.

Als ich 1976 aus der AAO, der Sexkommune Otto Muehls, fortgelaufen war, hatte ich all das erlebt, was den Osho-Gefolgsleuten, den Sannyasins (von »Sannyas« = »Zuflucht« nehmen), noch bevorstand. Es entsprach nicht im geringsten meinem Bedürfnis, nun dasselbe noch einmal »auf spiritueller Ebene« zu erleben: Promiskuität anstatt Liebe, die Ausbeutung durch eine kleine korrupte und kriminelle Elite, ein elitäres Sendungsbewusstsein, etwas Besonderes zu sein, während man sich in den Augen der Öffentlichkeit lächerlich verhielt, indem man sich ausgerechnet in Orange kleidete – der traditionellen Kleidung asiatischer Mönche, die Armut und Keuschheit symbolisiert. Die Sannyasins trugen das Bild des Gurus an ihren Ketten sichtbar herum und schienen die doppelte Bedeutung dieser Metapher selbst gar nicht wahrzunehmen.

Bei Osho – und später in den kommerziellen Angeboten, die von den Sannyasins nach Europa und in die USA gebracht wurden – wurden viele Workshops zu allen möglichen Aspekten der Bewusstseinserweiterung abgehalten und sexuelles Neo-Tantra war eines der attraktivsten Angebote. Hier wurde deutlich, wie sich aus den provokanten Reden des Gurus sehr lukrative Service-Angebote machen ließen.

Ganz egal, was Osho sagte, es wurde als eine Art unwidersprechbare Offenbarung gesehen, selbst wenn das, was er von sich gab, inhaltlich von Halbwissen und falsch verstandenen und verdrehten wissenschaftlichen und religiösen Aussagen nur so strotzte. Selbst diejenigen, die es besser wissen mussten, wagten es nicht, ihn zu korrigieren. Und so finden sich diese Halbwahrheiten und verdrehten Ansichten bis heute in der Neo-Tantra-Literatur wieder. Alle diese Irrtümer zu korrigieren, brächte kaum praktischen Nutzen. Ich will aber einige Beispiele geben.

Osho (und daraufhin auch die vielen westlichen Autoren, die Neo-Tantra aufgriffen) bezog sich explizit auf Wilhelm Reich und seine Erkenntnisse über die Blockaden, die die lustvolle orgastische Entladung behindern. Aber Osho oder seine Schüler hatten das irgendwie missverstanden, und so wurden die Blockaden nicht als Muskelkrämpfe verstanden, sondern bekamen eine eigene mystische Identität. Sogenannte »energetische Blockaden« wurden zu irgendetwas Negativem, das im Körper sitzt; fast so, wie die Kirche früher Dämonen und Teufel geschaffen hatte, wurden nun energetische Blockaden zur übersinnlichen, mystischen Wahrheit. Zudem wurden diese Blockaden, die die sexuelle Befriedigung behindern, in den Sexualorganen lokalisiert. Und so findet man heute in fast allen Neo-Tantra-Büchern die Beschreibung, dass man durch verschiedene Techniken wie Atmen, Yoga, Massieren und dergleichen die Blockaden in den Sexualorganen auflösen könne.

Wer Reich halbwegs aufmerksam gelesen hat, wird feststellen, wie weit dies von dem entfernt ist, was dieser als energetische Blockaden beschrieben hat. Reich beschreibt tatsächliche Muskelkrämpfe – und wer einmal einen Wadenkrampf hatte, wird verstehen, dass das ganz handfeste materielle Krampfzustände sind, nur eben in vielen kleinen Muskeln zum Beispiel der Augen, der Atmungs- oder der Verdauungsorgane, die sich ringförmig vom Scheitel bis zum Becken in sieben Segmenten über den gesamten Organismus erstrecken. Dabei geht es nur um die Muskelgruppen, die vegetativ gesteuert sind, also nicht willentlich bewegt werden können.

Die therapeutische Arbeit Reichs bestand darin, diese Muskelkontraktionen, in denen traumatische Erfahrungen im wörtlichen Sinne festgehalten werden, von oben nach unten, also am Scheitel beginnend, sich langsam über Wochen und Monate in Richtung Becken voranarbeitend, für fließende Bewegungen durchlässig zu machen. Reich und andere Körperpsychotherapeuten nach ihm warnten immer wieder davor, muskuläre Spasmen etwa im Becken (also auch im Bereich der Sexualorgane) zu lösen und dort den Orgasmusreflex auszulösen, bevor alle oberen Segmente gelöst sind. Das würde unweigerlich dazu führen, dass im unvollständigen Orgasmus aus dem Becken gelöste Energie auf bestehende Krämpfe in den oberen Segmenten stößt, was zu schwerwiegenden körperlichen Schäden führen kann. Zumindest werden die oberen Blockaden dadurch extrem verstärkt und eine Lösung erheblich schwieriger oder unmöglich gemacht. Das Vorgehen, die Lösung der Blockaden nur im Bereich der Genitalien zu versuchen, wie es in der Neo-Tantra-Literatur beschrieben wird, führt also zu einer Verstärkung der Muskelkontraktionen im oberen Körper. Paradoxerweise kann dies zu einer intensiveren Erfahrung des (genital impotenten) Orgasmus führen, weil die Zuckungen im Beckensegment intensiver werden, wenn die Impulse durch die oberen Blockaden ins Becken zurück reflektiert werden. Es entsteht also eine Art Echo-Reflex. Das kann durchaus mit einer Intensivierung der (zumeist männlichen) genitalen Entladung einhergehen, die, wie ich bereits beschrieben habe – durch die Schmerz-Erfahrung verstärkt – als lustvoll erlebt wird. Natürlich ist es eine Verstärkung und keine Lösung der gesamten Blockierung des Organismus mit allen negativen Konsequenzen.

Im gesamten Werk Wilhelm Reichs steht nichts davon, dass man energetische Blockaden der Sexualorgane auflösen sollte, um zu einer besseren Sexualität zu kommen. Das sind dreiste Verdrehungen der orgonomischen Erkenntnisse, die ihren Ursprung möglicherweise in den Reden Oshos haben. Vielleicht haben die Schüler seine Reden auch nur falsch verstanden. Tatsache ist jedoch, dass viele Autoren des Neo-Tantra diese Pseudo-Erkenntnisse voneinander übernommen haben, ohne dass damit praktische Erfahrungen oder gar therapeutische Qualifikationen verbunden waren. (Kein ernsthaft arbeitender, gut ausgebildeter Reichscher

Körperpsychotherapeut würde ein solches Vorgehen billigen). Hier wurden und werden also schein-orgonomische Therapieangebote von Leuten gemacht, die oft keinerlei Erfahrungen damit hatten und haben, meist nicht einmal als Patienten und schon gar nicht als ausgebildete Therapeuten. Es sind einfach wohlfeile Schein-Argumente, die man nutzte, um Produkte – also Workshopangebote zum Neo-Tantra – zu verkaufen.

In das sexuelle Neo-Tantra fanden viele andere Einflüsse Zugang, etwa aus dem Taoismus, aus verschiedenen Richtungen des Yoga, aus Hinduismus und Buddhismus. Ich habe den Eindruck, dass mit den Inhalten dieser Lehren nicht weniger schlampig umgegangen wird. So liest man immer wieder von Yoga-Übungen, deren Ziel es ist, die Energie mit dem Atem aus dem Becken, über innere Kanäle die Wirbelsäule hochzuschicken und am Vorderkörper in die Sexualorgane zu leiten – und mit dem Partner einen entsprechenden Atem- und Energiekreislauf zu erschaffen. Ich weiß aus dem buddhistischen Tantra, dass es solche energetischen Yogatechniken tatsächlich gibt, wie sie in ähnlicher Weise zum Beispiel beim Tummo, der Entwicklung der inneren Hitze, genutzt werden. Diese Yogatechniken können äußerst wirkungsvoll sein. Mit Tummo können die Lamas, die es beherrschen, ihren Körper und die direkte Umgebung heizen. Die Tummo-Technik ist also eine Überlebenstechnik, die in den ungeheizten Höhlen und Klausen des Himalaya absolut notwendig ist – und sie funktioniert. Ich habe das selbst praktiziert.

Aber ungeschulte Menschen, die zumeist die Grundbedingungen des Yoga nicht im geringsten erfüllen, in differenzierte höhere Yogaübungen zu schicken und das auch noch während der sexuellen Vereinigung, ist einfach unseriös. Ich habe erfahren, wie viel systematische, konzentrierte Arbeit es bedeutet, derartige Yogatechniken zu erlernen und zu beherrschen, und mir dreht sich bei solchen und ähnlichen Anweisungen der Magen um. Es ist in etwa so, als wolle man mit einem Selbsthilfebuch lernen, Auto zu fahren und man beginnt dann mit der ersten praktischen Fahrstunde ohne Fahrlehrer im Berufsverkehr auf der Autobahn. Und auch die selbsternannten Fahrlehrer haben noch keinen Führerschein.

Bleibt auch hier die Frage: Was hat Yoga mit partnerschaftlicher Sexualität zu tun? Derselbe Konflikt, der zwischen Buddhismus und Hinduismus einerseits und dem Neo-Tantra andererseits existiert, gilt auch für die (ausschließlich streng patriarchalisch kontrollierten) alten Schulen indischer Yoga-Traditionen, die ihre Praktiken lehren, um geistige Ziele zu verwirklichen. Die Vermittlung dieser Methoden ohne ihre geistig-religiösen Hintergründe – mit dem Ziel einer besseren partnerschaftlichen Sexualität – dürfte auch für diese Traditionen eine unerträgliche Banalisierung darstellen. Yoga wurde im Westen jahrzehntelang als eine östliche Form von Gymnastik (miss-)verstanden. Nun kommt das Missverständnis hinzu, es handle sich um Atem- und Energietechniken, um damit die sexuelle Lust zu steuern oder gar anzufachen. Ich muss nicht betonen, dass ich für patriarchalische Glaubenssysteme wenig übrig habe, aber noch weniger Verständnis habe ich dafür, diese zu plündern, um mit isoliert praktizierten Übungen spezielle sexuelle Effekte zu erzielen. Das ist esoterische Effekthascherei.

In den Anweisungen des Neo-Tantra wird immer wieder auf bestimmte Rituale Wert gelegt, so zum Beispiel, dass sich die beiden Partner als »Shakti« und »Shiva« mit »Namaste« begrüßen, was zwar nur »Verehrung sei dir« auf Sanskrit heißt, was aber in dieser Situation so viel heißen soll wie: »Ich grüße und verehre die Göttin/den Gott in dir.« (Die Vorstellung dass man sich vor der Vereinigung mit »Gelobt sei Jesus Christus – in Ewigkeit, Amen« begrüßt, hat etwas Absurdes, ist aber dasselbe auf katholisch.)

Mag sein, dass diese Art der rituellen Anrede für diejenigen angemessen ist, die tatsächlich hinduistische Praktiken als ernsthaften spirituellen Weg gehen. Das dürfte aber nur ein recht geringer Teil derjenigen sein, die Neo-Tantra praktizieren. Für alle anderen bleibt es eine mystisch-esoterische Floskel, oberflächlich und leer, und ich persönlich empfinde es als herabsetzend, wenn ich nicht die Frau, den Menschen ehren soll, sondern ein göttliches Prinzip, an das ich noch nicht einmal glaube. Wenn ich eine Frau liebe, dann ehre ich den lebendigen Menschen, kein abstraktes göttliches Prinzip, schon gar kein hinduistisches. Und ich will als Mann geliebt werden, nicht als »Shiva«. Das Problem, das ich dabei sehe, ist folgendes: Anstatt das lebendige, selbstregulierte sexuelle Glück des Körpers zu leben, der mit der Seele (also dem göttlichen energetischen Prinzip) eine Einheit bildet, wird über die sexuelle Erfahrung eine klebrig-süße spirituelle Soße gekippt, die mich an die kitschigen, bunten

Hindu-Comics erinnert. Dieses Verhalten schließt direkt an die religiösen Dogmen patriarchalischer Religionen an, die ja gerade die Trennung des Menschen von seiner natürlichen Sexualität zum Inhalt haben. Oder anders ausgedrückt: Wieder gibt es die »reine«, das heißt von der Religion abgesegnete Sexualität und die »sündige«, das heißt unreligiöse Sexualität.

Auch wenn das in den Neo-Tantra-Büchern so nicht zum Ausdruck gebracht wird, ist genau diese Einstellung in den emotionellen Traditionen enthalten, die Menschen als ihre Geschichte mit sich tragen. Von diesen Emotionen und den damit verbundenen moralischen Vorstellungen können sie sich nicht willentlich befreien, und suchen unbewusst geradezu danach, in den neuen sexuellen Riten des Neo-Tantra wieder die alten sexualverneinenden Rollenspiele zu finden. Und schon gibt es wieder die »reine« Shakti, und der »sündige« Sex wird vom »treulosen« Shiva bei den neuen Huren (also bei bezahlten Tantra-Masseurinnen) ausgelebt.

Und so wird aus einer lebendigen Erfahrung wieder ein erotisches Rollenspiel. Der eine spielt Lack-Leder-Spiele, der nächste benutzt Strapse und Strumpfhosen und wieder andere treffen sich als Shiva und Shakti. Ich weiß, so ist das ursprünglich nicht gemeint gewesen, aber an dieser Stelle möchte ich den Punkt ansprechen, den ich als den problematischsten sehe:

Obwohl im Neo-Tantra die einseitige Orientierung am Sex, der auf den gemachten (vor allem männlichen) Orgasmus abzielt, deutlich kritisiert wird, finden sich in allen Tantrabüchern wieder diverse Beschreibungen, wie Lust gesteigert und Erregung und Befriedigung *gemacht* werden kann, wie Blockaden überwunden und Rituale celebriert werden und so weiter. Ich habe – bis auf die Bücher und Tapes von Barry Long – keinen Autor gefunden, der verstanden hätte, *dass das Herstellen von Erregung, das Machen von Sexualität, das Erreichen-Wollen irgendwelcher Ziele oder Ergebnisse das eigentliche Problem darstellt.*

Und so muss ich davon ausgehen, dass diese Autoren zwar durchaus das Problem sehen, aber keine wirkliche Lösung anbieten, weil sie sie nicht kennen oder weil die Wahrheit, wenn sie ausgesprochen würde, ihnen die Kunden vergraulen würde. Die Tantra-Bücher sind voller

Ratschläge, voller Stellungen, voller differenzierter und komplexer Übungen. Die Leser und die Teilnehmer an Workshops werden schier erschlagen vom *Machen.* Ich bekomme den deutlichen Eindruck, dass tantrischer Sex zu einer Art Leistungssport gemacht werden soll. Kein einziger sagt: »Lasst alles sein, lasst einfach eure Körper sich lieben und hört auf, Liebe zu *machen*«.

Ich will nicht leugnen, dass mir vieles, was in den Neo-Tantra-Büchern beschrieben wird, im Sinne einer energetischen Sexualität durchaus als sinnvoll erscheint, zum Beispiel darauf zu achten, in der Vereinigung die muskuläre Spannung abzubauen, was bis zu einem gewissen Grad natürlich auch willentlich geschehen kann, etwa indem man den Beckenboden entspannt; oder der Rat, die Reibung zwischen Penis und Vagina zu reduzieren – möglichst bis auf Null – und zu beginnen, die Sexualorgane »von innen« zu spüren, wie ich es in der Erfahrung des inneren Körpers und des plasmatischen Strömens beschrieben habe.

Ich behaupte also nicht, dass alles in den Büchern und Seminaren zum Neo-Tantra unsinnig ist, dass es aber den Paaren, die es ernsthaft praktizieren wollen, so gut wie unmöglich gemacht wird, es umzusetzen, indem neben vielen vernünftigen Vorschlägen ebenso viele falsch verstandene und verzerrte pseudo-wissenschaftliche Erkenntnisse weitergegeben werden, die außerdem mit teilweise naiven spirituellen Ansichten vermischt sind.

Fast alle Autoren, die derartige Selbsthilfe-Tantra-Bücher schreiben, bieten selbst Workshops an und arbeiten in der einen oder anderen Weise kommerziell als Sexualberater, meist in der Tradition Oshos. Innerhalb dieser kommerziell orientierten Strukturen werden viele scheinbar wissenschaftliche oder spirituelle Aussagen gemacht. Hier fließen die Grenzen von unreflektiertem Gurutum, Pseudowissenschaft und Werbeaussagen ineinander, um Produkte zu verkaufen. Oder anders gesagt: Wenn ich – durchaus oft mit großem und vergnügtem Interesse – in den Tantrabüchern lese, habe ich fast immer den Eindruck, es mit besonders geschickt gemachten Werbebroschüren für die Workshop-Angebote der Autoren zu tun zu haben. Es ist das Grundproblem jeder Mystifikation: Die tatsächlichen lebendigen Funktionen dürfen und können nicht mehr erkannt werden, weil eine formulierte Lehre, ein spirituelles, religiöses oder wissenschaftliches Dogma oder auch der kommerzielle Verkaufsdruck verbieten, das zu sehen, was direkt vor unseren Augen liegt. Es ist das alte Problem, das im Märchen *Des Kaisers neue Kleider* beschrieben wird. Erst wenn das Kind ruft: »Aber er ist doch nackt!« wird offenbar, dass die Lüge, die ich erkenne, auch von allen anderen erkannt werden kann – wenn man sich nur traut, zu seiner eigenen Wahrnehmung zu stehen.

Neo-Tantra hatte die Chance, in Bezug auf die lebendige, natürliche Sexualität dieses wache Kind zu sein, aber inzwischen wurden so viele neue mystische Lügengebäude darum herum errichtet, dass Neo-Tantra zum modernsten Schneider von *des Kaisers neuen Kleidern* geworden ist. Es ist das alte Problem, das Wilhelm Reich beschrieben hat: Charakterneurotische Menschen *bleiben sitzen*, sie sind freiheitsunfähig. Selbst wenn man ihnen die Freiheit auf dem goldenen Tablett serviert, werden sie darangehen, sich ein neues Gefängnis aus Ideen, Meinungen und irrationalen Erkenntnissen zu bauen. Angeblich göttliche Offenbarungen, Hingabe zum Guru und eine spirituelle Ideologie sind ihnen wichtiger als geistige und sexuelle Freiheit.

Ich kann auch Wilhelm Reich nicht von dem Vorwurf ausnehmen, ebenso ein Guru gewesen zu sein, der schöne neue Utopien formuliert hat, die er seinen Anhängern als Tatsachen verkaufte. Schon in seinen frühen Schriften pries er den Sozialismus als eine solche Freiheit, wie er später die Segnungen seiner Therapien verkündete. Es ist dieser selbstgerechte Ton, der die Utopie zur idealisierten Scheinwirklichkeit macht. Inzwischen wurde deutlich, wie die Geschichte ihren Lauf nahm: dass das auch nur die Wunschträume Wilhelm Reichs waren, die sich nicht erfüllt haben. Später stampfte Reich alle politischen und therapeutischen Modelle wieder ein und vertrat das Konzept der »Kinder der Zukunft« – wieder einmal in demselben Brustton der Überzeugung, der keinen Widerspruch duldete. Und auch diese Idee hat sich bisher nicht bewahrheiten können. Ich habe einige der Mitarbeiter aus dem direkten Umfeld Wilhelm Reichs kennengelernt, und nach deren Berichten scheint es in seinem Institut »Orgonon« wie in einer wissenschaftlichen Sekte zugegangen zu sein. Reich war ebenso wie Osho ein charismatischer, magnetischer Mann, dem zu widersprechen kaum jemand wagte. Man wollte die heiß begehrte Therapeuten-Ausbildung von ihm und akzeptierte dafür kritiklos Reichs Tendenzen, die Welt mit Hilfe seiner wissenschaftlichen Erkenntnisse von diversen Bedrohungen – unter anderem auch durch extraterrestrische Raumschiffe – zu befreien, als schrullige Spleens eines genialen Arztes und Wissenschaftlers. Er zog unterwürfige Ja-Sager geradezu an, vergraulte eigenständige, unbequeme Mitarbeiter und beschwerte sich darüber, dass er nur von Menschen ohne Rückgrat umgeben war.

Reich hat viel mehr versprochen, als er zu halten in der Lage war. Gleichzeitig hat er immer wieder davor gewarnt, den Menschen zu sagen, dass sie frei sein könnten, wenn sie es nur wollen. Er warnte davor, auf den Ausgang aus der Falle zu zeigen: die natürliche, lebendige Sexualität. Wer das bisher getan hat, riskierte, daran umzukommen, weil er der emotionellen Pest erlegen ist: dem *Christusmord.*

Was bedeutet es, wenn Reich sagt, dass es gefährlich ist, den Menschen die Wahrheit zu sagen? Er schreibt im Buch *Christusmord*:

> Der Wahrheit wird deshalb ausgewichen, weil sie für den Organismus, der sich ihrer nicht bedienen kann, unerträglich und gefährlich ist. Wahrheit bedeutet, vollen Kontakt mit sich selbst und mit seiner Umgebung zu haben. Wahrheit bedeutet, dass man seine eigene Art als unterschiedlich zu der der anderen erkennt. Wenn man versucht, einem Mitmenschen eine Wahrheit aufzuzwingen, die dieser nicht leben kann, so bedeutet dies, dass man in ihm Emotionen weckt, die er nicht ertragen kann, es bedeutet, dass man seine Existenz gefährdet und sein geordnetes – wenn auch unglückliches – Leben aus dem Gleichgewicht bringt.
>
> [...] Dies sollte man sich ständig vor Augen halten als Schutz gegen die Propheten, die zwar das Licht sehen, aber nicht wissen, wie sie ihre Mitmenschen dazu bringen können, es in Frieden und Freude zu erreichen.
>
> [...] Vorsicht vor dem Freiheitskrämer in Sachen Liebe und Leben! Er meint nicht das, was er sagt. Er weiß nichts über das Leben und dessen Schwierigkeiten. Er verwandelt alle Realitäten in Formalitäten und alle praktischen Probleme des Lebens in Ideen über

ein zukünftiges Paradies der Menschheit. *(Wilhelm Reich, Christusmord, S. 302 ff)*

Oshos westliche Schüler haben, was das sexuelle Elend angeht, einen Zipfel der Wahrheit entdeckt und gelüftet. Aber anstatt sich der sexuellen Befreiung verpflichtet zu fühlen, fanden mehr und mehr esoterisch-mystische Vorstellungen Eingang in das Neo-Tantra, damit diese Form »organisierter sexueller Freiheit« in appetitlichen Häppchen in Hunderten von Übungen und esoterisch-spirituellen Ritualen in oft sehr teuren Workshops verkauft werden kann.

Letztlich läuft alles darauf hinaus, dass sich das Neo-Tantra, so wie es bisher gelehrt wird, völlig den spirituellen Ansichten unterwirft, die von Osho-Schülern und anderen spirituellen Kulten vertreten werden. Dies wird in den Büchern und Workshops nicht einmal explizit gesagt, sondern schwingt als selbstverständliches Axiom, als unwidersprechbare Grundaussage mit. Dieses spirituelle Grundverständnis geht davon aus, dass Menschen die Stufen einer spirituellen Entwicklung durchlaufen, wenn sie sich einer Methode (Sekte, Gruppe, Religion, also beispielsweise der Osho-Version des Hinduismus) anschließen, dass sie von einem weisen Guru (oder einem seiner Schüler) angeleitet werden müssen, dass es spirituelle Lehren, Bücher und Überlieferungen gibt, die es in Form einer spirituellen Praxis zu befolgen gilt, und dass man das alles in Workshops, Satsangs, per Einweihung oder über Deeksha gegen entsprechendes Entgeld bekommt.

Ich stelle dies alles in Frage. Ich behaupte, dass im spirituellen Supermarkt nur das gelehrt wird, was sich verkaufen lässt, und dass Wahrheit kein lukratives Geschäft verspricht. Ich sehe, dass all diese Ashrams, Center und Workshops nichts anderes sind als die Arbeitslager von Maja (der Göttin der Verblendung). Über dem Eingangstor steht in eisernen Lettern der zynische Leitspruch der KZ: »Spirituelle Arbeit macht frei!«

Ich befinde ich mich in guter Gesellschaft, denn ich vertrete ein Verständnis von Wahrheit, wie es auch von Wilhelm Reich, von U. G. Krishnamurti und von Jed McKenna formuliert wurde. Indem ich Neo-Tantra, Reichsche Therapeuten und den spirituellen Supermarkt kritisiere, tue ich etwas, was dem geschäftlichen Erfolg meines Buches wahrscheinlich konträr entgegensteht. Denn ich verschrecke damit viele potentielle Leser aus dem Bereich des Neo-Tantra, ebenso Reichianer und diejenigen, die glauben, einen organisierten spirituellen Weg gehen zu müssen.

Ich tue etwas, *was man nicht macht*, ich kritisiere Menschen: Ich kritisiere die Neo-Tantra-Lehrer, die die natürliche Wahrheit der Sexualität, die sie ursprünglich gefühlt haben, zu einem banalen Geschäft machen, und ich kritisiere ebenso die Workshopteilnehmer, die Neo-Tantra auf einem Kurs lernen wollen und sich mit lächerlichen esoterischen Gemeinplätzen abspeisen lassen, und die dann – wenn die erste Euphorie nachlässt und sich ihre neurotischen Charakterstrukturen reorganisiert haben – wieder einmal einen vergeblichen Versuch begraben müssen, sexuelles Glück zu erleben und langfristig zu sichern. Ich kritisiere die Reichschen Therapeuten, die selbst oft selbst zu krank sind, um gesunde Charakterstrukturen auch nur zu erkennen und die selbst die lebendige Energie nicht wahrnehmen können, und ich kritisiere deren Patienten, die glauben, es sei möglich, sich charakterliche Gesundheit durch ein paar Therapiestunden käuflich zu erwerben. Und schließlich kritisiere ich diejenigen, die sich in eine schöne, heile spirituelle Puppenstube hineinträumen und meinen, Spiritualität sei eine bestimmte Art, sich zu verhalten, die man erlernen und durch hübsch angeordnete Attribute um sich herum aufbauen und festhalten könnte.

Natürlich weiß ich, dass die meisten Menschen es nicht anders können, weil ihre neurotischen Charakterstrukturen – und damit auch unsere gesellschaftliche Wirklichkeit – eine willentliche und von den restlichen Lebensumständen isolierte Befreiung der Sexualität gar nicht ermöglichen.

Warum schreibe ich also überhaupt dieses Buch? Ich sehe in den Menschen auch etwas anderes: Wenn ich einzelnen Menschen begegne, finde ich immer wieder auch die natürliche, lebendige, wahrhaftige Ebene in ihnen: die natürliche gesunde Genitalität, die sich freut und zu leuchten beginnt, wenn sie nur direkt angesprochen und bestätigt wird. Energetische Liebe ist keine bestimmte Form des Geschlechtsverkehrs. Es ist eine Art zu leben – die Art, der natürlichen Sexualität den Raum zu geben, den sie braucht, damit Menschen glücklich sein können.

Der Schmerzkörper

Du kennst die Zustände von Depression und Mutlosigkeit, manchmal fühlst du dich angegriffen und wirst aggressiv oder du ziehst dich beleidigt zurück. Du meinst, berechtigt zu sein, dich zur Wehr zu setzen, beklagst dich darüber, wie schlecht andere dich behandeln. Scheinbar objektive Tatsachen machen dir Angst, bedrohen deine Existenz – glaubst du. Du erlebst Teilnahmslosigkeit, willst dich verkriechen, oder du wirst wütend und empfindest gar Hass. All das ist normal, du erlebst es von Zeit zu Zeit und alle anderen auch.

Diese Zustände von Leid wurden von Eckhart Tolle als »Schmerzkörper« bezeichnet. Es ist dasselbe, was Wilhelm Reich als »Charakterpanzerung« oder als »muskuläre, emotionelle und geistige Blockaden« bezeichnet. Der Schmerzkörper ist die chronisch gewordene Identifikation mit negativen, bedrohlichen Erfahrungen, Verletzungen, die Menschen (als Kinder, aber auch als Erwachsene bis in die Gegenwart) nicht ausgehalten und daher verdrängt haben. Der Schmerzkörper verhält sich wie ein Wesen, das in dir lebt. Doch er ist nichts Persönliches. Er ist der Schmerz der Menschheit, vererbt über Hunderte von Generationen, den einjeder Mensch – auch du – als persönliches Problem, als belastendes individuelles Leiden erlebt.

Es ist möglich, sich der Mechanismen des Schmerzkörpers bewusst zu werden. Du kannst ihn ansehen, ohne dich mit ihm zu identifizieren. Oft erscheint dir das zunächst schwer und bedrohlich, doch immer wieder siehst du, dass das Monster gar nicht wirklich ist – ein Phantom. Nach einem akuten Schmerzanfall zieht sich der Schmerzkörper wieder zurück in eine latente, schlafende Wartehaltung, darauf lauernd, wieder durch ein scheinbar wirkliches Ereignis ausgelöst zu werden. Sich der Existenz des latenten Schmerzkörpers bewusst zu werden und den Punkt bewusst wahrzunehmen, wenn er wieder erwacht, ist der Kernpunkt der Schmerzkörperarbeit. Anfangs tappst du vielleicht noch ein paar mal in die Falle – und doch: Du wirst nun nach und nach zum Beobachter – und so kannst du eine neue Richtung einschlagen zum Wohle aller, denn du hast nicht mehr das starke Bedürfnis, deine Ängste, deine Wut, deine Frustration – deinen Schmerz – auf andere zu projizieren. Du verstehst, dass andere Menschen, die von ihrem Schmerz gepeinigt sind, bei dir lediglich auf den Auslöser gedrückt haben, ein Trigger-Ereignis, auf das du immer wieder mit einem Schmerzanfall reagiert hast.

Wenn du den Schmerzkörper in einer akuten Situation erkennst, musst dich nicht mehr mit den alten Themen beschäftigen, sondern du kannst sofort eine neue Wirklichkeit erschaffen. Die Inhalte des Schmerzkörpers sind unwichtig, denn es ist nur ein einziger Inhalt in immer wieder verändertem Gewand: latente Angst, die allen Menschen das Leben vergiftet.

Das ist die zentrale Erkenntnis: Bisher hast du dich fast ausschließlich um die Inhalte des jeweils aktiven Schmerzkörpers gekümmert und ihn damit wirklich gemacht. Jetzt kümmerst du dich nicht mehr um die scheinbar objektiven Inhalte, sondern ausschließlich darum, dass ein Schmerzkörper akut ist, und du siehst ihn an. (Um die Inhalte kannst du dich – falls sie wichtig bleiben – auch noch kümmern, sobald der Schmerzkörperanfall vorüber ist.)

Entscheidend ist, dir darüber bewusst zu sein, wie du mit dem akuten Schmerzkörperanfall umgehst und wie du mit dem letzten umgegangen bist. – Vielleicht schaffst du es beim nächsten Mal, den Schmerzkörper etwas früher zu bemerken, bevor du jemanden beschuldigst und beschimpfst, bevor dich deine Angst überwältigt. Unbewusste Schmerzkörper sind ansteckend wie die Pest. Sie direkt anzusehen, das heißt, sie sich bewusst zu machen, stoppt sie konsequent.

Die Energie wird nun frei, die du vorher benötigt hast, um den Schmerzkörper zu ignorieren oder dich mit ihm, also mit seinen Inhalten, zu identifizieren; die Energie mit der du ihn ernährt und am Leben erhalten hast.

Schmerzkörperarbeit kann nicht nachträglich geschehen. Es geht um das Bewusstsein in der akuten, subjektiv bedrohlichen Situation. Zu zweit – in einer liebevollen Beziehung, in der sich die Partner einander zeigen mögen – geht dies viel einfacher. Man kann sich gegenseitig erinnern, bewusst zu bleiben und in der Krise präsent zu sein. Du kannst es aber auch für dich allein beginnen. Mach deinen Bewusstseinsprozess von keiner

Zustimmung abhängig, ganz besonders nicht von der deines Partners. (Wie die partnerschaftliche Schmerzkörperarbeit konkret aussehen könnte, werde ich im nächsten Kapitel beschreiben – hier zunächst die theoretischen Grundlagen.)

Du und dein Partner, ihr befindet euch in einer Trainingszeit, ihr lernt, den Schmerzkörper zu erkennen und schafft es immer besser, ihn zu belassen und nicht mehr (in dir selbst oder im Partner) zu bekämpfen oder sich ihm unterzuordnen, zu ergeben.

Du nimmst euch beide an, ohne dem Schmerz Resonanz zu gewähren. Doch du wehrst auch nicht ab, ziehst dich nicht zurück. Indem du akzeptierst, was jetzt ist, werden dich die Schmerzattacken deines Partners schon bald nicht mehr anstecken. Denn wenn du den Schmerzkörper (deinen oder den deines Partners) siehst, bekommt er keine Nahrung mehr, er wird kleiner und kleiner. Dann kommt er in immer grösseren Abständen, bis er nicht mehr von dir Besitz ergreifen kann.

Partnerschaften sind der zentrale Hort des Schmerzkörpers, wo er sich am Leben erhält und verbreitet. So, wie zwei Menschen eine Liebesbeziehung eingehen, in der sie sich gegenseitig Anerkennung, Fürsorge und positiv gelebte Sexualität geben, ist die Partnerschaft der Schmerzkörper darauf ausgerichtet, Verletzungen auszutauschen, Streit und Frustration anzufachen. Da dies weitgehend unbewusst geschieht, sind in den meisten Beziehungen die Schmerzkörper langfristig erfolgreicher. Dann trennen sich die Paare wieder, weil sie dem Irrtum erliegen, auf diese Weise den Schmerzkörper loswerden zu können.

Wenn du glaubst, dass du einen Partner finden kannst, der keinen Schmerzkörper hat, der dich errettet oder der deinen Schmerzkörper nicht aktiviert, täuscht du dich grüdlich. Die Arbeit am Schmerzkörper kann dir niemand abnehmen. Nur du selbst kannst dich emanzipieren. Doch es funktioniert, und es dauert nicht einmal so lange. Mit jeder überwundenen Situation gewinnst du Bewusstsein. Du kannst lernen, mit dem Schmerzkörper umzugehen, ihn zu sehen, zu belassen und so deine Achtsamkeit zu entwickeln. Nach und nach wirst du besser verstehen, wie du mit dem Schmerz umgehen kannst. Du lernst, ihn früher zu bemerken, am besten dann, wenn er aus seinem latenten Zustand erwacht und versucht, dein »ich« zu werden. Du bekommst Sicherheit aus deinen eigenen Erfahrungen. Es geht darum, autonom zu werden, unabhängig von äußerer Hilfe. In der akuten Schmerzsituation hilft keine Beruhigung, liebe Worte und Berührungen werden abgewehrt, Ablenkungen machen den Schmerzkörper noch unbewusster. Und die Beschäftigung mit den Inhalten des Schmerzkörpers – die Geschichte, über die er sich aktiviert – ist genau das, was er beabsichtigt. Damit wird er erst richtig wirklich.

Es gibt ein Instrumentarium, über das du in der akuten Situation verfügen kannst. Es sind einfache Methoden der Körperwahrnehmung: zu atmen, zu tönen. Es sind Erfahrungen der Energiewahrnehmung, und es ist vor allem das Wissen, wer du wirklich bist. So kannst du gerade durch die Schmerzkörper-Erfahrung bewusster werden und die blockierte Energie direkt in achtsame Bewusstheit umwandeln.

Was ich dir anbiete, ist also keine Therapie, keine Behandlung. Ich zeige dir, wie du mit dir selbst umgehen kannst – und auch mit anderen Menschen, die den (grundsätzlich unpersönlichen) Schmerzkörper aktivieren. Manche Menschen sind so gefangen im Schmerz, dass eine Psychotherapie angebracht ist, um überhaupt noch lebensfähig zu sein. Doch die meisten leben in einem relativ normalen Zustand, der immer wieder mal von Schmerzzyklen gestört wird, und sie sind deshalb auch in der schmerzfreien Zeit in ständiger Erwartung, Unruhe und Furcht, wieder von einer der dunklen Schmerzattacken eingefangen zu werden.

Zu wissen, was du tun kannst, dich aus diesem Teufelskreis zu befreien, kann eine große Erleichterung sein, denn dann fühlst du dich diesem Schicksal nicht mehr hilflos ausgeliefert. Dem Schmerzkörper bewusst entgegenzutreten, bedeutet, wirklich erwachsen zu werden.

Wo ist der Ausgang aus der Falle?

Wilhelm Reich weist im »Christusmord« darauf hin, dass es nicht darum geht, das Leben und das Leiden in der Falle zu beschreiben, sondern den Ausgang zu finden:

> Es hat wenig Sinn, Denksysteme über das Wesen der Falle zu entwerfen, wenn das einzige, was man zu tun hätte, um aus der Falle

> herauszukommen, darin besteht, dass man die Falle erkennt und ihren Ausgang findet. Alles andere hat überhaupt keinen Sinn: Hymnen darüber zu singen, wie sehr man in der Falle leidet, wie es der versklavte Neger tut; oder Gedichte über die Schönheit der Freiheit *außerhalb* der Falle zu schreiben, von der man in der Falle träumt; oder ein Leben außerhalb der Falle nach dem Tode zu versprechen, wie es der Katholizismus seinen Gläubigen verspricht; oder sich zu einem *semper ignorabimus* zu bekennen, wie es resignierte Philosophen tun; oder ein philosophisches System um die Verzweiflung am Leben in der Falle zu errichten, wie es Schopenhauer getan hat; oder einen Übermenschen zu erträumen, der sich von den Menschen in der Falle total unterscheidet, wie es Nietzsche getan hat, bis er, selbst in der Falle eines Irrenhauses gefangen, endlich die volle Wahrheit über sich selbst schrieb – zu spät [...] *Allererste Aufgabe ist es, den Ausgang aus der Falle zu finden.* Wie die Falle beschaffen ist, interessiert überhaupt nicht, abgesehen von dieser einen entscheidenden Frage: WO IST DER AUSGANG AUS DER FALLE? (*Christusmord*, S.33/34)

Jeder Mensch kennt die emotionellen Zustände von Leiden: Angst, Zorn, Depression, Groll, Dumpfheit – es gibt sehr viele Zustände, die leidhaft erlebt werden. Aber das Leiden geht tiefer: Es ist vor allem das Leiden am Leiden, das heißt an der scheinbaren Unausweichlichkeit des menschlichen Schicksals, dem Schmerz hilflos ausgeliefert zu sein.

Die Ursache des Leidens ist Widerstand gegen das, was jetzt ist. Der Verstand lebt in Vergangenheit und Zukunft und ignoriert das Jetzt, indem er den jetzigen Moment ablehnt, ihn bekämpft oder vor ihm davonläuft – etwa durch den Gedanken: »Wenn das-und-das geschieht, dann wird es mir besser gehen.« Dieser Gedanke ignoriert das Leben, *mein Leben.* Denn nur das, was jetzt ist, ist mein Leben: die Umgebung in der ich lebe, die Menschen, die mir begegnen, mein eigener körperlicher und emotioneller Zustand und vieles mehr, was zu meiner direkten Erfahrung gehört. Und was ist *nicht* mein Leben? Die zwanghaften Gedanken an eine Vergangenheit (»Es geht mir schlecht, weil das-und-das geschehen ist.«) und an eine Zukunft (»Es wird mir besser gehen, wenn –«). Diese

Zukunft ist immer nur eine Projektion der Vergangenheit auf eine mögliche kommende Wirklichkeit, voller Hoffnung auf Besserung und voller Angst vor Verlust, letztlich dem Tod. So wird das Jetzt abgelehnt, das eigene Leben wird als feindlich gesehen. Diese zerstörerische Grundauffassung, dass Leben unweigerlich Leiden bedeutet, wird seit Jahrtausenden von Generation auf Generation vererbt. Daraus entstehen alle Konflikte, bis hin zu Kriegen, Sklaverei und aller Ausbeutung von Mensch und Natur.

Der Schmerzkörper ist die Panzerung

Indem ich dem Jetzt keinen Widerstand mehr entgegensetze, alles, was mir begegnet, wahrnehme, anerkenne und es belasse, wie es ist, schneide ich die Ursache des Leidens ab. Das ist die einfache Essenz der Lehre der Erwachten. Aber damit ist nicht alles Leid sofort überwunden. Die Jahrtausende, in denen die Menschen Leiden erduldet und geschaffen haben, haben eine eigenständige Instanz erschaffen: den Schmerzkörper. Es sind die Schmerzen aus der eigenen Kindheit, die Schmerzen der Eltern und anderer Menschen, die auf mich Einfluss hatten, und daher auch die Schmerzen all derjenigen, die in früheren Generationen lebten. Dieser Schmerzkörper lebt in mir wie ein eigenständiges Wesen. Es besteht aus blockierter Lebensenergie, die sich wie »ich selbst« anfühlt, in Wahrheit jedoch eine fremde Identität ist, die sich in meinem Körper organisiert, die in Zyklen vorgibt, »ich« zu sein, und die in diesen Anfällen von Schmerz mein Denken und Handeln kontrolliert, solange ich kein Bewusstsein davon habe.

Mit dem Begriff »Schmerzkörper« meint Eckhart Tolle genau das, was Wilhelm Reich den »Charakterpanzer« oder die »emotionelle Panzerung« nannte. Er besteht aus Traumata, die sich als chronische Muskelkrämpfe in der körperlichen Struktur verankern. Schon indem ich in diese Welt geboren werde, teile ich dieses allgemeine menschliche Leid, das viele Namen hat: die neurotischen Charakterstrukturen, der Schmerzkörper, die Erbsünde, das Leiden an der Existenz. Es sind unterschiedliche Sichtweisen auf dasselbe Phänomen.

Selbstbefreiung und Therapie

Als ich in den siebziger Jahren mit der Antwort Wilhelm Reichs auf das Wesen der »Endemie der Neurose« – so nannte Reich den allgemeinen Schmerzkörper aus psychoanalytischer Sicht – konfrontiert wurde, stand für mich wie für fast alle anderen, die sich mit Reich beschäftigten, der Aspekt der Selbsterkenntnis und der Eigentherapie im Vordergrund. Erst viel später, als die Versuche, mich darüber zu heilen, gescheitert waren, musste ich einsehen, dass dieses Wissen für eine Eigentherapie nicht geeignet ist, da Reich von einer orgontherapeutischen Behandlung durch hoch ausgebildete Therapeuten ausging.

Bei all den Therapieformen, für die der Name Wilhelm Reichs stand – von der Psychoanalyse über die Widerstandsanalyse bis hin zu den verschiedenen Körpertherapien – ging es immer darum, das eigene Leiden zu begreifen und abzuschaffen, wenn auch oft mit unzureichenden Mitteln. Man könnte viel darüber sagen, wie diese vielen Befreiungsversuche gescheitert sind. Wichtig erscheint mir im Augenblick jedoch nur, zu beschreiben, wie die Selbstbefreiung funktionieren kann. Möglicherweise werden durch das Erkennen des Schmerzkörpers auch manche therapeutische Methoden völlig neue Möglichkeiten bekommen. Ihr bisheriges Scheitern liegt nicht an den Therapien selbst. Es liegt an den Menschen, die sie anwenden, den Patienten und Therapeuten. Ein Therapeut kann den Patienten nicht gesünder machen als er selbst ist. Wenn ein Therapeut neurotisch gestört ist, ist es unausweichlich, gesunde Reaktionen des Patienten falsch zu interpretieren und gegen sie vorzugehen, weil der Therapeut sie nicht versteht. Oft werden spirituelle Ansichten der Patienten von Therapeuten prinzipiell als krankhaft angesehen. Manche Therapeuten lassen auch bei ihren Patienten nur die spirituellen Gedanken zu, die ihren eigenen Ansichten entsprechen.

Und Therapien, die auf der Ebene des Egos durchgeführt werden, haben per se nur die Funktion, den Patienten wieder fähig zu machen, innerhalb der Gesellschaft als *normal* zu funktionieren. Sie bergen daher gar kein Potential zur Befreiung in sich. Ein Mensch, der glaubt, der empfundene Schmerz sei sein Problem, kann den offen sichtbaren »Ausgang aus der Falle« nicht sehen. Oft werden dann spirituelle Auswege aus der

Misere gesucht: *Das Problem*, das jemand zu haben meint, wird zu einer objektiven Wirklichkeit erklärt – zum Beispiel *schlechtes Karma, Unglück, die Strafe Gottes, schlechte Energien* und dergleichen – und nicht als Projektion des Schmerzkörpers erkannt. Und die Lösung wird dann oft in der Hinwendung zu einer übermächtigen Instanz – zu *Gott, Buddha, Engeln* und so weiter – von außen zu erhalten erhofft, durch Gebet, Wünsche, Affirmationen, Opfer, Pujas, Deeksha und mehr – also durch sogenannte *spirituelle Praxis.* Mit dieser Art Spiritualität wird die Ursache des Leidens zu einer selbständigen Wirklichkeit gemacht, und die Lösung wird in einer heilbringenden Praxis gesucht, die man nur lange und intensiv genug durchführen muss, bis dann irgendwann die Befreiung als Ergebnis – quasi als Belohnung durch eine spirituelle Elterninstanz – kommt. Ich halte die therapeutische Kritik an diesen Versuchen, sich zu befreien, durchaus für gerechtfertigt, denn sie sind tatsächlich in erster Linie der Schrei nach Hilfe und keine Lösung.

Die Lösung der Blockaden auf allen Ebenen

Die therapeutischen Ansätze, mit denen Reich gearbeitet hat, gehen von der funktionellen Identität der verschiedenen Ebenen des Leidens aus. Ein erlebtes Trauma ist zunächst ein Ereignis, das nicht verarbeitet werden kann. Es verankert sich in der Struktur des Menschen auf verschiedenen Ebenen als Blockaden: erstens als mentale Blockade, die sich etwa als Zwangsvorstellung, als fixierte Meinung, als unverrückbare »Wahrheit« zeigt; zweitens als emotionelle Blockade, die sich als unter anderem als Absperrung, Angst, Ekel und andere das Leben abwehrende Emotionen äußert; und drittens in körperlichen Blockaden, die sich als chronisch verspannte Muskulatur äußern, indem bestimmte Muskelgruppen – etwa der Atmung, der Verdauungsorgane und so weiter – sich verkrampfen und nicht mehr völlig entspannen können. Diese Muskeln arbeiten also ständig und verbrauchen auch ständig Energie, und genauso wird die Energie auch durch Zwangsvorstellungen oder destruktive Emotionen immer in derselben Weise angeregt und verbraucht. Blockaden sind also nichts anderes als Energie, die immer in dieselben bereits vorgegebenen Bahnen gelenkt wird.

Wenn nun durch eine therapeutische Technik eine Blockade gelöst wird, werden die Inhalte auf allen Ebenen gelöst, also mental, emotionell und körperlich. Funktionelle Identität bedeutet hier: Es ist durchaus möglich, zum Beispiel mit einer vorwiegend mentalen Analysetechnik wie der Gesprächstherapie mentale Blockaden aufzulösen und damit auch die emotionellen und körperlichen Aspekte zu befreien. Eine emotionelle Analysetechnik wäre beispielsweise die Gestalttherapie und körperliche Therapien wären unter anderem psychiatrische Orgontherapie oder Bioenergetik. Mit jeder dieser Therapien sollen Blockaden auf allen funktionalen Ebenen aufgelöst werden.

Reich ging nun davon aus, dass in der Therapie der Widerstand des Patienten bestimmt, wie effektiv der Prozess sein kann. Die mentalen Inhalte – also Gedanken, Assoziationen und Träume – können vom Patienten am besten kontrolliert werden. Die emotionellen Inhalte sind oft gespielt, und Patienten wie Therapeuten verlieren sich oft im Gestrüpp der verschachtelten Emotionen. Die körperlichen Blockaden sind den Patienten meist völlig unbewusst und können von ihm am wenigsten kontrolliert werden. Sie sind daher am besten therapeutisch zu erreichen. Aber um diese zu behandeln, muss ein Therapeut selbst durch den Prozess der Befreiung von körperlichen, emotionellen und geistigen Blockaden gegangen sein. Und die Erfahrung hat gezeigt, dass nur sehr wenige Therapeuten diesen Zustand – den genitalen Charakter – wirklich sicher erreichen und halten können. Reich hatte anfangs viel zu optimistische Vorstellungen, dass es möglich sei, viele Therapeuten dorthin zu bringen, und er stellte später fest, dass Therapie, auch Orgontherapie, kein effektiver Weg ist, die Menschheit vom Leiden zu befreien. Bei einzelnen Patienten mag es eine Hilfe sein, aber der finanzielle, zeitliche und organisatorische Aufwand macht Orgontherapie zu einer sehr exklusiven Methode, die tatsächlich nur sehr wenigen Menschen zugänglich ist. Dennoch gibt es durch die Arbeit Reichs und anderer Therapeuten viele Erkenntnisse über das Wesen der Neurose und deren Lösung, so dass zu erwarten ist, dass es irgendwann Methoden geben wird, die es jedem Menschen ermöglichen, sich aus dem dumpfen Leiden zu erheben. Ich halte die Aussagen über den Schmerzkörper und dessen Bewusstwerdung und Lösung für so wertvoll, dass ich hoffe, dass dieser Ansatz auch in die therapeutischen Modelle einfließt.

Die Genese des Schmerzkörpers

Bevor ich jedoch genauer auf den Ansatz Eckhart Tolles eingehe, möchte ich an einem ausführlichen Beispiel beschreiben, wie eine traumatische Blockierung entsteht, wie sie sich in der Struktur des Individuums und in der gesellschaftlichen Realität verankert. Ich benutze hier von vornherein den Begriff »Schmerzkörper« synonym mit dem, was Reich als »neurotische Charakterstruktur« oder »körperlich-emotionelle Panzerung« bezeichnet. Es sind in jedem Falle energetische Blockaden, die sich als Zwangsgedanken oder festgefahrene Meinungen, als destruktive Gefühle oder als Muskelkrämpfe äußern. Die Energie fließt nicht mehr, kann sich nicht mehr entladen, und das führt zum zwanghaften Wunsch, den Schmerz zu erneuern, damit diese energetischen Strukturen unbewusst wieder belebt werden. Eigentlich ist jede dieser Schmerzattacken (neurotischen Anfälle) ein unbewusster Versuch des Individuums, sich vom Schmerz zu befreien.

Das Beispiel: Ich habe immer wieder erlebt, dass Mütter äußern, man müsse Säuglinge schreien lassen, mit offensichtlich scheinrationalen Argumenten (mentalen Blockaden) wie zum Beispiel: »Das kräftigt die Lungen« oder »Ich lasse mich doch von einem Säugling nicht erpressen«. Da ein Säugling noch kein Ich und Du kennt, kann er natürlich auch nicht erpressen. Ein Säugling schreit immer vor Schmerzen, körperlichem Schmerz, etwa weil er Hunger bedrohlich erlebt, oder weil er einfach Angst hat. Und dieser Schmerz ist wirklich und körperlich. Es ist vielleicht Todesangst. Er hat noch keine gedanklichen Vorstellungen und kennt nur die Emotionen Freude und Wut. Alle anderen Emotionen setzen ein Ich voraus, das sich über die Projektion einer in der Vergangenheit erlebten Situation auf eine fiktive Zukunft bedroht fühlt. Das Wichtigste in diesem tatsächlich erlebten Schmerz ist seine Linderung, ist Trost, die körperliche Nähe der Mutter oder eines anderen nahen Angehörigen. Das empfinden auch weinende Erwachsene nicht anders.

Ein schreiender Säugling erlebt, dass er nicht liebevoll getröstet, sondern allein gelassen wird. Er wird in sein Bett gelegt und bekommt erst dann wieder Zuwendung, wenn er aufgehört hat zu schreien. Er erlebt ein schweres Trauma. Wenn das mehrmals geschieht, wird er verstanden haben, dass er den Atem anhalten und den Ausdruck von Schmerz – sein Schreien – unterdrücken, das heißt körperlich vollkommen resignieren muss, um Zuwendung zu bekommen. Das ist die Ursache einer körperlichen, muskulären Blockade, wie Wilhelm Reich sie beschreibt: der emotionelle Inhalt (die Nähe kommt erst nach der Unterdrückung von Todesangst) wird mit der Muskelkontraktion (Luft anhalten, also die Verspannung von Zwerchfell, Bauch- und Brustmuskulatur) verknüpft. Der Vorgang ist natürlich unbewusst. Die körperliche Funktion »Atem anhalten« und die emotionelle Funktion »Angst bei körperlicher Nähe« werden verknüpft. Dieser Teil des Schmerzkörpers wird damit autonom, das heißt, er bekommt seine eigene Identität. Dieser Mensch wird eventuell zeitlebens nie wieder körperliche Zuwendung erleben können, ohne den Atem anzuhalten und der Schmerzkörper wird nun auch durch körperliche Nähe ausgelöst: Bei jeder intimen, liebevollen Berührung wird Angst erlebt. Und obwohl der Mensch diese Erfahrung als schrecklich erlebt, wird er wie magisch davon angezogen, denn hinter dem Schmerz, hinter dem Muskelkrampf ist immer noch die ungestillte Sehnsucht nach Liebe, nach Trost, nach Erlösung.

Der Mensch will diesen Schmerz nun zwanghaft wieder erleben, und da ihm der Zusammenhang nicht bewusst ist, muss er, um verstandesmäßig mit dieser Erfahrung zurechtzukommen, auch einen mentalen Inhalt damit verknüpfen. Er glaubt nun, eine äußerliche Ursache sei verantwortlich für den eigenen Schmerz – etwa der eigene Säugling, der in seiner Angst nach körperlicher Berührung schreit oder auch der Partner, der ihm körperlich nahe sein will. Jede Nähe wird durch die beschriebene neurotische Verknüpfung als Schmerz erlebt und der Säugling oder der Partner werden für den Schmerz, der immer wieder ausgelöst wird, bestraft, verantwortlich oder schuldig gemacht. Hier beginnt der Kreislauf neu, das heißt, auch der Säugling der nächsten Generation wird dieses Trauma erleben, weil auch dieser Mensch dann eventuell keinen schreienden Säugling emotionell ertragen und ihm keine echte Nähe geben kann. Oder der Partner wird der Geilheit beschuldigt, wenn er zum Ausdruck bringt, dass er körperliche Nähe möchte, und seine sexuellen Bedürfnisse werden aktiv unterdrückt. So pflanzt sich der Schmerzkörper über die Generationen fort. Es geht nicht nur um ein Trauma, sondern es sind Hunderte, Tausende, mit denen Menschen aufwachsen. Was hier an einem isolierten Beispiel gezeigt wurde, findet in großen und kleineren Verletzungen ständig zwischen Menschen statt. Und jedes noch so scheinbar unbedeutende Trauma wird mit körperlichen, emotionellen und mentalen Inhalten in der Persönlichkeit eines jeden Menschen aber auch einer Gruppe, eines Volkes oder der gesamten Menschheit gespeichert. Moralvorstellungen – so sinnvoll sie zu sein scheinen, um gesellschaftliches Leben zu ermöglichen – sind die gesammelten geistigen Blockaden einer Kultur. Und je mehr Verletzungen die Menschen in einer Kultur ausgeliefert waren, desto grausamer erscheinen ihre Moralvorstellungen.

Jeder Krieg hinterlässt grausame, verrohte Menschen. Jahrhunderte der Kriege in Mitteleuropa brachten ein Deutsches Reich hervor, das zwei verheerende Weltkriege auslöste. Eine ähnliche Rolle spielte die japanische Kultur in Asien. In Afrika hinterließ die Sklaverei eine gebrochene Bevölkerung. Dort werden noch immer die grausamen Riten der weiblichen Genitalverstümmelung praktiziert. Die Unterdrückung der Frauen als Eigentum der Männer in der patriarchalischen Kultur schuf zerstörte emotionelle Strukturen über Jahrtausende, die noch in vielen Generationen nachwirken. Alle diese seelischen Verletzungen leben in jedem Menschen weiter. Und immer sind es die Opfer, die diese Strukturen auf die nächste Generation übertragen.

Was ist der Schmerzkörper?

In der Aufzählung der verschiedenen Ebenen funktioneller Identität von Blockaden und deren Lösung fehlt bisher die spirituelle Ebene. Es ist die Ebene, die Eckhart Tolle anspricht, wenn er vom Schmerzkörper spricht.

Eckhart Tolle berichtet davon, dass sein Schmerzkörper sich in einem einzigen Erlebnis völlig aufgelöst hat. Es ist also auch möglich, den Schmerzkörper durch spirituelle Erfahrung zu (er-)lösen, aufzulösen. Wäre diese Lösung nicht auch mental, emotionell und körperlich geschehen, wäre sie nicht vollständig gewesen. Ich habe nicht den geringsten Zweifel daran, dass das, was er über sein Erlebnis und das Leben danach berichtet, wahrheitsgetreu ist. Da ich selbst inzwischen immer wieder eindrucksvolle Lösungen des Schmerzkörpers erfahren habe, kann ich aus eigener Erfahrung sagen, dass es sich nicht um Fiktion handelt, sondern um nachvollziehbares und praktisch umsetzbares Wissen.

Indem ich die Erkenntnisse vom Leben in der Gegenwärtigkeit angewendet habe, kann ich nicht sagen: »Von nun an bin ich glücklich!« So einfach funktioniert das nicht. Die Existenz des Schmerzkörpers anzuerkennen, ist entscheidend. Jedes Trauma, jeder Schmerz – von frühester Kindheit bis heute – kann seine Spuren als blockierte Energie hinterlassen, die sich in meiner Muskulatur, in Gefühlen und Gedanken festsetzten. Das heißt: Auch wenn ich nach dem Erwachen in die Gegenwärtigkeit keinen neuen Schmerz schaffe, habe ich es mit den Rückständen alter blockierter Energie zu tun.

Solange der Schmerzkörper unbewusst ist, kann er sich in mir am Leben erhalten und mich dazu bewegen zu glauben, er zu sein, und er bringt mich dazu, in seinem Sinne zu handeln. Doch ich bin in der Lage, ihn in der Gegenwärtigkeit aufzulösen, indem ich mir seiner bewusst werde.

Der Schmerzkörper verhält sich wie ein eigenständiges Wesen, das in mir lebt. Es besteht, wie gesagt, aus blockierter Energie, die sich nach eigenen Gesetzmäßigkeiten – den Charakterstrukturen – organisiert. Den Schmerzkörper als eigenständiges Wesen zu sehen, hilft mir –, aber nur solange ich diese Sichtweise nicht zu einer neuen Mystifikation mache. (Die katholische Kirche tat genau das mit dem Exorzismus an so genannten Dämonen und Teufeln. Diese Sicht verschleiert die Tatsachen natürlich wieder, weil sie neue Ursachen und damit noch größere Probleme erschafft.)

Der Schmerzkörper kennt zwei Zustände: Er ist entweder aktiv (er ist wach) oder er ist latent (er schläft). Wenn er aktiv ist, fühle ich Schmerz: Wut, Depression, Angst, Stumpfheit und andere Schmerzzustände. In diesem Zustand will ich und suche ich den Schmerz (auch wenn ich diese Behauptung in der akuten Schmerzphase vehement ablehne, denn das Wollen und Suchen von Schmerz muss unbewusst bleiben, damit es wirken kann). Der Schmerzkörper ernährt sich vom Schmerz, er braucht dieselbe schmerzhafte Erfahrung, die ihn ursprünglich erschaffen hat, um sich lebendig zu fühlen. Das unbewusste Muster, mit dem er im Organismus gespeichert ist, muss reaktiviert werden. Der Schmerzkörper erwacht, nachdem ein relativ unscheinbarer Auslöser einen meist überdimensionalen Ausbruch von Schmerz verursacht hat. Es kann eine belanglose Bemerkung eines nahen Angehörigen sein oder auch nur ein angstvoller Gedanke beim morgendlichen Erwachen. Das ist der Moment, in dem der Schmerzkörper aus dem latenten in den aktiven Zustand wechselt. Natürlich behauptet der Schmerzkörper, dass man »mir« wirklich etwas Schlimmes angetan hat, um die überdimensionale Reaktion zu rechtfertigen. Und nun macht er sich stark, um sich zu ernähren (also die blockierte Energie zu verstärken): er übernimmt das Denken, behauptet, *ich* zu sein, und jeder Gedanke ist nun destruktiv und unterstützt den emotionellen Schmerz. Emotionen und Gedanken schaukeln sich auf, geben sich gegenseitig Energie. Eine andere Art des Schmerzkörpers, sich zu ernähren, besteht darin, sich an den Reaktionen anderer Menschen (anderer aktiver Schmerzkörper) hochzuziehen. Ein Schmerzkörper-Ich trifft auf einen anderen aktiven Schmerzkörper oder weckt den Schmerzkörper in einem anderen Menschen. Dann werden destruktive Gedanken und schmerzhafte Gefühle als Beschimpfungen, Demütigungen und Verletzungen zwischen den Menschen ausgetauscht und die beiden Schmerzkörper-Ichs feiern ein Festmahl.

Der Schmerzkörper verhält sich wie ein Süchtiger, der seine Droge haben will. Er liebt den Schmerz und tut alles, ihn aufrechtzuerhalten, ihn zu fühlen und auszuteilen, bis er genug zurückbekommen hat und sich am Schmerz sattgegessen hat. Es gibt kein vernünftiges Argument, keine Beschwichtigung und keine liebevolle Zuwendung, die ihn davon abhalten könnte, sich zu erneuern – bis er für dieses Mal genug Schmerz getankt hat und wieder einschläft.

Jeder hat das erlebt, vor allem in engen Partnerschaften. Plötzlich wird der geliebte Mensch zu einem Monster. Der Schmerzkörperanfall ist im anderen einfacher zu entdecken als in mir selbst, weil die entscheidenden Mechanismen weitgehend unbewusst ablaufen. Das typische Beziehungsdrama beginnt mit dem Schmerzkörper-Ausbruch in einem der Partner. Doch Schmerzkörper sind sehr geschickt darin, die Auslöser im anderen zu finden und zu benutzen, um den Schmerzkörper im Partner zu wecken. Im typischen Beziehungsdrama geben sich die Schmerzkörper gegenseitig das, was sie sich ersehnen: Schmerzen. Das entspricht dem

Sinn einer Beziehung genauso wie der Austausch von Zärtlichkeit und Sexualität in der schmerzfreien Zeit. Nicht nur die beiden Menschen gehen eine Partnerbeziehung ein, sondern auch die Schmerzkörper-Ichs. Da dieser unbewusste Mechanismus von den meisten Menschen nicht akzeptiert und verstanden werden kann, trennen sich die Paare wieder, sobald die schmerzhaften Zyklen unerträglich werden – im Irrglauben, damit den Schmerzkörper besiegen zu können.

Wie lange die Fütterungszeiten andauern, ist sehr unterschiedlich. Manche brauchen nur wenige Minuten. Andere sind tagelang oder gar wochenlang aktiv. Einige wenige Menschen scheinen permanent im Schmerzkörper zu leben.

Obwohl er so destruktive Wirkungen hat, besonders im sozialen Miteinander der Menschen, ist der Schmerzkörper nichts Böses oder Fremdes. Er ist nicht der Feind, sondern er ist blockierte Lebensenergie, vergleichbar mit einem klaren Gebirgsbach, der an einer Stelle gestaut wird. Das Wasser bleibt derselbe klare Bach, aber es kann nun sehr destruktive Wirkungen haben. Es ist blockierte lebendige Energie.

Den Schmerzkörper erkennen heißt ihn besiegen

Wie kannst du den Schmerzkörper loswerden? Ganz einfach: Du kannst ihn wahrnehmen, seine Existenz anerkennen und ihn belassen. Denn er lebt am besten in der Unbewusstheit, in der Leugnung. Indem du ihn bewusst ansiehst, kannst du verhindern, dass er sich weiter ernährt, indem er vorgibt, dein Ich zu sein. Und du erkennst, dass der Schmerzkörper nicht dein Problem ist, er ist nichts Persönliches, keine Krankheit – er ist ein Umstand, in dem die Menschheit lebt. *Jeder Schmerzkörper ist das Leiden der Menschheit.*

Du kannst Bewusstheit in den Schmerzkörper hineinbringen und ihn damit auflösen. Am leichtesten geht das, wenn er aus seinem latenten Zustand erwacht. Je bewusster du diesen Augenblick erleben kannst, um so weniger wird der Schmerzkörper es schaffen, sich deines Denkens zu bemächtigen. Du stellst fest, dass ein kleiner Auslöser eine enorme emotionelle Reaktion hervorbringt. Das ist der Moment, sich daran zu erinnern und dem Schmerzkörper nicht zu erlauben, *ich* zu werden. Du fühlst die

Energie, die Emotion, die aus dem Körper kommt, zum Beispiel aus dem Bauch, dem Magen oder der Brust, oder es schnürt dir den Hals zu. Da diese Gefühle so stark sind, sind sie meist sehr eindeutig und können im Körper gefühlt werden: als Übelkeit, als Schwere, als ein Loch im Innern, als bebender Zorn oder kalte Wut, als Verwirrung, als Zittern im Bauch, als Schwindelgefühl, Druck im Zwerchfell oder im Magen – es gibt viele negative Gefühle, die dir bewusst werden können.

Wenn du dir diese körperlichen Empfindungen ansiehst, kann der Schmerzkörper nicht mehr unbewusst auf dein Denken Einfluss nehmen und ein unglückliches Ich werden. Es sind Turbulenzen im Körper, unangenehme Gefühle und Empfindungen. Es macht keinen Spaß, und oft erfordert es große Überwindung und Mut hinzusehen und hineinzufühlen.

Das bewusste Hinsehen ist der Anfang vom Ende des Schmerzkörpers. Aber die Praxis lautet nicht »Wie werde ich den Schmerzkörper los?«, das würde ihn wieder zu einer eigenen Identität machen, einer neuen Story. Die Praxis besteht darin, die Gefühle, die da sind, einfach anzunehmen und bewusst anzuschauen. Nicht mehr! Es wird keine neue Geschichte daraus gemacht, kein neues unglückliches Ich. Du siehst dir einfach die Empfindungen an, die jetzt da sind und akzeptierst sie als den Ausdruck des Lebens im jetzigen Moment. Du erlaubst dem Schmerz, da zu sein. Du bist das Bewusstsein, das dem Schmerz erlauben kann, zu existieren. Du bist das große Mitgefühl. Du bringst Achtsamkeit in den Schmerzkörper. Und damit erreichst du eine machtvolle Änderung in deinem Leben: Einerseits kommst du sofort in die Gegenwärtigkeit, andererseits löst du den Schmerzkörper auf. Das mag nicht beim ersten Mal funktionieren, aber es funktioniert immer öfter und immer besser. Bald verstehst du, dass der Schmerzkörper nicht dein Feind ist, sondern dein Verbündeter. Jeder Schmerzanfall weckt dich auf, macht dich ein Stück bewusster. Du erlebst immer eindeutiger, dass sich der Schmerzkörper nicht mehr in deinen Gedanken verankern kann und dass sich die Gefühle, die dich vorher über Stunden und Tage gequält haben, nach kurzer Zeit in wache Bewusstheit verwandeln. Es kann auch geschehen, dass du im Ansehen der Gefühle einschläfst, wenn das, was du erlebst, über das hinausgeht, was du bewusst ertragen kannst. Dann wirst du oft jenseits des Schmerzkörpers aus dem Schlaf erwachen.

Du nimmst die unangenehmen Gefühle einfach wahr und akzeptierst sie, begrüßt sie als das Jetzt, solange sie da sind, und du bist dir bewusst, dass es deine stille Gegenwärtigkeit ist, was dem Schmerzkörper erlaubt, da zu sein.

Den Schmerzköper mit dem inneren Körper konfrontieren

Eine gute Möglichkeit ist es, im Zustand des akuten Schmerzes in die Körperwahrnehmung hineinzugehen. Du fühlst den inneren Körper, und die Wahrnehmung des jeweiligen Schmerzes ist ein Teil davon. Das kann sehr unangenehm werden. Du fühlst vielleicht intensive Übelkeit, eventuell so stark, dass du dich übergeben möchtest (das darfst du natürlich tun). Oder du fühlst beklemmende Angst, Druck auf der Brust, einen Krampf im Zwerchfell – lass es zu. Fühle es und sei derjenige, der das Fühlen zulässt und sich darüber bewusst ist. Sei der Beobachter dieser Szene und schau sie dir interessiert an.

Oft geschieht es auch, dass du wütend bist oder verärgert und dass du scheinbar wie abgeschnitten bist von der Wahrnehmung des inneren Körperenergiefeldes. In dieser Situation ist es hilfreich, das Energierauschen im Kopf zu hören und damit die Aufmerksamkeit sanft vom Denken weg und in das energetische Wahrnehmen hineinzubringen. Denn wenn du den inneren Körper nicht wahrnehmen kannst, geschieht das, weil der Schmerzkörper schon dein Denken beeinflusst und dich von deiner Körperwahrnehmung abgetrennt hat. In dieser Situation hilft es dir, dich daran zu erinnern, den jetzigen Moment zu akzeptieren, indem du »Ja« sagst und das auch meinst. Sage es laut, wenn du gerade alleine bist. Höre das innere Rauschen der Energie im Kopf, sage laut beim Ausatmen »Ja« und fühle, wie sich der Klang im Körper ausbreitet. Meist wirst du nun sehr schnell den inneren Körper fühlen können und damit auch mit dem auslösenden emotionellen und körperlichen Schmerz in Kontakt kommen. Dieses Vorgehen ist auch dann erfolgversprechend, wenn der Schmerzkörper schon einige Zeit aktiv ist und sich bereits in deinem Denken verankert hat. Du hast dich irgendwann, während er bereits aktiv ist, daran erinnert, dass du einen akuten Schmerzkörperanfall erlebst und gehst mit der Energiewahrnehmung und dem lauten »Ja« vom Denken weg in die körperliche und energetische Wahrnehmung hinein.

Jedes Mal, wenn du dir den Schmerzkörper bewusst ansehen kannst, wird seine Energie abgebaut, denn er kann sich nun nicht mehr erneuern. Er kann sich nicht mehr vom Unglücklichsein ernähren, weil das nur unbewusst funktioniert. Gleichzeitig gewinnst du die Energie zurück, die vorher im Schmerzkörper gefangen war. Dein Leben wird voller und vielseitiger. Du gewinnst Vitalität zurück. Es ist auch möglich, den Schmerzkörper mit dem inneren Körper zu konfrontieren, solange der Schmerz nur ein leichtes Unbehagen ist. Er ist noch so schwach, dass er sich noch nicht an einen Inhalt, einen Auslöser gebunden hat. Wenn du in diesem Moment aufmerksam sein kannst, ist es möglich zu verhindern, dass er überhaupt mit einem äußeren oder einem mentalen Objekt, irgendeinem Auslöser, in Verbindung gebracht wird. Wenn du das nicht kannst, wird er zu einem richtigen Schmerz. Du leidest dann, *weil...* Je tiefer ein Schmerz geworden ist, um so mehr Aufmerksamkeit benötigt er. Einem noch schwachen Schmerz kann man einfach begegnen, indem man sich tief im inneren Körper aufhält und womöglich auch das plasmatische Strömen auslöst. Dann verbrennt der Schmerz, ohne definierbare Gefühle entwickelt und einen Inhalt projiziert zu haben. Ja, es scheint sogar so zu sein, dass die Blockade, die zunächst den Schmerz – das Unbehagen – ausgemacht hat, nun im Verbrennungsprozess zu besonders intensiv strahlender, deutlich strömender Energie wird, als begänne die zuvor gestaute Energie im Körper vor Freude zu tanzen. Es kann auch immer wieder geschehen, dass der Schmerzkörper in einer Situation wieder völlig die Macht über dich an sich reißt. Dann bemerkst du ihn erst hinterher. Aber du bemerkst ihn. Vorher ist alles völlig unbewusst abgelaufen, du hast andere Menschen und scheinbar von dir getrennte Ereignisse für deinen Schmerz verantwortlich gemacht. Jetzt gewinnst du nach und nach Bewusstheit über deinen emotionellen Haushalt. Der Prozess kann einige Zeit dauern. Aber immer öfter wirst du den Schmerzkörper in einer frühen Phase bemerken, bevor du glaubst, er zu sein.

Wenn du verstehst, wie segensreich sich die Auflösung des Schmerzkörpers auf deine Bewusstheit auswirkt, stellst du dir nicht mehr die Frage, wie lange es noch dauert, bis er endlich aufgelöst ist – drei Monate oder drei Jahre – was soll's? Jeder Schmerzkörper-Anfall bringt dich näher zum Ich Bin. Es ist ein innerer Wachstumsprozess, den du bewusst wahrnehmen kannst. Und der Schmerzkörper ist zu deinem Verbündeten, deinem Lehrer geworden. Es ist eine machtvolle Praxis, um Gegenwartsbewusstsein zu erlangen.

Das Gleichgewicht des Schreckens

Der Schmerzkörper ist die emotionelle Entsprechung des Egos. Das Ego produziert Gedanken, die seine Identität ausmachen. Es versucht, sich über Dinge, die es seiner Identität hinzufügt, größer zu machen und andere abzuwehren, die es für feindlich hält. Die Gedanken enthalten also meist Inhalte, die mit ungestillter Begierde oder mit Feindschaft und Hass, also mit potentiellem Leid verbunden sind: »Das möchte ich haben.« (Ich habe es also noch nicht, ich leide, weil es mir fehlt.) »Das will ich loswerden.« (Ich identifiziere etwas als feindlich und wehre es ab.) Das können Dinge, Ereignisse oder auch nur Gedanken sein. Da jeder unbewusste Gedanke eigentlich ein Widerstand gegen das Jetzt ist, ist jeder Gedanke des Egos ein potentieller Auslöser für Schmerz, wenn die Inhalte mit einer Emotion verbunden werden.

Die umgekehrte Sichtweise macht auch Sinn: Die unbewusste Gedankentätigkeit ist das Ausweichen vor den lauernden Schmerzen aus der latenten Angst. Die ursprünglichen Gefühle sind immer voller Frieden und Freude. Erst durch die Verknüpfung mit negativen Gedanken werden sie zu Schmerz.

Wo sind die Schmerzen, wenn sie nicht akut sind? Sie sind als latente Angst vorhanden. Wie Reich beschreibt, sind sie in unserem autonomen Muskelgewebe als chronische Krämpfe verankert. Der Schmerzkörper existiert also als ein wesentlicher Teil des Organismus – als blockierte Energie –, denn Muskeln, die in einem Krampf verspannt sind, verbrauchen tatsächlich permanent Energie (sie leisten im Sinne des Wortes Verdrängungsarbeit), und wo sie gebunden ist, kann die Energie nicht mehr fließen. Der Schmerzkörper ist also eine Kette von funktionellen Störungen im Körper. Warum spürt man diese Krämpfe nicht immer? Zunächst einmal ist es die Funktion dieser Blockaden, zu verhindern, dass Menschen erlittene Traumata wahrnehmen. Es gibt ein Gleichgewicht des Schreckens: Es wird genau so viel Energie zur Verdrängung eines Erlebnisses gebunden, wie aufgewendet werden muss, um eine muskuläre Blockade aufrecht erhalten zu können. Das Ergebnis: null. Man fühlt nichts mehr. Wird dieses Gleichgewicht gestört – und das geschieht natürlich immer wieder – wird der Schmerz in der einen oder anderen Weise erneut durchlebt. Was tut man üblicherweise um Gefühle abzuschneiden? Man denkt an etwas anderes. Menschen können sich bei einem extrem belastenden Erlebnis mental völlig vom Körper trennen oder sogar eine Amnesie entwickeln. Unter Hypnose können sie den Stich mit einer Spritze als angenehm erleben oder sich an einer kalten Münze verbrennen und sogar Brandblasen bekommen, je nachdem, was dem Verstand suggeriert wird. Es liegt also nahe, die unbewusste Gedankentätigkeit als das eingespielte »normale« Verhalten zu sehen, um die permanent vorhandene Angst zu kontrollieren. Menschen verhindern mit dem ständigen inneren Geplapper, sich mit ihren Gefühlen zu konfrontieren, hypnotisieren sich damit selbst. Der ununterbrochene, automatische innere Monolog ist ein Versuch, sich durch die Abtrennung von der Gefühlswelt nicht mit den Schmerzen konfrontieren zu müssen.

Diese Sichtweise habe ich in vielen Begegnungen mit Seminarteilnehmern bestätigt gefunden. Viele Menschen wissen offenbar gar nicht, was Gefühle als ursprüngliche Empfindungen wirklich sind, es fällt ihnen schwer, sich direkt auf die sinnlichen Erfahrungen aus dem Körper zu beziehen. Stattdessen schildern (und erleben) sie Gefühle, die bereits durch Gedanken gefiltert wurden. Da sich der Verstand jedes Gefühl schnappt, meinen die Menschen nicht, dass sie zum Beispiel einfach nur Freude empfinden, sondern sie freuen sich *über etwas*, das heißt, sie binden die Gefühlserfahrung sofort an einen Gedanken. Genauso macht es auch der Schmerzkörper. Dann empfinden die Menschen nicht Ärger oder Furcht, sondern sie ärgern sich *über etwas*, haben Furcht *vor etwas* und so weiter.

Was so harmlos aussieht, ist Ausdruck der Eigenschaft des Verstandes (oder des Schmerzkörpers als seiner emotionellen Entsprechung), Gefühle – vor allem unangenehme – sofort mit einem Objekt zu verbinden und eine scheinbar objektive, äusserliche Ursache zu finden. Es ist eine Art der Selbsthypnose, die ständige Projektion der Gefühlserlebnisse nach außen. Das Ich übernimmt nicht die Verantwortung für das Gefühl, sondern es behauptet, die Eigenschaft irgendeines Ereignisses, eines Dinges, eines anderen Menschen oder auch eines Gedankens löse ein Gefühl aus. Erst, wenn Menschen verstehen, dass sie tiefe – angenehme und unangenehme – Gefühle empfinden können, ohne sie mit irgendeiner inneren oder äußeren Ursache zu verknüpfen, können sie hinter diese Struktur des Verstandes schauen: Zuerst sind die Gefühle da, und danach bildet der Verstand einen Gedanken, der sich darauf bezieht. Auch wenn sie sich scheinbar *über etwas* freuen, es also einen deutlichen objektiven Auslöser eines Gefühls zu geben scheint, ist es tatsächlich so, dass ein Erlebnis nur ein Gefühl auslösen kann, das bereits existiert. Erst dann schaukeln sich Gefühl und Verstand gegenseitig hoch.

Das Drei-Schichten-Modell Wilhelm Reichs

Warum dieser Mechanismus so normal ist, beschreibt Wilhelm Reich in seinem Drei-Schichten-Modell: Die menschliche Charakterstruktur ist in drei wesentliche Schichten untergliedert, die wie ein Ei aufgebaut sind: der Kern, die Schale und eine zweite Schicht dazwischen. Im Innersten ist der Kern, das ursprünglich Gute, das eigentliche Wesen, als das ein jeder Mensch sich in der Tiefe empfindet, das alle eigentlich sein wollen und zu dem sich jeder hingezogen fühlt. Die meisten Menschen leben jedoch in der dritten Schicht, an der Oberfläche. Es ist das angepasste höfliche Verhalten, die Norm, die oberflächliche Freundlichkeit, in der sich Menschen in der Öffentlichkeit begegnen. Zwischen Kern und Oberfläche liegt die zweite Schicht aus Destruktivität, aus verzerrten Emotionen. Jeder natürliche, liebevolle Impuls, der aus dem Kern kommt, wird in der zweiten Schicht verzerrt und äußert sich dann entsprechend, entweder als destruktives Verhalten oder als kontrolliertes, oberflächliches Gehabe. Alle vitalen Impulse stammen ursprünglich aus dem Kern. Nur in außergewöhnlichen Situationen, wenn ein Impuls sehr viel Energie hat, gelangt er direkt aus dem Kern an die Oberfläche, zum Beispiel, wenn Menschen verliebt sind. Deshalb scheinen verliebte Menschen für eine gewisse Zeit einen völlig anderen Charakter zu haben: sanft, liebevoll, anziehend. Aber das hält nur an, solange diese starken Emotionen aufrechterhalten werden können. Danach – wenn der Energieschub des Frisch-verliebt-seins nicht mehr zur Verfügung steht – zeigt dieser Mensch wieder seine normale Charakterstruktur.

Da der Kern von der destruktiven Schicht umschlossen ist, können Menschen nicht willentlich von der Oberfläche in den Kern vordringen, ohne die zweite Schicht zu passieren. Jeder Versuch, willentlich in den Himmel zu gelangen, führt durch die Hölle. Dieses Modell passt ausgezeichnet zu dem Bild, das Eckhart Tolle von der menschlichen Existenz zeichnet, wenn wir, was Reich die »Oberfläche« nennt mit Tolles »Ego«, Reichs »Kern« mit Tolles »Raumbewusstsein« und Reichs »zweite Schicht« mit dem »Schmerzkörper« gleichsetzen.

Ich halte diese Entsprechung durchaus für sinnvoll, denn sie zeigt die Tragik und die Verantwortung, die mit dem Prozeß der Bewusstwerdung verbunden sind. Im Prozeß des Erwachens erleben Menschen den Schmerz, weil sie diese zweite Schicht in sich öffnen, das heißt, sie sich bewusstmachen, denn sie gehört zu ihrer Struktur. Es wäre naiv zu glauben, man könnte daran vorbeikommen. Auch Buddha spricht lediglich davon, die Ursachen von Leid zu erkennen und abzuschaffen, nicht das Leid an sich. Viele, die einen spirituellen Weg gehen, glauben, es wäre schon ausreichend, so zu tun, als sei das Leid bereits überwunden und spielen »spirituelles Glück«. Aber das funktioniert nicht, es ist ein durchsichtiges Ego-Spiel. Es gibt einen bestimmten Typ spiritueller Menschen, die das tun und dann eigenartig abgeschnitten von lebendigen Empfindungen erscheinen. Sie gehen keine tiefen Bindungen ein, organisieren um sich herum eine geordnete, scheinbar intakte Welt und glauben dann, alles wäre in Ordnung, wenn sie ihren spirituellen Inhalten folgen: meditieren, vegetarisch essen, leise sprechen, freundlich sein und sich nicht aufregen, also weder Begierde noch Hass zeigen. Das ist die vollkommene Inszenierung der Illusion eines erwachten Bewusstseins. Das kann geschehen, wenn das Ego »Erleuchtung« spielt. Es handelt sich um die Dummheit, neben dem Hass und der Begierde das dritte der drei Geistesgifte, wie sie im Buddhismus aufgezeigt werden.

Solange der Schmerzkörper existiert, wird er sich immer wieder melden, vor allem, wenn Menschen beginnen, an ihrer Struktur etwas zu verändern. Eckhart Tolle beschreibt in seinem Buch »Jetzt! Die Kraft der Gegenwart«, wie er seinen Schmerzkörper in einem einzigen schweren Anfall von Depression und Todessehnsucht verloren hat; er erkannte die widersprüchliche Tatsache, dass er wie zwei Wesen in einem Köper lebte, die sich in der Aussage zeigte: »Ich kann mit mir selbst nicht mehr leben.« Er wurde in eine Art »energetischen Strudel« hineingezogen und verlor dabei das Bewusstsein. Das Schmerzkörper-Ich löste sich offenbar in dieser Situation völlig auf und kam nie wieder. Ich habe das erste bewusste Aufleuchten der Gegenwärtigkeit erlebt, als mein Schmerzkörper durch unerträglichen Lärm geweckt wurde und mein Verstandes-Ich durch Schlafmangel und eine extreme körperliche Anstrengung geschwächt war. Der Wechsel von beißender Wut und dem machtlosen Gefühl, einer unerträglichen Situation völlig hilflos ausgeliefert zu sein, zu tief empfundenem inneren Frieden war so überzeugend, dass ich überhaupt keinen Zweifel mehr darüber hatte, dass dieser Prozess genauso funktioniert wie Eckhart Tolle ihn beschrieben hat. Leider hat sich mein Schmerzkörper nicht völlig aufgelöst und deshalb bin ich wie fast jeder andere Mensch darauf angewiesen, den Prozess der Loslösung immer wieder zu erleben. Die erste Auflösung des Schmerzkörpers ist jetzt einige Jahre her. Seither habe ich alle Schmerzkörper-Anfälle in der beschriebenen Weise auflösen und in Bewusstheit verwandeln können, und die zeitlichen Abstände zwischen den Anfällen wurden größer. Die Erfahrung dass ein Schmerzkörper zu einem »Ich« wurde, ist weitgehend verschwunden.

Es ist das erste Mal, dass ich eine Bewusstseins-Praxis als funktionstüchtig erlebt habe und weiter erlebe. Sie »spirituell« oder »therapeutisch« zu nennen, ist auch nicht mehr als das Spiel des Verstandes mit Kategorien. Tatsächlich findet ein lebendiger Prozess statt, jenseits von Worten und Gedanken.

Schmerzkörperarbeit in der Paarbeziehung

Die Schmerzkörper-Liebesbeziehung

Intime Beziehungen sind die Brutstätte des Schmerzkörpers, und alle Menschen wissen das. Dennoch glaubst du (wie jeder andere), dass deine neue Liebesbeziehung die eine rühmliche Ausnahme ist. Du magst nicht glauben, dass auch diese frische junge Liebe über kurz oder lang wieder durch das Feuer des Schmerzes gehen wird.

Schmerzkörper-Beziehungen hattest du wahrscheinlich mit deinen Eltern, deinen Geschwistern oder mit dem letzten Partner, von dem du dich getrennt hast – oder auch mit Kollegen oder Mitschülern, die dich gemobbt haben, mit dem Chef, der dich begrabscht und dich – als du dich gewehrt hast – entlassen hat, oder mit der reichen Erbtante, die immer so fies war und trotzdem zu allen Familienfesten eingeladen wurde.

Zwei Menschen, die sich ineinander verlieben, gehen grundsätzlich zwei Beziehungen miteinander ein: diejenige, die sie bewusst wollen, in der sie sich gegenseitig Liebe, Nähe, Sexualität, Sicherheit und all das geben, von dem sie glauben, dass es sie glücklich macht. Und dann ist da die Beziehung, die ihre Schmerzkörper eingehen, damit sie sich gegenseitig Schmerzen geben können: die Schmerzkörper-Liebesbeziehung. Sie wissen, wo sie beim Partner die Auslöser finden, das zu bekommen, was sie vom anderen wollen: Demütigungen, Schuldzuweisungen, Vorwürfe, Beleidigungen, Erniedrigungen, Vernachlässigung bis hin zu Schlägen, Missbrauch und Vergewaltigung. Und: Die Schmerzkörper-Liebesbeziehungen sind langfristig fast immer erfolgreicher als die bewussten Liebesbeziehungen.

Wenn du dir die Beziehungen deiner Freundinnen und Freunde ansiehst (oder wenn du deine eigenen vergangenen Beziehungen wirklich ehrlich ansehen kannst), wirst du wahrscheinlich feststellen, dass sich

Menschen mit großer Treffsicherheit immer wieder in bestimmte Typen verlieben und neue Beziehungen eingehen, in denen dasselbe Drama abläuft, das in der vorigen Beziehung schon zur Trennung geführt hat. Der Verdacht liegt nahe, dass es auch die latenten Schmerzkörper sind, die das Gefühl der Verliebtheit auslösen; dieses Kribbeln im Bauch, dieses »Ich weiß nicht warum, aber ich fühle mich mit aller Macht zu ihm hingezogen«.

Wenn du dich verliebst, glaubst du, dass du nun den Menschen gefunden hast, der dich glücklich machen wird – und damit hat der Schmerzkörper auch recht: Er wird sich eine große Portion Unglück holen. Dass es so ist, ist dir wie jedem anderen Menschen, der sich verliebt, nicht bewusst; und wenn ich dir das in der Situation sage, in der du gerade beschließt, frisch verliebt mit deinem neuen Partner zusammenzuwohnen, wirst du mir wahrscheinlich nicht glauben.

Dabei meine ich gar nicht, dass es darum gehen könnte, Schmerzkörper-Liebesbeziehungen zu vermeiden, denn es würde bedeuten, asketisch leben zu wollen. Letztlich haben Mönche und Nonnen das in allen Kulturen vergeblich versucht. Ihre Schmerzkörper finden andere Formen von Beziehungen etwa im emotionellen und körperlichen Mißbrauch, dem Kinder und Jugendliche in kirchlichen Erziehungseinrichtungen ausgesetzt waren und sind.

Die einzige Chance besteht darin, die Beziehung, in der du lebst, dazu zu nutzen, dass sich beide Partner der bisher unbewussten Funktionen des Schmerzkörpers bewusst werden. Nutze das, was tatsächlich da ist, deine jetzige Lebenssituation, indem du den Schmerz dann ansiehst, wenn er auftritt – bei dir und bei deinem Partner. Dieses Kapitel soll ein paar Anregungen geben, wie ihr damit umgehen könnt.

Einigt euch jetzt (in einer schmerzlosen Situation) darauf, dass es darum geht, den Schmerzkörper bewusst zu machen

Wenn Ihr dieses Buch lest, schafft ihr eine Grundlage, euch auf ein Ziel zu einigen. Wenn es euch überhaupt möglich ist, ein gemeinsames Verständnis davon aufzubauen, was der Schmerzkörper ist und wie wichtig es ist, ihn zu sehen, bewusstzumachen und euch damit langfristig von ihm zu erlösen – dann ist jetzt dazu der geeignete Zeitpunkt. Nutzt die Kraft eurer Liebesbeziehung dazu, euch gegenseitig in diesem Prozess zu helfen. Und der erste Schritt ist der, jetzt – solange eure Schmerzkörper nicht aktiv sind – zu lernen, was der Schmerzkörper ist, wie man damit umgeht und euch gegenseitig eurer Hilfe zu vergewissern. Das wird später – wenn der Schmerzkörper aktiv geworden ist – in der akuten Situation erheblich schwieriger sein.

Den Schmerzkörperanfall identifizieren und benennen

Eine wesentliche Eigenschaft jedes Schmerzkörpers ist seine Unbewusstheit. Er tut alles, sich zu verbergen. Daher ist es immer der erste und wichtigste Schritt, zuzugeben, dass ein Schmerzkörper aktiv ist. Charakterstrukturen sind völlig individuell, und somit reagiert jeder Mensch unterschiedlich. Doch es gibt gemeinsame Grundmuster. Der Schmerzkörper versucht, *du* zu sein, daher schämst du dich oder du bist wütend oder du versuchst so zu tun, als ob alles in Ordnung wäre oder du beschuldigst jemanden oder etwas, dein Leid verursacht zu haben. Es gibt viele unterschiedliche Strategien. Aber alle haben ein gemeinsames Element: Der Schmerzkörper versucht, alles so hinzudrehen, dass er unbewusst bleibt, und der Inhalt des Schmerzes wird als objektive Tatsache dargestellt. Er mag es gar nicht, ins Licht gezerrt zu werden, denn das ist möglicherweise sein Ende.

Es ist immer viel einfacher, den Schmerzkörper bei einem anderen Menschen zu identifizieren als bei sich selbst. Der Gesichtsausdruck verändert sich, die Stimme, die Körperhaltung, selbst der Geruch – und natürlich alle Ebenen der Kommunikation. Deshalb ist eine Paarbeziehung nicht nur die ideale Brutstätte des Schmerzkörpers, sondern auch der wichtigste Ansatzpunkt, ihn zu entlarven und langfristig zu erlösen.

Einigt euch darauf, euch gegenseitig auf einen Schmerzkörperanfall aufmerksam zu machen, am besten durch eine Frage, zum Beispiel: »Kann es sein, dass bei dir jetzt gerade ein Schmerzkörper aktiv wird?« Was dann geschieht, wie ihr damit umgeht, zeigt euch die Qualität eurer Beziehung. Dieses Aufdecken des Schmerzkörpers sollte ein bewusster, erwachsener und wahrscheinlich einseitiger Akt der Liebe sein, denn derjenige, dessen Schmerzkörper aufgedeckt wird, ist oft nicht in der Lage, die Liebe darin zu sehen, sondern wird versuchen zu leugnen oder sogar den Partner so zu reizen, dass auch er/sie im Gegenzug einen Schmerzkörperanfall produziert.

Jeder akute Schmerzkörperanfall bedeutet eine Herausforderung, kann dazu führen, dass die Beziehung an ihre Grenze kommt und ihr euch trennen wollt, denn der Schmerzkörper wird jedes Mal versuchen, sich stark zu machen, die Identität von einem von euch beiden zu übernehmen und den Schmerzkörper des anderen zu wecken. Er will euch in einen Machtkampf hineintreiben. Andererseits macht euch jeder gemeinsam überwundene Schmerzkörperanfall bewusster, führt euch stärker zusammen, schafft eine tiefe positive Bindung im Wissen, dass ihr ein unschlagbares Team seid. Ihr seid Krieger der Liebe! Die Schmerzkörper sind schlau, wenn es darum geht, sich zu verbergen, aber sie sind eigenartig dumm und dreist, wenn sie erst einmal entdeckt worden sind.

Den Inhalt des Schmerzkörpers als unwichtig und austauschbar erkennen

Das ist der zweite wichtige Schritt, sobald du akzeptiert hast, dass ein Schmerzkörper aktiv geworden ist. Fast jeder Schmerzkörper behauptet, dass ihm (also *dir*) wirklich etwas angetan wurde. Sobald du das Gefühl hast, dass *dir* etwas getan wurde, dass *dir* etwas objektiv geschehen ist, hat der Schmerzkörper es geschafft, deine Identität zu übernehmen. Zu Anfang wirst du den Unterschied gar nicht kennen, denn ohne Bewusstsein über diese Funktion lauft dieser Mechanismus sofort und wie automatisch ab. Wenn du seelischen Schmerz erleidest, findest du immer einen scheinbar objektiven äußeren Grund dafür. »*Die anderen* erliegen einem tragischen Irrtum. *Ich* habe wirklich einen Grund zu leiden!«

Deshalb ist es sehr wichtig, den Inhalt des Schmerzkörpers, die Geschichte, über die er sich aktiviert hat, abzutrennen und nicht mehr zu beachten. Das dürfte dir zu Anfang wie eine Ungeheuerlichkeit erscheinen, denn der Schmerzkörper wird sofort argumentieren, wie wichtig es ist, dass du dich gerade und unbedingt jetzt darum kümmern musst, also darauf reagieren, darauf antworten, deine Gefühle ausdrücken und so weiter. Er wird dich ermahnen, du dürftest deine Gefühle nicht verleugnen, du müsstest deine Ehre verteidigen und so weiter.

Akzeptiere, dass der Schmerzkörper ein eigener Bewusstseinszustand ist, der unbewusst bleiben will und deshalb beliebige Inhalte als Vorwand benennt. Die Inhalte sind austauschbar. Natürlich glaubt das der aktive Schmerzkörper nicht, und er wird sich vielleicht angegriffen fühlen und behaupten, dass man *dich* nicht ernst nimmt. Schließlich geht es doch um *deine* Gefühle und Emotionen. Schließlich hat man *dir* etwas getan, bist *du* das Opfer.

Wenn dein Partner dich darauf hinweist, dass die Inhalte des Schmerzkörpers unwichtig sind, wird sich der Schmerzkörper (wirst *du* dich) auch gegen deinen Partner wenden und ihm Vorwürfe machen, dass er *dich* nicht ernst nimmt, und du wirst versuchen, seinen Schmerzkörper zu aktivieren. Es ist immer derselbe Kreislauf.

Höre auf, sozial zu agieren

Sobald du akzeptiert hast, dass ein Schmerzkörper aktiv ist und du dich nicht mehr um die Geschichte kümmerst, solltest du alle sozialen Interaktionen einstellen, also nicht mehr handeln, soweit das überhaupt möglich ist. Ein Schmerzkörperanfall ist keine Krankheit sondern ein Bewusstseinszustand, aber du kannst dich so verhalten, als hättest du eine ansteckende Krankheit. Mit einer ansteckenden Grippe würdest du dich ins Bett legen und dich so weit wie irgend möglich von anderen fernhalten, die du anstecken könntest, vor allem von Kindern, Jugendlichen und geschwächten Menschen. Du würdest dich pflegen, deine Immunabwehr stärken und alles, was anstrengend ist, vermeiden oder auf später verschieben. Genau so kannst du dich während einer Schmerzkörperattacke verhalten. Halte in dieser Zeit den Kontakt nur zu den Menschen, denen gegenüber du aufrichtig zugeben kannst, dass ein Schmerzkörper aktiv ist, und die wissen, wie man mit dir in einer Schmerzkörper-Situation umgeht.

In einer Partnerschaft kann dein Partner nun alle deine Aktivitäten übernehmen, wie etwa Telefonanrufe annehmen, Termine absagen und so weiter, genau so, wie ihr es machen würdet, wenn du eine Grippe hättest.

Erlaube dem Schmerzkörper zu sein

Sei dir der Tatsache bewusst, dass es in der akuten Situation nicht darum geht, den Schmerzkörper loszuwerden, ihn zu besiegen oder dergleichen.

Jede Aktivität, die du in Bezug auf die Inhalte des Schmerzes unternimmst, macht den Schmerzkörper stärker. Dabei ist es egal, ob du dich mit ihm identifizierst und ihn lebst, oder ob du ihn bekämpfst. Auch mit dem Widerstand schaffst du eine Story, einen Inhalt.

Du bist das große Mitgefühl, das *Ich Bin*, das auch dem Schmerzkörper erlaubt zu sein. Deshalb belasse ihn als das, was *jetzt ist*. Du brauchst dich nicht darüber zu freuen. Es ist alles andere als angenehm, einen solchen Bewusstseinszustand als Wirklichkeit anzunehmen. Aber die Alternative ist, dass du den Inhalt des Schmerzes für wirklich hältst. Dann machst du die Gesellschaft oder das Böse oder die Sünde oder auch deinen Partner oder deine Eltern für all das verantwortlich, wofür du nicht die Verantwortung übernehmen willst: deinen Schmerz, den du nicht ertragen magst. Deshalb erschaffst du »objektive Instanzen«, die als negative Realitäten zu existieren scheinen. So projizierst du all den Schmerz, den du in deiner inneren Welt nicht akzeptieren kannst, nach außen.

Nimm deinen Schmerz an, einfach indem du dem Schmerzkörper erlaubst zu sein. Du nimmst damit nicht die Ungerechtigkeiten an, den Hunger auf der Welt, Kriege und Umweltkatastrophen. All das sind Inhalte. Du nimmst den Schmerzkörper an, so wie er dir in deinem Leben jetzt erscheint. Richte deinen Blick auf ihn. Sieh nicht weg und gib der Geschichte, über die er sich stark machen will, keinen Raum.

Beachte nur noch deine körperlichen Empfindungen

Sobald du den Schmerzkörper von seiner Geschichte getrennt oder zumindest entschieden hast, dich jetzt nicht darum zu kümmern und alle Aktivitäten eingestellt hast, außer zu akzeptieren, was jetzt ist, bleibt dir nur noch, dich mit der körperlichen Empfindung zu beschäftigen, so wie sie jetzt ist. Versuche jetzt auch nicht, dich abzulenken mit fernsehen, Computerspielen, telefonieren, Smalltalk oder was du sonst noch alles an Ablenkungsmanövern entwickelt hast. Gehe in deinen inneren Körper, fühle dich von innen, auch wenn das jetzt recht unangenehm sein mag. Wenn du meinst, dass du »nichts fühlen kannst« – auch gut, – dann fühle dieses *nichts*, bestätige, dass du nichts fühlst und belasse es so wie es ist. Höre das Suseln, geh immer wieder in den inneren Körper, töne »Ahhhh«, schreie, wimmere, schimpfe (schimpfe vor dich hin, schimpfe nicht andere an, das wäre ein Versuch, deren Schmerzkörper zu aktivieren).

Sieh den Schmerzkörper an, ohne die Geschichte zu beachten, über die er sich aufgebaut hat, sondern indem du einfach alle körperlichen Empfindungen wahnimmst, bestätigst und belässt. Wenn die Empfindungen zu heftig werden, wirst zu vieleicht einschlafen. Es kann sein, dass du dann den Rest im Schlaf bewältigst; es muss aber nicht so sein. Wie lange du dir diese unangenehmen Empfindungen ansehen musst, kann sehr unterschiedlich sein. Vielleicht sind es anfangs sogar mehrere Tage, wahrscheinlich aber eher einige Stunden. Später werden die Schmerzzustände kürzer werden. Das Wesentliche daran ist, dass du den emotionellen Schmerz und die psychischen Erlebnisse sowie die geistigen Rationalisierungen als körperliche Zustände erleben kannst. Du erlebst, dass derselbe Schmerz auf allen diesen Ebenen erfahren wird – völlig unabhängig von allen Inhalten. Dies nur intellektuell zu wissen, hilft in keiner Weise. Um die Wirklichkeit des Schmerzkörpers als *das, was jetzt ist*, zu verstehen, ist es wichtig, dass er tatsächlich empfunden wird – und zwar so lange, wie er aktiv existiert. Du erlebst jetzt, was Wilhelm Reich mit »funktioneller Identität« gemeint hat. Die körperlichen, die emotionellen und die geistigen Erscheinungsformen sind identisch. Es ist dir möglich, das jetzt zu erleben – tue es!

Da du vorher nie wissen kannst, wie heftig und existentiell bedrohlich der akute Schmerzkörperanfall sein wird, gehst du jedes Mal durch die Hölle, und du kannst vorher nicht wissen, ob und wann du sie wieder verlassen wirst. Eigenartigerweise funktioniert hier der Mechanismus des Egos nicht, die Erfahrungen der Vergangenheit auf die Zukunft anzuwenden. Du fühlst dich schrecklich allein und musst den Ausgang aus dieser Hölle selbst finden. Indem du diese Erfahrung immer wieder machst, kannst du allein aus der Tatsache, dass du den Weg schon oft gegangen bist, die Zuversicht nehmen, dass du es auch diesmal wieder schaffen wirst.

Das unterstützende Verhalten des Partners

In einer Partnerschaft könnt ihr die Maßnahmen entwickeln und ausprobieren, die euch in dieser Situation gegenseitig Schutz und Hilfe geben. Das Wichtigste ist, euch gegenseitig dabei zu helfen, den Schmerzkörper zuzulassen und in der konkreten Situation nicht der starken Tendenz zu folgen, wieder wegzusehen. Der Schmerzkörper lebt in der Ignoranz, er braucht das Wegsehen. Das Wegsehen ist dasselbe, was Reich »das Sitzenbleiben« genannt hat: die Abwehr gegen das, was jetzt ist. Es ist jetzt sehr wichtig, dass ihr euch darüber bewusst seid, dass es nicht darum geht, den Schmerzkörper loszuwerden, auch wenn die Erfahrung, darunter zu leiden, jetzt besonders mächtig wird. Es geht nur darum, das, was jetzt ist, anzunehmen, es zu belassen, das heißt, weder zu bekämpfen noch zu unterstützen – einfach so sein zu lassen, wie es ist.

Es kann dem Partner guttun, ihn einfach über lange Zeit in den Arm zu nehmen und wie ein Baby zu schaukeln, ihm den Bauch oder den Po zu streicheln, ihm Nähe und körperliche Zuwendung zu geben, ohne irgendeine Reaktion darauf zu erwarten, besonders, ohne irgendwelche sexuelle Erwartungen und Handlungen. Es kann auch guttun, mit ihm zusammen ein ausgiebiges warmes Bad zu nehmen und ihm dabei einfach Nähe zu bieten. Eine Massage etwa mit warmem Öl kann jetzt ebenfalls sehr angenehm sein.

All dies soll nicht dazu dienen, den Schmerzkörper zu beruhigen, sondern dem Partner zu zeigen: »Hey, ich bin da für dich. Ich akzeptiere dich so, wie du bist. Du darfst im Schmerz sein, ich lehne dich nicht dafür ab.« Erwartet jedoch nicht, dass dadurch der Schmerz geringer wird. Der Schmerzkörper lässt sich nicht durch Liebe und Nähe beruhigen. Was er jetzt will, ist Schmerz, Kampf, negative Gefühle.

Der Mensch im Schmerzkörperanfall wird sich auch unter Umständen sehr heftig gegen Nähe wehren und sich völlig isolieren und in sich selbst zurückziehen. Wie ihr damit umgehen wollt, könnt ihr miteinander klären, aber ganz wichtig ist: Diese Klärung kann erst geschehen, wenn der Schmerzkörperanfall vorüber ist, nicht jetzt. Das oberste Prinzip: *keine Gespräche über die Inhalte des Schmerzkörpers während des Anfalls.* Auch allgemeine Gespräche über Schmerzkörper während des

Schmerzkörperanfalls sind nicht ratsam. Die wahrscheinliche Haltung des Schmerzkörpers zu den Erkenntnissen über die Schmerzkörperarbeit ist: »Das mit dem Schmerzkörper ist alles Blödsinn.«

Wenn aggressive Schmerzkörper erwachen, auch solche, die sich über Schuldzuweisungen, Vorwürfe und das vermeintliche Sich-zur-Wehr-Setzen gegen irgendetwas aktivieren, und wenn diese benannt und somit ins Licht gezerrt werden, dann schlagen sie oft in Trotz oder in Resignation um, mit der Folge, dass der Betroffene sich zurückzieht. Dieses Rückzugsverhalten hat oft eine aggressive oder auto-aggressive Komponente. Besprecht dies, wenn der Anfall vorüber ist, und klärt, ob ihr den Wunsch des Partners, sich in der Schmerzkörpersituation zu isolieren, akzeptieren oder euch darüber hinwegsetzen wollt. Die Handlungen während der Attacke finden immer zwischen zwei Polen statt: gewähren lassen und aktiv eingreifen. Die Frage ist also, wie weit soll ich auf meinen Partner eingehen, der mich abwehrt oder der versucht, mich in infantiler Weise zu vereinnahmen? Wie weit soll ich gegen seinen Willen handeln? Lasse ich mich fortschicken? Lasse ich mich beschimpfen oder sogar körperlich angreifen ohne zu reagieren?

Besprecht die Schmerzkörperattacke erst, wenn sie vollständig vorüber ist.

Alle diese Fragen lassen sich nicht pauschal beantworten, sondern sie müssen Gegenstand der gemeinsamen Betrachtung der Sachlage sein. Deshalb sind analysierende Gespräche so wichtig, sobald die Attacke vorüber ist. Besprecht dann die Situation, der ihr gerecht werden müsst, und nicht die Gefühle, die sich immer auf den Inhalt des Schmerzes richten. Dies zu trennen mag anfangs nicht einfach sein, vor allem dann, wenn sich die Inhalte der Schmerzkörperattacken direkt aus Themen der Beziehung ergeben. Es geht nur darum, den Schmerzkörper bewusstzumachen, nicht um die Inhalte.

Letztlich werdet ihr beide füreinander zu Therapeuten. Eine Liebesbeziehung ist auch darauf gegründet, sich gegenseitig Hilfe und Unterstützung in schwierigen Situationen zu geben. Ihr werdet die normale Situation schon oft erlebt haben und bei anderen Paaren beobachten können: Die Schmerzkörper werden aktiv, man macht sich gegenseitig Vorwürfe, tauscht Verletzungen und Schmerz aus, man rechtfertigt und beschuldigt sich gegenseitig und argumentiert gegeneinander. Dann ist irgendwann der Schmerzkörperanfall vorüber und »man verträgt sich wieder«. Dieses »sich vertragen« beruht meist darauf, das, was vorgefallen ist, bewusst zu ignorieren, zu vergessen, weil das Aufrühren der Inhalte wahrscheinlich den Konflikt, also den Schmerzkörper, wieder aktiviert. Schlimmstenfalls wird einer der beiden Partner für schuldig erklärt oder verantwortlich gemacht, und der andere wird zum Opfer stilisiert. Und das *ist* dann auch tatsächlich so. Es gibt immer Opfer und Täter, solange ihr keinerlei Bewusstsein darüber habt, dass der Schmerzkörper und der Inhalt, über den er aktiv wird, zwei völlig unterschiedliche Dinge sind.

Es geht also nicht darum, darüber zu reden, was der Inhalt des Schmerzkörpers gewesen ist, sondern einfach zu erkennen, dass ein Schmerzkörper existiert hat und wie es euch gelungen ist, ihm seine Unbewusstheit zu nehmen. Erst ganz zum Schluss, wenn die Einheit zwischen euch wieder hergestellt ist (am besten, nachdem ihr euch wieder in Liebe sexuell vereinigt habt), könnt ihr euch natürlich auch mit den Inhalten beschäftigen, falls sie dann immer noch irgendeine Relevanz haben sollten – aber am besten in einer örtlich und zeitlich anderen Situation. Stellt also nach einer Schmerzkörperattacke zuerst fest, dass und wie die Situation abgelaufen ist. Besprecht, ob die Unterstützung funktioniert hat oder ob sich der Partner beim nächsten Mal eventuell anders verhalten könnte. Macht Vorschläge und denkt darüber nach, jedoch immer unter dem Aspekt, den Schmerzkörper bewusstzumachen und nie an seinen Inhalten orientiert.

Und fühle dich bitte, bitte nicht schuldig, weil du einen Schmerzkörperanfall hast oder hattest. *Es ist nicht deine Schuld. Du kannst nichts dafür!* Es ist immer der Schmerz der Menschheit, den du fühlst, der Schmerz deiner Eltern, deiner Geschwister, deiner Ahnen, den Schmerz deiner Lehrer, die versucht haben, dich mit abfälligen Bemerkungen klein zu machen, den Schmerz deiner Klassenkameraden, die dich ausgelacht, gemobbt oder verprügelt haben und denen zuvor dasselbe angetan wurde.

Du hast als Kind gelernt, den Schmerz einzustecken, ihn zu ignorieren: »Ein Indianer kennt keinen Schmerz!«

Jetzt lebst du in einer Beziehung, in der dein Schmerz nicht mehr ignoriert wird. Erst jetzt wirst du – möglicherweise zum ersten Mal – erleben und verstehen, was es bedeutet, einen neuen Schmerz nicht zu einer weiteren Schicht deiner emotionellen und körperlichen Panzerung machen zu müssen. Bisher hast du jeden Streit, jede Beleidigung, jeden ungelösten Konflikt als deine Schuld mit in deine Struktur übernommen. Und mit jedem ungelösten Konflikt wurde deine Liebesfähigkeit kleiner, ist die energetische Durchlässigkeit deines Körpers immer weiter geschrumpft.

Jetzt hast du einen Partner, der sich wirklich für dich und deinen Schmerz interessiert, ein seltenes Geschenk des Universums. Kannst du es würdigen?

Die Schmerzkörperarbeit ist ein Teil der energetischen Liebe

Im Vorfeld dürfte niemandem wirklich klar sein, was die Schmerzkörperarbeit mit energetischer Liebe und Sexualität zu tun hat. Ich habe immer wieder betont, dass eine willentliche Befreiung aus dem Leid durch die Anwendung irgendeiner Methode nicht möglich ist, wenn ein Mensch charakterlich nicht von vornherein freiheitsfähig ist. Wozu soll das alles also gut sein, wenn es möglicherweise doch nicht funktioniert?

Ich weiß das genauso wenig wie du. Ich kann nicht guten Gewissens behaupten: »Tu das, was ich hier beschreibe und alles wird gut«, weil es vielleicht nicht stimmt. Wenn du nicht freiheitsfähig bist, wird dich das, was ich hier vorschlage, auch nicht befreien. Aber wenn du freiheitsfähig bist, wird es dich deiner Wahrheit ein großes Stück näherbringen und dich von weiteren Irrwegen abhalten. Ich kann nur sagen, dass ich es erlebt habe und dass du es wahrscheinlich auch kannst, wenn du das Buch bis hierhin gelesen hast. Freiheitsfähigkeit ist ein wesentlicher Aspekt des genitalen Charakters. Finde also heraus, ob die genitalen Charakteranteile in dir stark genug entwickelt sind.

»Normal neurotische« Menschen wehren den Schmerz ab und verdrängen ihn, so dass er immer wieder ihr Leben, vor allem ihr Liebesleben, vergiftet. Und so wird auch die Lust unerträglich, weil Menschen aus Angst, die Lust könnte den gut verpackten Schmerz reaktivieren, die heftige sexuelle Erregung vermeiden.

Wenn aktuell kein Schmerz da ist, kann der genitale Charakter die Lust leben, selbst auf die Gefahr, damit einen Schmerzkörper zu wecken, und es ist deine Aufgabe, beides zu sehen: zu erkennen, wann du die Lust zulassen kannst und wann ein Schmerzkörper aktiv ist. Wirklich hinsehen!

Jedes Mal, wenn du dich unfähig fühlst, deine sexuelle Lust zu leben, solltest du die Schmerzkörperarbeit anwenden. Sobald und solange du Zugang zur Lust hast, kannst du mit deinem Partner die energetische Sexualität leben, weil du es dann auch willst. Das ist das natürliche Wechselspiel zwischen energetischer Sexualität und Schmerzkörperarbeit. Das ist das Wesen einer spirituellen und sexuellen Liebesbeziehung auf der genitalen Charakterebene. Die energetische Liebe besteht also aus zwei grundsätzlichen Komponenten: energetische Sexualität und Schmerzkörperarbeit.

Werde dir also klar darüber, dass das Teilen von Lust und das Bewusstmachen des Schmerzkörpers der hauptsächliche Inhalt eurer Beziehung ist. Für beides benötigst du eine funktionierende Liebesbeziehung. Ich sehe in persönlichen Begegnungen immer wieder, dass Menschen dazu fähig sind, einen Schritt weiterzugehen, sobald sie den Mut zeigen, die Lust und den Schmerz bewusst anzusehen.

Den eigenen genitalen Charakter erkennen

Wahrheit ist dem Wesen nach nicht, wie viele glauben, ein ethisches Ideal. [...] Wahrheit ist eine Manifestation des größtmöglichen Kontaktes, den das Leben zu sich selbst und zu seiner Umgebung hat; sie ist unauflöslich mit dem Energiehaushalt des Lebens verbunden. Daher wühlt Wahrheit, wenn sie voll gelebt wird, die tiefsten Emotionen auf und steigert damit den Drang zur genitalen Umarmung. *(Wilhelm Reich, Ausgewählte Schriften, Eine Einführung in die Orgonomie, S.512 ff)*

Die energetische Liebe setzt voraus, dass Menschen den Zugang zu ihrem Kern haben, zur inneren Wahrheit, zu dem, was Reich »genitale Charaktere« nennt. Es sind die Menschen, die ihren innersten gesunden Kern aktiv leben können. Da in allen Menschen sowohl neurotische wie auch gesunde Charakterelemente vermischt sind, empfinden sich alle, auch die genitalen Charaktere, von Zeit zu Zeit als neurotisch gestört. Die Grenze zwischen dem genitalen und dem neurotischen Charakter zu ziehen, ist daher nicht einfach. Ganz allgemein könnte man sagen, dass genitale Charaktere in der Lage sind, neurotische Zustände bei sich selbst zu identifizieren und sich so zu verhalten, dass sie wieder zu ihrem Kern zurückfinden.

Bevor Wilhelm Reich sich der Erforschung der Lebensenergie zuwandte, war er Analytiker im engen Umkreis von Sigmund Freud. Als Psychoanalytiker bediente Reich sich der dort formulierten Charaktertypen, also oraler, analer, phallischer Charakter und so weiter, die diejenigen Phasen in der Kindheit bezeichnen, in der die schwerste Unterdrückungen lebendiger, natürlicher Impulse stattgefunden haben. In seinem psychoanalytischen Standardwerk, der *Charakteranalyse*, fügte Reich in die Liste der Charaktertypen denjenigen ein, der noch fehlte: der gesunde, nicht neurotische Charakter. Der Mensch, der fähig ist, seine Libido, seine

Triebenergie, so einzusetzen, dass er glücklich ist, der seine Bedürfnisse kennt und angemessen befriedigen kann, ein Mensch, der seine Lebenssituation bewältigen kann und sich nicht hinter Problemen verstecken oder sich ständig über Ungerechtigkeiten beschweren muss. Es gibt Menschen, die keine oder nur sehr geringe Charakterschädigungen aufweisen. Und Reich fand auch die Bedingungen heraus, unter denen dies so sein konnte.

Reich nannte diesen Charakter den »genitalen Charakter«, da die Befriedigung seiner vitalen Bedürfnisse nicht in einer frühen Entwicklungsstufe steckengeblieben ist – also in oralen, analen, phallischen und weiteren kindlichen Stadien, wie das bei den meisten Menschen leider der Fall ist – und dessen Fähigkeit zur Triebbefriedigung sich bis zur genitalen Stufe ohne größere Schädigungen entwickelt hat. Eine solche unbehinderte Entwicklung der Libido-Bedürfnisbefriedigung ist in unserer Gesellschaft die seltene Ausnahme. Das bedeutet: Die gesunde psychische Entwicklung eines Menschen ist in unserer Kultur nicht vorgesehen, und falls sie dennoch geschieht, ist sie das Ergebnis meist zufälliger glücklicher Umstände.

Die genitale Charakterstruktur ist das in mir, was weiß, dass ich grundsätzlich gut bin, dass ich das Lebendige bin, das Schöne, der biologische Kern, der von allen neurotischen Verzerrungen unbehelligt geblieben ist. Es ist das in mir, was blüht, wenn ich einen Western sehe, und der einsame Held hat gesiegt und reitet in den Sonnenuntergang. Der genitale Charakter nimmt immer den Standpunkt des Lebendigen ein, der Wahrhaftigkeit, des Göttlichen, des Erwachten. Der genitale Charakter liebt die lebendige Sexualität, will dem Partner/der Partnerin in Liebe begegnen, und er kennt den Unterschied zwischen »Sex-Machen« und körperlicher Liebe genau. Der genitale Charakter ist nicht von latenter Angst gelähmt – und er hat auch kein Problem damit, seine Angst zuzugeben und den Schmerzkörper anzusehen, wenn er da ist.

Reich beschrieb entsprechende Entwicklungen in anderen Kulturen, wie bei den vom Athropologen Malinowsky erforschten Trobriandern, bei denen es eine kindliche Sexualentwicklung gab, die Kindern und Jugendlichen eine positive sexuelle Entfaltung ermöglichte, bevor die sexuelle Zwangsmoral mit der entstehenden Zwangsehe in die ansonsten lebensbejahende Kultur einbrach. Dort gab es dennoch weder Kriminalität noch Krieg, und diese Menschen litten nicht unter neurotischen Erkrankungen.

Die medizinisch-analytische Beschreibung der Charakterstrukturen ging immer einher mit der Anwendung therapeutischer Methoden zur Behandlung neurotischer Erkrankungen und die Wiederherstellung psychischer und emotioneller Gesundheit. Der gesamte Bereich der Reichschen Körpertherapien basiert auf der Annahme, dass dies der naturwissenschaftlich abgesicherte Weg zur Herstellung emotioneller, körperlicher und geistiger Gesundheit sei. Diese ursprünglichen Vorgaben wurden jedoch still und heimlich aufgegeben, das heißt, genitale Charakterstrukturen und das Erleben des unbehinderten Orgasmusreflexes wurden durch recht schwammige Begriffe wie »Aufweichen der neurotischen Strukturen« oder »höhere Duchlässigkeit der körperlich-emotionellen Verpanzerung« ersetzt.

Die Erkenntnis, dass es nicht möglich ist, genitale Charakterstrukturen durch Therapie herzustellen, also aus neurotischen Menschen charakterlich gesunde Menschen zu machen, führte dazu, dass Reich die therapeutische Behandlung und die Ausbildung von Therapeuten etwa ab 1950 völlig aufgab. Bleibt die Tatsache, dass er erstmals die emotionelle Gesundheit erforscht und nachvollziehbar dargestellt hat.

Es liegt wohl in der (neurotischen) Natur des Menschen, wissenschaftliche und geistige Erkenntnisse zunächst daraufhin abzuklopfen, ob und inwiefern sie dazu geeignet sind, aus ihnen eine Tätigkeit zu machen, mit ihnen »Geld zu machen« oder auch Organisationen zu gründen, die sich dem Ziel verschrieben, die entsprechende Erkenntnis zu organisieren. So entstanden etliche Reichsche Therapieformen und noch mehr Grüppchen. Auch mit den Erkenntnissen verschiedener erwachter Meister wurde nicht anders verfahren: Sie wurden in spirituelle Methoden gegossen, und es entstanden Kulte, Religionen und Sekten.

Dabei liegt es nahe, diese Erkenntnisse anders zu nutzen: Sie können direkt zur Selbsterkenntnis angewendet werden. In Hinblick auf die energetische Sexualität bedeutet dies: Du kannst verstehen, inwiefern du Zugang zu deinem Kern hast und wann ein Schmerzkörper aktiv ist. Damit werden diese wertvollen Erkenntnisse über das Wesen des Menschen nicht dazu genutzt, dass sogenannte Fachleute (Therapeuten) mit sogenannten

Laien (Patienten oder Schüler) etwas veranstalten. Jeder Mensch kann sich mit diesem Wissen qualifizieren, das ursprünglich Gesunde in seinem eigenen Leben zu entdecken. Für das Lebendige ist nur einjeder selbst sein eigener »Fachmann«.

Wahrscheinlich ist kein Mensch völlig neurotisch oder ganz gesund. Tatsächlich sind in jedem Menschen unterschiedliche charakterliche Elemente aktiv. Es existieren nur Mischformen verschiedener Charaktertypen.

Die charakterliche Gesundheit hat – was ihre gesellschaftlichen Konsequenzen angeht – durchaus nicht nur angenehme Aspekte. Ein Mensch, der sich seiner genitalen Strukturen bewusst wird und sie zu leben beginnt, wird vielleicht feststellen, dass er berufliche oder familiäre Bindungen eingegangen ist, die seine lebendigen Interessen untergraben. Er wird aufhören, in lebensfeindlichen Strukturen zu funktionieren, und seine (neurotischen) Mitmenschen werden dies möglicherweise als Rückschritt und Zeichen von geistig-emotioneller Krankheit deuten.

Sich als gesund wahrzunehmen und diese Wahrheit zu bestätigen, ist in dieser Gesellschaft nicht weniger tabuisiert und durch Angst blockiert als die Wahrheit des Schmerzes. Menschen schäuen davor zurück, sich selbst als charakterlich gesund zu begreifen und sich damit anderen Menschen zu zeigen, weil dies in unserer Kultur als unschicklich gilt und möglicherweise sogar bestraft wird. Es gibt keine gesellschaftliche Unterstützung für diesen Prozess der Gesundung. Daher ist es ein einsamer Weg, der den Schutz der Privatheit erfordert. Ich sehe in der energetischen Sexualität und in der Schmerzkörperarbeit die angemessene Möglichkeit für diejenigen Menschen, die weitgehend genitale Charakterelemente bewahrt haben, die aktuelle Lebenssituation aktiv für die Sicherung der emotionellen, geistigen und körperlichen Gesundheit zu nutzen. Man kann charakterliche Gesundheit nicht *machen*, sondern sie nur erkennen, sich ihrer bewusst werden und sie *belassen.*

Um seine ursprüngliche Gesundheit zu entdecken und zu sichern, benötigt man weder Therapien noch spirituelle Methoden, sondern wie in der Schmerzkörperarbeit lediglich den Mut hinzusehen und sich selbst – und besonders die eigene, aktiv gelebte Sexualität – vorbehaltlos zu bejahen. Die Art und Weise, wie man seine grundlegende Lebendigkeit, den Kern seines Wesens, erkennen, anerkennen und belassen kann, und dann auch in deren tausendfachen Erscheinungsformen leben kann, unterscheidet sich also in keiner Weise davon, wie man mit dem Schmerzkörper umgehen kann. Die Verwirklichung des lebendigen Kerns kann wie in der Schmerzkörperarbeit immer nur *jetzt* in dieser aktuellen Situation geschehen. Die Aufhebung der Unbewusstheit hier und jetzt ist das Wesentliche und das einzige, worum es geht. Die Freiheit zu erträumen, sie zu besingen, Gedichte und Bücher über sie zu schreiben, über die Freiheit zu philosophieren oder diversen spirituellen Wegen zur Erleuchtung zu folgen – all das sind Ausflüchte. Die Unterdrückung zu verdammen, die Gesellschaft oder das Schicksal oder den Teufel zu beschuldigen, Gerichte zu bemühen oder Feinde zu bekämpfen – all das sind Ersatzhandlungen. Du kannst also jetzt, in diesem Moment, da du dies hier liest, einen klaren, für dich selbst eindeutig wahrnehmbaren, kompromisslosen Zugang zu deinem lebendigen Kern haben. Du kannst *jetzt* hinsehen und das gesunde, kosmische Wesen erkennen, das du bist.

Es gibt nichts zu tun, außer, *jetzt* hinzusehen und festzustellen, wer du bist, die Wahrheit deiner momentanen körperlichen, emotionellen, und geistigen Verfassung festzustellen und sie einfach zu belassen. Nichts tun, nichts erreichen wollen, nichts bedauern oder verdammen. Stell einfach fest, wer du jetzt bist.

Weiterlesen

Ich möchte dich jetzt nicht mit Inhalten überfrachten. Aber ich möchte dir einige Bücher empfehlen, um tiefer in die Thematik einzusteigen. Es ist der *Christusmord* von Wilhelm Reich, *Sexuelle Liebe auf göttliche Weise* von Barry Long, *Verflixte Erleuchtung und Spirituelle Dissonanz* von Jed McKenna und *Die Psychologie sexueller Leidenschaft* von David Schnarch. Zu diesen Büchern hier einige Anmerkungen:

»**Christusmord**« von Wilhelm Reich

Die wirkliche Gefahr, wenn sich Menschen ihrer natürlichen, lebendigen Sexualität öffnen, ist die Konfrontation mit der emotionellen Pest. Sie wird weiterhin alles tun, um das natürliche sexuelle Leben zu verhindern, zu besudeln und zu verleumden, dreckige Witze über natürliche Sexualität zu reißen, sie zu kommerzialisieren, aus ihr eine Sekte zu machen und sie der übelsten kriminellen Machenschaften zu bezichtigen. Es ist das, was die Pest seit Jahrtausenden mit der sexuellen Liebe getan hat. Warum sollte sie gerade jetzt aufhören? Was sie einzig und allein stoppen kann, ist, sie in das Licht der Erkenntnis zu zerren, sie öffentlich zu benennen, wo sie versucht, sich zu verbergen. Es hilft nur, ihre Bosheit aufzuzeigen, wo sie sich hinter scheinbar ehrbaren und hohen moralischen Werten versteckt.

Christusmord von Wilhelm Reich ist das wirksamste Medikament gegen die emotionelle Pest, vielleicht das wirksamste Medikament unter allen Medikamenten, das je von einem Menschen entwickelt wurde. Es ist die rasierklingenscharfe Waffe der Wahrheit.

Christusmord ist ein wissenschaftliches Buch, denn es analysiert die Grundprobleme der menschlichen Existenz, und es ist kein wissenschaftliches Buch, weil die Begriffe und Kriterien, mit denen Reich hier argumentiert, so vollkommen subjektiv erscheinen, dass es kaum in einen anderen Zusammenhang gestellt werden kann als Reichs eigene Darstellung der Welt. Es ist kein Essay, kein Roman, keine Biographie. Es ist kein religiöses Buch, denn Reich stellt sich auf einen streng wissenschaftlichen Standpunkt, und doch ist es ein höchst spirituelles Buch, weil es die Existenz Gottes in der lebendigen Natur besser nachvollziehbar macht als jedes andere Buch, das ich kenne. – Es ist Reichs Manifest des Lebendigen.

Christusmord zu lesen bringt entweder großen Genuss und geistige Stimulation, die Welt mit völlig neuen Augen zu betrachten – oder es frustriert, wenn man beginnt, innerlich mit Reich zu diskutieren oder zu streiten. Reich drückt hier keine Meinungen aus – das tat er nie – er beschreibt, wie die Welt der Menschen aussieht, wenn man sie mit dem Blick des lebendigen Lebens betrachtet. Reich unterschied immer streng zwischen Meinungen einerseits und andererseits den Erkenntnissen, die auf fundierter Arbeit und sorgfältig erworbenem Wissen beruhen.

Eine zusätzliche Schwierigkeit mit diesem Buch mag darin liegen, dass Reich die orgonomischen Kriterien nicht noch einmal in allen Details erklärt, die er in allen seinen anderen Büchern immer wieder Punkt für Punkt erarbeitet hat. Dieses Buch war nicht als eigenständiges Werk gedacht, sondern als Archivmaterial, als *Biographisches Material – Zur Geschichte der Entdeckung der Lebensenergie*, das sich ursprünglich nur an einen kleinen Leserkreis aus Reichs direktem Umfeld wandte, bei dem Grundkenntnisse des Reichschen Werkes vorausgesetzt werden konnten.

Trotz all dieser Einschränkungen möchte ich das Buch als Schlüsselwerk für das Verständnis von Wilhelm Reich empfehlen. Es ist leicht und sprachlich inspirierend geschrieben. Reich assoziiert Gedankengänge und schreibt, wie ihm das Herz diktiert. Sein Charme, sein Charisma, von dem alle Menschen schwärmen, die ihn gekannt haben – Freunde wie Feinde – ist auf jeder der Seiten präsent, auch wenn er oft sehr düstere Themen anspricht. Es ist ein Buch, um Reich lieben zu lernen, und wer dazu nicht bereit ist, sollte die Finger davon lassen.

Reich beschreibt in *Christusmord* das menschliche Leben vom Standpunkt das Lebendigen, und damit meint er etwas völlig Konkretes: Der Mensch, der seit Jahrtausenden in emotioneller Verkrüppelung zugebracht hat, hat das Leben in der Neurose als Normalität akzeptiert. Doch hier beginnt nun auch das grundlegend Gesunde im Menschen – der Kern, der genitale Charakter – sich darzustellen, seine Weltsicht zu veröffentlichen.

Fast alle wissenschaftlichen, sachlichen Werke sind vom Standpunkt der dritten Schicht aus geschrieben, das heißt, sie sind ohne tiefen Kontakt mit dem natürlichen Wesenskern des Menschen. Wer diese Bücher liest, spürt die Lebensferne, spürt, dass der Autor mit dem Kopf denkt und den Rest seiner Existenz abschneidet; man nennt diese Bücher »trocken«, es fehlt ihnen die Saftigkeit des Lebendigen. Viele andere Werke, die versuchen das Lebendige des Autors umzusetzen, bleiben in der destruktiven zweiten Schicht stecken: Autoren ergießen sich in aggressiver Rechthaberei, zerreißen ihre vermeintlichen Gegner und spüren nicht, wie sehr sie damit dem Lebendigen in sich und im Leser Schaden zufügen. Ganz frei ist auch Wilhelm Reich nicht davon.

Nur wenige Bücher – meist belletristische – nehmen den Standpunkt des Lebendigen ein, schildern Leben, Liebe und Heldentum, indem sie für das Lebendige Partei ergreifen. Und nur in der Kunst – in Musik, Bildern, Lyrik und in manchen Spielfilmen – hat die erste Schicht im Menschen ein Reservat, in dem sie sich ausdrücken darf.

Die erste Bedeutung des *Christusmord* liegt also schon in der Tatsache, dass es das erste sachliche Werk ist, das die menschliche Existenz – sowohl das Individuum als auch die Gesellschaft – aus dem Blickwinkel der ersten Schicht – des *Kerns* – betrachtet. Und hier mag auch der Grund liegen, warum viele Leser sich kopfschüttelnd vom *Christusmord* abwenden mögen. Wer es gewohnt ist, mit den moralisierenden, auf »political correctness« und didaktische Sauberkeit achtenden Kriterien der dritten Schicht zu denken, wird Probleme haben, denn er sieht sich innerlich mit genau dem Konflikt konfrontiert, den Reich im *Christusmord* beschreibt:

> Das lebendige Leben wird von Christus repräsentiert. Er ist einfach ungeniert gesund – und allein. Weil er so ist, wie er ist, erinnert er alle anderen Menschen an ihre emotionelle Verkrüppelung. Er ist faszinierend, die Menschen saugen sich mit seinem brillanten Charisma voll, doch sie können nicht so sein wie er, obwohl jeder Mensch diesen Christus, das ungepanzerte, nur lebendige Leben in sich trägt. Die Erkenntnis, dass sie so sein könnten wie Christus und dass sie dieses lebendige Erleben niemals erfahren werden, dass es nicht zu »haben« ist, diese Erkenntnis ist ein unerträglicher

Schmerz. Die einzige Methode, sich Christus zu bemächtigen, ist seine Vernichtung. Und deshalb müssen sie ihn ermorden. Sie ermorden den Christus seither in allen Kindern, sie ermorden ihn in der natürlichen Umgebung und in sich selbst.

So einfach dieser Grundgedanke auch ist, so vielschichtig ist das, was daraus folgt. Das über die Jahrtausende aufgebaute Gebäude menschlicher Gesellschaft wird eingerissen, es riecht nach Verwesung, es schmeckt nur noch fade. Es ist wie die Aussage Christi, er könne den Tempel abreißen und in drei Tagen wieder errichten. Reich reißt den Tempel unserer Existenz ein und errichtet Gott, der natürlichen Kraft im Universum, einen neuen Tempel – und jeder Mensch ist ein Tempel Gottes in diesem Sinne.

Hatte Reich einen Christus-Tick? Allein die Frage verrät den Standpunkt! Reich hat die Bibel und die Christuslegende einfach ernst genommen, denn jeder Mensch ist Christus, jeder Mensch lebt außer der Neurose auch den göttlichen, natürlichen Kern – mehr oder weniger verbogen, mehr oder weniger offen, mit mehr oder weniger schlechtem Gewissen. Und Reich war sich darüber im klaren, dass er diesen Kern in seiner eigenen Existenz sehr freigelegt hatte und dass er Christus dadurch sehr ähnlich geworden war. Reichs Identifikation mit Christus war kein Größenwahn wie bei Klaus Kinski und keine Berechnung wie beim katholischen Klerus. Es war seine tagtägliche Empfindung, wie anders das Leben ist, wie sehr ihn seine Art, einfach natürlich zu existieren, von den anderen Menschen trennte und ihn auf tragische Weise mit ihnen verband. Reich ahnte sein schreckliches Ende voraus. Er hat seinen Tod im Gefängnis nicht inszeniert, er wurde tatsächlich wie Christus von der emotionellen Pest getötet. Dabei ist es unerheblich, ob Reich ermordet wurde oder ob er an einem natürlichen Herzversagen starb. Die emotionelle Pest hatte ihn verfolgt – in Form einer Pressekampagne voller bösartiger Unterstellungen, einer Gesundheitsbehörde, die einen konstruierten Fall inszenierte und in Form eines korrupten Staatsanwalts, der als ehemaliger Rechtsanwalt Reichs sein Wissen über seinen Mandanten missbrauchte. Und die Pest hat Reich an diesem schrecklichen Ort – in einer Gefängniszelle in der Haftanstalt von Lewisburg, Pennsylvania – krepieren lassen.

Christusmord ist »den Kindern der Zukunft« gewidmet, denn in jeder Generation, in jedem neuen Menschenleben wird Christus wiedergeboren, ist die Chance gegeben, dass das natürliche Leben nicht gebrochen wird. »Die Kinder der Zukunft« ist Reichs Vision einer neuen Kultur des Menschen, in der die Gesetze des Lebendigen regieren. Reich sah keine Chance darin, dass unsere menschliche Gesellschaft durch noch so geschickte Therapie einzelner oder durch politische Veränderung reformierbar wäre. Alle Versuche in unserer Geschichte in dieser Richtung sind gescheitert, und oft haben sie die Situation verschlimmert. Der erste Schritt in die Richtung dieser neuen Kultur ist die Erkenntnis der Situation, die wir vorfinden, die Erkenntnis der Bedingungen, die das natürliche Leben behindern. Nur indem diese Mechanismen aufgedeckt und benannt werden, können Menschen langfristig lernen sie auszuschalten. Deshalb richtet sich der Blick des Buches nicht auf die Schönheit, Anmut und den natürlichen Liebreiz des lebendigen Lebens in der ersten Schicht. Das Buch erscheint unter dem Motto: »die emotionelle Pest der Menschheit«. Es deckt auf, klärt auf, erschreckt, es reißt der emotionellen Pest die Maske herunter, und es ist deshalb ein durch und durch revolutionäres Buch.

Ob Reichs Gedanken visionär sind oder unrealistisch, ist nicht von Belang. Sollte es in der Zukunft der Menschheit jemals gelingen, eine natürliche, auf Liebe, Arbeit und Wissen gegründete Gesellschaft aufzubauen, wird sie genau mit den Mechanismen zu kämpfen haben, die Reich im *Christusmord* beschreibt. So wie jeder Mensch (meist, ohne dies zu bemerken) täglich vor der Entscheidung steht, das Lebendige in sich, in seinen Kindern und in seiner Umwelt zu schützen oder zu zerstören, so steht auch die Gesellschaft ständig in diesem Entscheidungskonflikt. Es geht hier nicht darum, ob der Standpunkt der Grünen oder der SPD oder der CSU unterstützt wird, es geht nicht um Atommüll oder um Arbeitslosigkeit. All das sind banale Nebenkriegsschauplätze verglichen mit der täglichen Konfrontation des Lebendigen mit der emotionellen Pest.

Wilhelm Reich wird zurecht nachgesagt, ein zutiefst antireligiöser Mensch gewesen zu sein. Die Religion hat die Menschheit tiefer und tiefer in das Elend hineingetrieben, bis es die heutige Kultur erstmals geschafft hat, ein Wertesystem aufzubauen, das sich – zumindest theoretisch – auf rationale Erkenntnis bezieht. Erstmals wagen Menschen öffentlich, sich die Grundfragen menschlicher Existenz zu stellen, ohne auf die vorgefertigten Dogmen von Priestern angewiesen zu sein. Doch die Trennung von Wissenschaft und Religion hat auch ihre Schattenseiten, da sich die Menschen gleichzeitig von ihrer spirituellen Basis entfernten.

Reich stellt im *Christusmord* nicht mehr die Existenz Gottes in Frage, wie er es in früheren Schriften tat. Reich beschreibt Gott als die schöpferische Kraft im Universum, die er »Orgon« nennt. Diese Energie ist nicht nur eine physikalische Göße, sie ist die ordnende, lebendige, intelligente Kraft in der Natur. Und es gibt für Reich keine unbelebte Natur.

Doch die neurotische Struktur der Menschen führt dazu, dass sie in der dritten Schicht von ihren eigenen Grundlagen – von Gott – getrennt leben. Was Menschen in der dritten Schicht »Gott« nennen, ist ein Spiegel ihrer eigenen verzerrten Identität: der grausame, rächende Gott, der die Menschen aus Wut vernichtet oder aus einer Laune heraus rettet, flügelflatternde Baby-Engel, der grinsende, fettgefressene Buddha – es sind Zerrbilder emotioneller Verstümmelung. Doch es ist jedem Menschen gegeben, Gott direkt zu erfahren, indem der ursprüngliche Kern wieder freigelegt und gelebt wird. Diese gnostische Erfahrung, die Reich auch in den Lehren der großen Religionsstifter wiedergefunden hat, liegt als Möglichkeit in jedem Menschen. Sie sieht nur vom Standpunkt des Lebendigen ganz und gar anders aus als durch die Brille der dritten Schicht.

Reich schwärmt nicht von Gott, singt keine Choräle und schreibt nicht darüber, ob und was er betet. Aber Reich hat gebetet, auch wenn er das nie zugegeben hat. Er hat in seinen letzten Lebenstagen seinem Sohn die »Betenden Hände« von Dürer als Postkarte hinterlassen mit der Aufschrift: »Für Pete, damit er danach betet:« Er hätte diese Zeilen nie geschrieben, hätte er nicht selbst mit seiner ganzen Existenz dahintergestanden.

Reich hat also nicht an die Orgonenergie geglaubt, einen Kunstbegriff, ein Wort, das beliebig austauschbar ist. Er wusste, was Gott ist, er hat ihn erfahren, hat ein im besten Sinne spirituelles Leben geführt, auch wenn das für heutige Menschen, die Spiritualität als ein bestimmtes Verhalten mißverstehen, kaum nachvollziehbar ist.

Christusmord ist eine gründliche Absage an jedes Reichianertum und an jede Religion – aber ein Plädoyer für die direkte Erfahrung Gottes.

(Das Buch wird in Deutschland seit vielen Jahren nicht mehr verlegt, daher empfehle ich, die englische Originalausgabe zu lesen.)

»Sexuelle Liebe auf göttliche Weise« von Barry Long

Wenn du und dein Partner/deine Partnerin euch einer neuen energetischen, lebendigen, selbstregulierten Sexualität öffnen wollt, dann ist das Buch von Barry Long eine empfehlenswerte Lektüre. Obwohl mir Barry Long trotz (oder gerade wegen) seiner bärbeißigen Art sehr sympathisch ist – seine mystifizierenden esoterischen Aussagen kann ich nur als Ausdruck einer auch gebrochenen Charakterstruktur sehen. Er neigt dazu, sich prinzipiell und autoritär zu äußern. Aber vielleicht ist ja das, was mir zu mystifizierend ist, etwa das, was er über die ursprüngliche Göttlichkeit der Frau, über die Rolle des Mannes, die Frau zu erfreuen und ihr zu dienen und über den goldenen Heiligenschein der Menschen vor 12.000 Jahren zu sagen hat, genau das, was dich für die sexuelle Liebe öffnet.

> Ich lehre Männer und Frauen, der Liebe treu und in ihren Beziehungen aufrichtig zu sein. Ich helfe ihnen, eine göttliche Liebe zu entdecken, die über alle sexuellen Vorstellungen hinausgeht. Der Schlüssel zum Mysterium göttlicher Liebe ist, die Liebe zu sehen, wie sie ist, und nicht, wie du sie zu kennen glaubst oder wie du sie dir gerne vorstellst. *(Barry Long, S. 13)*

»Verflixte Erleuchtung« und »Spirituelle Dissonanz«
von Jed McKenna

Was ist spirituelle Erkenntnis, was ist Erwachen? Spiritualität kann nur im Zusammenhang mit der Charakterstruktur desjenigen Menschen verstanden werden, der sich seiner Wahrheit öffnet und damit auch seiner natürlichen Lebendigkeit und seinem Schmerzkörper. Die Bücher Jed McKennas sind Bücher für Erwachsene oder auch für »Menschliche Kinder«, die endlich erwachsen werden wollen, die keine infantilen Träume von einem idealisierten Zustand der »Erleuchtung« mehr träumen. Jed McKenna plädiert dafür, dass sich Menschen darum kümmern, endlich erwachsen zu werden, anstatt sich im spirituellen Supermarkt immer wieder mit geistigen Betäubungsmitteln zu versorgen.

> Die meisten Menschen hören etwa im Alter von zehn oder zwölf Jahren auf, sich weiterzuentwickeln. Der durchschnittliche Siebzigjährige ist oft ein zehnjähriges Kind, das sechzig Jahre lang im Dienst war. [...] Das Menschliche Kindsein ist selbst nur ein Symptom jener Krankheit im Innersten, der alle anderen entspringen: der Angst. Angst ist der natürliche und unabdingbare Zustand eines Menschen, der mit geschlossenen Augen lebt. Unwissenheit hingegen heißt zu glauben, die geschlossenen Augen wären geöffnet und die Welt, wie man sie sich vorstellt, entspräche der Welt, wie sie tatsächlich ist. [...] Wir müssen lernen, den Unterschied zwischen einem Menschlichen Erwachsenen und einem Menschlichen Kind auf ebenso mühelose und untrügerische Weise zu erkennen, wie wir den Unterschied zwischen einem Siebzigjährigen und einem Sechsjährigen erkennen. *(Jed McKenna, Verflixte Erleuchtung, S. 85 f)*

Nachdem ich Eckhart Tolles Bücher und Vorträge studiert hatte und sicher war, dass ich das, was er Gegenwärtigkeit nennt, tatsächlich erfahren kann, ist meine Welt ein Kriegsschauplatz geworden und der amerikanische Originaltitel von *Spirituelle Dissonanz* Jed McKennas trifft das, worum es geht: »Spiritual Warfare« – »Spirituelle Kriegsführung«.

McKenna macht nun endgültig Schluss mit der Kuschel-Spiritualität, die mir schon immer suspekt war: Mantras und Malas, Kerzen und Weihrauch, Engelkarten, Tarot und I Ging, Spenden an Greenpeace und vegetarische Ernährung – Spiritualität als ein weiteres, neues Gefängnis. Die Träume vom Erwachen sind die erfolgreichsten und kompktesten Illusionen – weil sie kaum entdeckt werden können; die Illusionen vom Erwachen sind einfach neue Zellenblöcke in Majas Arbeitslager unter dem zynischen Motto: »Spirituelle Arbeit macht frei«.

Und ist dieser Jed McKenna auch so ein neuer Guru? Ein neuer Traum vom Erwachen? Einen Jed McKenna gibt es gar nicht. Entweder der Name ist ein Pseudonym oder das ganze ist eine ausgedachte Geschichte. Das ist sein bester Schachzug. Man muss sich schon sicher sein, dass es sich nicht um Fiktion handelt – einfach, weil man es selbst erlebt. Ansonsten ist es lediglich gut geschriebene Literatur. Aber die Bücher Jed McKennas für bare Münze nehmen? Die Entscheidung, ihn ernst zu nehmen, ist so verrückt, dass sie nur jenseits des Verstandes sinnvoll ist.

Mit einem lebenden »spirituellen Lehrer Jed McKenna« wäre das alles wieder hitverdächtig in den spirituellen Charts. Ein schwieriger, unbequemer Erleuchteter, sicher – einer wie U. G. Krishnamurti. Aber immerhin, eine Person, an die man glauben könnte. Ein McKenna, den es als Person gar nicht gibt, was ist das? Er nimmt es mir nicht ab, selbst festzustellen, was wahr ist und was nicht, ich bekomme meine Erkenntnis nicht von einem Guru vorgekaut, und an diesem einen zentralen Punkt bricht sich das ganze Lügengebilde des spirituellen Supermarktes wie Brandungswellen an einem Riff. Ich bin alleine auf der Insel hinter dem Riff – so alleine, wie man nur sein kann. Ich – das Ego – allein gegenüber dem gesamten Universum, ohne Möglichkeit, in einer McKenna-Satsang-Gruppe neue spirituelle Schleier zu weben.

Hat das Erkennen der Schleier Majas irgendwann ein Ende, sind die Egos endlich? Wer weiß. McKenna sagt: »Ja«, irgendwann ist man durch. Bis dahin gilt nur ein Wort: »*WEITER!*«

»**Die Psychologie sexueller Leidenschaft**« von David Schnarch

Dieses Buch ist eines der wenigen, die ich auf eine einsame Insel mitnehmen würde – vor allem, falls ich dort mit meiner Partnerin festsitzen sollte. Seit mehr als zehn Jahren lese ich dieses Buch immer wieder, und ich fand immer wieder überraschende und bewegende neue Aspekte, die mit den Erfahrungen korrespondierten, denen ich in meinen Partnerschaften begegnet bin.

David Schnarch ist einer der führenden Sexualwissenschaftler der USA. Als Psychologe vertritt er nicht die Ansätze, von denen ich hier in diesem Buch ausgehe. Aber darum geht es mir auch gar nicht. Seine Aufgabe als Sexual- und Paartherapeut ist es, Menschen zu helfen, die sich in der Not ihrer Beziehungskonflikte an ihn wenden. Ich glaube, dass er das kann. Seine messerschaften Beobachtungen und Analysen haben mich tief beeindruckt, auch sein Zugeständnis, dass er nicht der Gott in Weiß ist, der alles erklären kann und den Menschen irgendwelche magischen oder wissenschaftlichen Rezepte an die Hand gibt. Er deckt auf, was in Beziehungen falsch läuft und wo Menschen sich selbst und gegenseitig behindern, sexuell glücklich zu sein. Oder besser: Er hilft ihnen, dies bei sich selbst aufzudecken. Zumindest geht es mir so, wenn ich immer wieder in diesem Buch lese.

Er spricht mir aus dem Herzen, wenn er in der Einleitung schreibt:

> »Vertrauen« ist nicht nur in den meisten Paarbeziehungen, sondern auch in der Paar- und Sexualtherapie ein Thema, das oft ungeheuer viel Zeit verschlingt. Deshalb gehe ich die Sache anders an: Ich sage meinen Klientinnen und Klienten, dass es keinen Grund gibt, Vertrauen in eine Methode zu setzen, *bevor* sie ihre Wirksamkeit bewiesen hat. Solange sie nicht funktioniert, gibt es auch keinen Grund, an sie zu glauben. Und wenn die Methode Wirkung zeigt, sollte für Sie klar sein, dass das nicht daran liegt, dass Sie fest daran geglaubt haben. Es ist umgekehrt: Weil es funktioniert, glauben Sie daran. Ich erwarte also von Ihnen nicht, dass Sie für bare Münze nehmen, was ich Ihnen sage. Vertrauen Sie der eigenen Erfahrung.
>
> Manche Autoren ermuntern Sie, sich sozusagen an der Hand nehmen und von ihnen führen zu lassen. Ich dagegen sage: Vertrauen Sie mir nicht. Denn Sie haben keinen Grund dazu, und es wäre auch Ihrer Differenzierung nicht förderlich. Wenn sie mir vertrauen, ändert sich nichts bei Ihnen. Entscheidend ist vielmehr, dass Sie Vertrauen *zu sich selbst* haben (und *aus eigenem Impuls* aktiv werden). (S. 23)

Glossar und FAQ

AAO – Aktionsanalytische Organisation
Die AAO war eine vom Aktionskünstler Otto Muehl in den 70er Jahren des 20. Jahrhunderts gegründete Kommuneorganisation. Die Stammkommune lebte am Friedrichshof, einem einsam gelegenen großen Gehöft im Burgenland, und es gab in vielen Städten Deutschlands und Österreichs Ableger-Kommunen. Ende der 70er Jahre hatte die AAO bis zu 600 Mitglieder. Die AAO verstand sich selbst als gesellschaftliches Experiment, mit dem die Erkenntnisse Wilhelm Reichs sozial verwirklicht werden sollten. Grundlagen des Zusammenlebens waren die sogenannten AA-Prinzipien, unter anderem freie Sexualität, Gemeinschaftseigentum, gemeinsame Arbeit und Selbstdarstellung (eine Art Drama-Therapie). Das Experiment ist meiner Ansicht nach großartig gescheitert und schnell in einer pseudo-faschistischen Ecke gelandet. Ich war 1976 Mitglied in mehreren AA-Kommunen und habe darüber das Buch »Die Falle – AAO = Fortsetzung der Politik mit anderen Mitteln« veröffentlicht. Es wurde in Auszügen auf www.orgon.de veröffentlicht.

Barry Long (1926 – 2003)
war ein australischer spiritueller Lehrer, der für sich in Anspruch nahm, »der einzige westliche Tantra-Meister« gewesen zu sein. Barry Longs Lehre umfasste alle Aspekte des menschlichen Lebens, jedoch sind seine Gedanken zu Liebe und Sexualität am populärsten geworden (siehe: »Sexuelle Liebe auf göttliche Weise«, MB-Verlag). Barry Long legte Wert darauf, dass seine Erkenntnisse nur von jedem einzelnen Menschen praktisch umgesetzt werden können, indem er sein Leben in Ordnung bringt. Er erlaubte niemandem, in seinem Namen zu lehren.

Eckhart Tolle (* 1948)
ist ein deutschstämmiger spiritueller Lehrer, der in Vancouver, Kanada lebt. Sein Buch »Jetzt! die Kraft der Gegenwart« (Kamphausen Verlag) ist eines der erfolgreichsten spirituellen Bücher. Eckhart Tolles Lehre,

Gegenwärtigkeit zu verwirklichen, hat mich inspiriert, diese Erfahrung über Energiewahrnehmung (sehen, hören und fühlen der Lebensenergie) zu realisieren. Besonders beachtenswert empfand ich Tolles Ausführungen über den Schmerzkörper. Das Konzept, das weitgehend identisch ist mit dem Begriff »Charakterpanzer« von Wilhelm Reich, ermöglicht es, auf selbstbestimmte Weise mit dem emotionellen Schmerz umzugehen, ohne in die Abhängigkeit von einer »Therapie« zu geraten.

Engel-Energie-Akkumulator
Ein Orgon-Akkumulator, der durch die Platzierung von acht großen Rosenquarzen in den acht Ecken zu einer Energiekammer mit spirituell wirksamen Eigenschaften wird. Die Konstruktion beruht auf medialen Gesprächen, die ich 1996/97 über zwei Medien mit Wilhelm Reich geführt habe. Diese Gespräche wurden auf www.orgon.de veröffentlicht.

Jiddu Krishnamurti (1895 – 1986)
war ein indischer spiritueller Lehrer. Er wurde von der Theosophischen Gesellschaft als kommender Messias, als »Weltlehrer« ausgerufen und als Leiter des »Order of the Star in the East« eingesetzt, eine Organisation, die er 1929 auflöste, denn es »sollten keine Organisationen gegründet werden, die die Menschen auf einen bestimmten Pfad führen oder nötigen«.

U. G. Krishnamurti (1918 – 2007)
war ein indischer Philosoph. Er war nicht verwandt mit Jiddu Krishnamurti, aber sie kannten sich. 1969 erfuhr er eine Krise (calamity), aus der er erleuchtet (er lehnte diese Bezeichnung jedoch selbst ab) hervorging. Er schrieb Bücher (er verzichtete auf alle Urheberrechte) und lehrte in seinem unverkennbaren, provokanten Stil, aber er lehnte jede Lehre und jede Führerschaft ab.

Jed McKenna
ist ein US-amerikanischer Autor, der von sich behauptet, vollständig erleuchtet zu sein. Er hat mehrere Bücher in Romanform veröffentlicht. McKenna vertritt keine Lehre. Er sagt, dass Erleuchtung kein Ziel ist, das man anstreben kann, sondern der Endpunkt eines Prozesses, der

unbeeinflussbar und naturgegeben abläuft. Vielmehr geht es ihm darum, dass Menschen »erwachsen werden«. Jed McKenna ist nie in der Öffentlichkeit erschienen. Wer er ist, ist völlig unbekannt. Es könnte also auch sein, dass er »nur« ein besonders geschickter Schriftsteller ist, der den »spirituellen Supermarkt« etwas aufmischen will.

Orgon
ist die von Wilhelm Reich so benannte Lebensenergie, die in anderen Kulturen auch als Chi, Od, Prana oder Äther bekannt war. Weitere ausführliche Informationen unter www.orgon.de

Orgonakkumulator
Ein Gerät zur Aufladung des Organismus mit Lebensenergie, das von Wilhelm Reich entwickelt wurde. Es besteht aus einer Kammer aus verzinktem Eisen, die mit wechselnden Schichten von elektrischem Leiter (Stahlwolle) und Isolator (Wolle, Polyestervlies) umgeben ist. Die vielfältigen medizinischen Wirkungen liegen vorwiegend im Bereich der Anregung des Stoffwechsels, der Stärkung der Immunabwehr und der Geweberegeneration. Ich stelle seit 1977 Orgonakkumlatoren und andere von Wilhelm Reich entwickelte Geräte her. Weitere ausführliche Informationen auf www.orgon.de.

Osho (1931 – 1989)
Chandra Mohan Jain (er nannte sich auch Bhagwan Shree Rajneesh) war ein indischer spiritueller Lehrer, der als Guru mit provokanten Lehren in der indischen Öffentlichkeit und auch im Westen berühmt und berüchtigt wurde. Seine Schüler bezeichnen sich selbst als »Sannyasins« (von Sannyas = Zuflucht nehmen.)

Wilhelm Reich (1897 – 1957)
war ein Psychoanalytiker im Umkreis Freuds, Entdecker der Orgon-Energie, Naturwissenschaftler und Begründer der psychiatrischen Orgontherapie, der Urform aller Körperspychotherapien. Weitere ausführliche Informationen auf www.orgon.de.

Frage: **Homosexualität und energetische Sexualität**

Die Frage, ob energetische Sexualität auch von homosexuellen Menschen praktiziert werden kann, halte ich für obsolet, wenn es zunächst einmal darum geht, Penis und Vagina ohne weitere Vorerregung zusammenzubringen. Ich denke, dass Schwule und Lesben – so weit sie die Thematik »energetische Liebe« interessiert – selbst Formen finden können, diese zu leben. Ich halte mich als Heterosexueller nicht für qualifiziert, dazu eine Meinung abzugeben. Noch ein paar Worte zu Wilhelm Reich und Homosexualität: Reich war eindeutig homophob. Er bezeichnete Homosexualität als »Schweinerei« und betrachtete sie als sexuelle oder als chrakterliche Störung. Ich kann Reich in diesem Punkt nicht folgen. Es ist jedoch ein Beleg dafür, dass jeder Mensch – auch Reich – neurotische Störungsmuster aufweist, auch wenn er sonst energetisch weitgehend gesund ist. Interessanterweise hat er diese homosexuellenfeindliche Haltung auch in den medialen Gesprächen wiederholt, was mir die Einschätzung, ob es wirklich der verstorbene Reich war, der hier mit mir redete, erheblich erleichterte. Ein Schwindler hätte diesen Unsinn wahrscheinlich nicht noch einmal von sich gegeben.

Frage: **Verhütung, Kondome und energetische Sexualität**

Ich kann nicht wie ein Therapeut oder Sexualwissenschftler zu allen Themen der Sexualität Stellung beziehen. Jedes Paar, das Sexualität lebt, muss sich (bis zum Klimakterium) mit der Frage der Verhütung beschäftigen. Es ist also keine Frage, die sich spezifisch aus der energetischen Sexualität ergibt. Ich selbst habe nie über längere Zeit Kondome benutzt, weil ich sie einfach nur als unangenehm empfand. Ich hatte immer das deutliche Gefühl, dass sie den energetischen Kontakt behindern. Ich habe mich schon vor einigen Jahrzehnten für die Vasektomie (Durchtrennung der Samenleiter) entschieden. Da diese Maßnahme zu über 90% wieder rückgängig gemacht werden kann, falls es doch noch einen Kinderwunsch gibt, halte ich die männliche Sterilisation für die sicherste und sinnvollste Verhütungsmethode. Jedenfalls hat sie mein eigenes Sexualleben eindeutig bereichert, weil sie mich und meine Partnerinnen von jeder Angst vor Schwangerschaft befreit hat und weil jede andere Art von Verhütung mit Gesundheitsrisiken (Pille, Spirale) oder hohem, die sexuelle Lust behinderndem Aufwand beziehungsweise mit relativer Unsicherheit der Wirksamkeit verbunden ist.

Frage: **Sie haben eine sehr kritische Haltung gegenüber spirituellen Lehrern und Lehren. Meinen Sie nicht, dass alle spirituellen Angebote ihre Berechtigung haben? Gibt es nicht auch seriöse spirituelle Angebote?**
Ich kritisiere mich in erster Linie damit selbst. Ich habe die unterschiedlichsten Lehren selbst jeweils angenommen, studiert und praktiziert. Dabei habe ich persönliche Erfahrungen gemacht, und die bestanden eben oft nicht darin, die vorgegebenen Ziele zu erreichen oder die versprochenen Entwicklungen zu machen, sondern darin, die Schwachpunkte, die Lügen und Gegenwahrheiten zu entdecken, die verbreitet werden. Denn die Schwachpunkte der Lehren und Lehrer sind eben gleichzeitig auch die Schwachpunkte meines Charakters, sonst hätte ich sie nicht angenommen.

Ich kann spirituelle Angebote beurteilen, und zwar nicht, weil ich mir irgendein objektives Wissen *über* diese Wege angeeignet hätte, sondern, weil ich viele auch *von innen erlebt* habe, weil ich danach gehandelt habe. Alle Menschen beurteilen spirituelle Angebote nach ihren Lebenserfahrungen und entscheiden auch danach, egal, ob sie in der katholischen Kirche sind oder ob sie in eine teufelsanbetende Sekte konvertieren, ob sie als ein Zen-Mönch nach Japan in ein Kloster gehen oder ob sie einem Evangelisten im Fernsehen ihr gesamtes Vermögen und ihre Seele anvertrauen. Jeder entscheidet für sich, ob ein spirituelles Angebot »seriös« oder »unseriös« ist. Das sehen die Vertreter dieser »unseriösen« Angebote dann sicher anders. Meine Haltung dazu ist, dass ich inzwischen alle spirituellen Angebote (besonders die organisierten) für unseriös halte. Für mich ist die Kartenlegerin im Astro Channel oder ein Erweckungsprediger im God Channel nicht unseriöser als der Dalai Lama, der Papst, Osho oder Eckhart Tolle.

Frage: **Was ist eine Gegenwahrheit?**
Das ist ein Begriff, den Wilhelm Reich formuliert hat. Die Gegenwahrheit ist keine Lüge, sondern eine neue, abgeschwächte Wahrheit, die formuliert wird, um eine Lüge zu schützen. Ein Beispiel (nach Jed McKenna):

Erleuchtung oder besser das Erwachen bedeutet, das Ego als Ursache des Leids zu überwinden. Der Buddhismus (Buddha = der Erwachte) ist die Lehre vom Erwachen, »Erwachismus« sozusagen. Seit über 2500 Jahren kommen dabei nur äußerst wenige Erwachte heraus. Aufwand und Ergebnis stehen in einem krassen Missverhältnis zu einander. Das scheint aber niemanden aufzufallen. Und das liegt daran, dass Gegenwahrheiten formuliert werden. Weil das mit der Erleuchtung nicht so klappt und vom organiserten Ego, also den religiösen Organisationen, gar nicht mehr angestrebt wird, geht es plötzlich um etwas anderes, zum Beispiel um Mitgefühl und spirituellen Verdienst. Also ist es nicht mehr nötig, das Ego – also die Lüge – loszuwerden. Man verschiebt das Erwachen auf einen späteren Zeitpunkt, in ein fernes nächstes oder übernächstes Leben und alle sind zufrieden, vor allem das Ego, weil man so mit dem Buddhismus Staaten regieren, reiche Klöster und eine Priesterhierarche aufrecht erhalten kann. Die Lüge ist, dass das Ego nicht abgeschafft, sondern aufgebaut wird. Die Gegenwahrheiten lauten dann »Mitgefühl praktizieren« und abstraktes »Verdienste erwerben«, um eine karmisch günstige Wiedergeburt zu erreichen. Man kauft das Produkt als »Erwachismus« und wenn man die Packung zu Hause öffnet, ist »Mitgefühlismus« und ein »karmischer Sparvertrag« drin. Eine Mogelpackung.

Über den Autor

Ich habe mich seit etwa 40 Jahren intensiv mit dem Werk Wilhelm Reichs beschäftigt, seine Geräte hergestellt, viele Bücher über die Lebensenergie und über spirituelle Themen veröffentlicht und betreibe seit 1994 mit www.ogon.de eine umfangreiche Webseite zum Thema Lebensenergie.

Wilhelm Reich hat mir die Natur – auch meine eigene – so erklärt, wie ich sie erlebe. Warum dieser weise Ansatz, die Welt zu verstehen, mich schon immer so angezogen hat, habe ich erst in den letzten Jahren verstanden. Er bezieht sich auf das grundsätzlich Gesunde im Menschen, das sich selbst regulierene Lebendige – er spricht in mir den genitalen Charakterkern an, »das Herz«. Das ist die Ebene, die nicht von Blockaden verzerrt ist, die einfach lebt und sich des Lebens freut. Ich habe verstanden, dass diese lebendige Ebene, die er »den Kern« nennt, in allen Menschen vorhanden ist. Manche können ihn deutlicher wahrnehmen und leben als andere. Er repräsentiert das strahlende, gesunde, wache, freundliche Wesen, als das sich einjeder im Innersten empfindet.

Die andere Ebene der Erfahrung, mit der ich lange Jahre experimentiert habe, sind viele unterschiedliche spirituelle Wege, die ich meist sehr intensiv studiert und praktiziert habe, unter anderem Transzendentale Meditation, tantrischer Buddhismus, der Kurs in Wundern, Eckhart Tolle, Jed McKenna und Barry Long. Und ich habe vor vielen Jahren eine Ausbildung zum Religionslehrer gemacht, jedoch nie damit praktisch gearbeitet.

Die spirituellen Lehrer und Lehren haben mir nur teilweise geholfen. Vieles wurde durch sie auch verschleiert, und sie haben mich oft zu großen Umwegen verführt. Inzwischen verstehe ich, dass spirituelle Lehrer und alle vorgefertigten Wege keine echte Verwirklichung ermöglichen. Mein eigener Weg führte mich zur Erkenntnis, dass ich auf der Seelenebene ein Wesen aus reiner Energie bin. Diese Ekenntnis kommt nicht durch verstandesmäßiges Wissen zustande, sondern durch die reale, sinnliche, energetische Wahrnehmung, in der sich die Seele selbst erkennt.

Mehr über mich findest du auf meiner Webseite www.orgon.de.

Einzelberatungen und Seminare

Die Themen, die ich in diesem Buch angesprochen habe, betreffen bei jedem Menschen, der sich ensthaft mit der energetischen Liebe befassen will, höchst persönliche Lebensbereiche. Mit einem Buch können diese Themen immer nur angerissen werden, bleiben im Allgemeinen. Wenn es darum geht, alles das, was ich hier angesprochen habe, im eigenen Leben umzusetzen, haben sich persönliche Gespräche immer wieder als sehr nutzbringend herausgestellt. Ich stehe daher gerne auch für persönliche Gespräche zur Verfügung.

Ich habe in den letzten 20 Jahren viele Seminare zu Themen der Orgonomie und zur Energiewahrnehmung durchgeführt und werde das auch weiterhin von Zeit zu Zeit anbieten. Für die Themen »Sexuelle Liebe«, »Schmerzkörper« und »Gegenwärtigkeit« hat sich die Seminarform jedoch als weniger sinnvoll herausgestellt. Diese Themen möchte ich nur noch in Einzel- und Paarberatungen behandeln, da sie sehr viel mehr Intimität und Konzentration auf die Situation des einzelnen Menschen oder des Paares erfordern, als dies in einer Gruppensituation möglich und umsetzbar ist.

Auf www.orgon.de findest du die Bedingungen zur Anmeldung. Meine Preise halte ich bewusst so gering, dass sich einjeder eine Einzel- oder Paarberatung auch leisten kann. Die erste Stunde ist immer kostenlos. Wir können in Ruhe besprechen, über welche Themen wir reden wollen oder was du von mir gezeigt bekommen möchtest. Du kannst im Engel-Energie-Akkumulator sitzen, eine Orgondecke benutzen und in der ruhigen Athmosphäre dieses besonderen Ortes ankommen – ich lebe und arbeite in einem verträumten, kleinen, uralten Fachwerkhaus auf einem Reiterhof, direkt an der wunderschönen Barockkirche Steinhausen (bei Bad Schussenried, das liegt zwischen Ulm und dem Bodensee).

Sie finden unsere Bücher in Ihrer Buchhandlung oder im Internet unter www.neue-erde.de

Im deutschen Buchhandel gibt es mancherorts Lieferschwierigkeiten bei den Büchern von NEUE ERDE. Dann wird Ihnen gesagt, dieses oder jenes Buch sei vergriffen. Oft ist das gar nicht der Fall, sondern in der Buchhandlung wird nur im Katalog des Großhändlers nachgeschaut. Der führt aber allenfalls 50% aller lieferbaren Bücher.

Deshalb: Lassen Sie immer im VLB (Verzeichnis lieferbarer Bücher) nachsehen, im Internet unter **www.buchhandel.de**

Alle lieferbaren Titel des Verlags sind für den Buchhandel verfügbar.

Bitte fordern Sie unser Gesamtverzeichnis an unter

NEUE ERDE GmbH
Cecilienstr. 29 · 66111 Saarbrücken
Fax: 0681 390 41 02 · info@neue-erde.de